中國學術思想 研究輯刊

十六編

林慶彰 主編

第23冊

南傳《法句經》到漢譯《四十二章經》關係與影響之研究

釋慧如 著

《六祖壇經》的生死哲學及其養生觀

邱淑美 著

花木蘭文化出版社

國家圖書館出版品預行編目資料

南傳《法句經》到漢譯《四十二章經》關係與影響之研究　釋
慧如　著／《六祖壇經》的生死哲學及其養生觀　邱淑美　著
— 初版 — 新北市：花木蘭文化出版社，2013〔民 102〕
目 2+100 面／序 8+ 目 2+144 面：19×26 公分
（中國學術思想研究輯刊 十六編；第 23 冊）
ISBN：978-986-322-148-7（精裝）
1. 六祖壇經　2. 研究考訂　3. 小乘佛教
030.8　　　　　　　　　　　　　　　　102002276

ISBN-978-986-322-148-7

9 789863 221487

中國學術思想研究輯刊
十六編　第二三冊　　　　　　ISBN：978-986-322-148-7

南傳《法句經》到漢譯《四十二章經》關係與影響之研究
《六祖壇經》的生死哲學及其養生觀

作　　　者　釋慧如／邱淑美
主　　　編　林慶彰
總 編 輯　杜潔祥
出　　　版　花木蘭文化出版社
發 行 所　花木蘭文化出版社
發 行 人　高小娟
聯絡地址　235 新北市中和區中安街七二號十三樓
　　　　　　電話：02-2923-1455 ／傳眞：02-2923-1452
網　　　址　http://www.huamulan.tw 信箱 sut81518@gmail.com
印　　　刷　普羅文化出版廣告事業
封面設計　劉開工作室
初　　　版　2013 年 3 月
定　　　價　十六編 25 冊（精裝）新台幣 42,000 元

南傳《法句經》到漢譯
《四十二章經》關係與影響之研究

釋慧如　著

作者簡介

釋慧如，自小常陪著母親到寺院去拜佛，常聽師父們講佛教的故事、漫畫。常日一久，有一些甜美的印象，為進一步瞭解佛教的意義，開始人生的規劃，高一那年發心出家，於 1987 那年得父母親許可，就在越南胡志明市寶雲寺剃度。

新的人生開始，隨著師父學習，除日常作息之外，必學習佛經，多般的經書是中文書。自幼故鄉經年戰爭後，百廢待舉；仰慕中國文學與佛教思想之浩瀚，若欲深入自當由中文始習之，才能探究佛法，翻譯經典。因此，決定來台留學。

台灣是一個民主、自由的國家，在學術方面不會受到政治的影響，漢學、佛學的專家相當有其水準。於是，1999 年來台灣在淡江大學，華語中心學習兩年中文。2001 年進入台灣大學歷史系，對歷史作一奠基了解。接而，於 2007 年華梵大學東方人文思想研究所碩士班佛學組就讀，學習重點在佛學經典語言上。

回憶，多年在台留學，遇到不少艱難，但為了理想而繼續努力堅持下去。進而，續於 2010 年在原校所博士班佛學組就讀，學習重點在中越佛教交流史的歷史研究上。此次能將就學論文予以出版，感謝指導教授前所長黃俊威博士的鼓勵，與花木蘭文化出版社的支持，這也是鼓勵我繼續努力深造的動機。待學習返鄉，將貢獻在翻譯寫作與推廣教育上。

提　　要

本文所探討的論題，是從「南傳《法句經》到漢譯《四十二章經》關係與影響之研究」；其實，在研究的問題意識上，是從《四十二章經》對越南佛教的意義與影響，延展開來的。上溯《四十二章經》源流的主要來處，佛教東來與佛典經譯；下推從《法句經》到《四十二章經》的思想義理，對中越佛教發展之意義。

就本文的鋪陳上，在上溯《四十二章經》源流的主要來處時，並探討《法句經》與該經的前後關係。從中，論及到的南傳《法句經》版本及其源流與要義及其語體；同時，對漢譯《四十二章經》真偽爭論的釐清上，盼有稍些的助益。其間，在探討到南傳《法句經》的源流與發展中，就印度佛教阿育王時期，在對外傳教的過程情形，與當時中國秦漢時期的國情等，亦有密切的關聯性。並對阿育王派遣第八、九組的弘揚路線及其擴散過程中，所引發佛教東來路線的爭議，本文試著予以探討論述。藉此，由《法句經》出處的源流及其要義，亦對佛陀最早傳法時，與後來所使用語體與影響，並對《四十二章經》版本比較及其要義、真偽分析、與經譯模式的建立與設立，略為敘述一二。如此，使本文從論題的整體意涵，在向上溯源上方面，有一連貫性的探討與論述。

對研究問題意識的下推部份，除在《法句經》到《四十二章經》的思想義理上，作一闡述外，一則對中國佛教發展之意義，再則就《四十二章經》對越南佛教發展之重要與影響，試著論述在印度佛教東來的南北兩傳，因越南在地理位置與漢文化的薰陶背景下，使越南佛教發展出小乘與大乘兼備，與帶著有入世的現象，略述一二。在越南佛教發展經過的情形，其所具的若干重大意義對中印佛教的發展史上，扮演著相關微妙的關係與角色。

在研究架構的呈現上，第一章則是緒論，第二章則說明秦漢時期與南越國之南傳佛教情形；第三章則是《法句經》之版本及源流與要義與特色，與《法句經》對《四十二章經》之關係；第四章則是《四十二章經》版本及比較與爭議，《四十二章經》傳譯後看漢譯經典之發展；第五章則是從《法句經》到《四十二章經》的思想對佛教發展之論述 從《法句經》到《四十二章經》之思想觀點、對越南佛教之影響、對中國佛教之影響。第六章則是結論。最後，本文謹列幾個可待研究的議題，值得進一步作其學術性的探討與研究，並作為本文的結語。

目
次

第一章 緒 論

　　一般認爲，《四十二章經》是佛教傳入中國最早的經典。此經在中土，已經有兩千多年的歷史。反而，因歷史久遠，在史料的缺乏及記載上的出入，引起了後代人的若干懷疑。學術界對於《四十二章經》的質疑，對譯者、譯地到譯本等，多有爭議，今已是眾說紛紜、莫衷一是。此問題攸關佛教，始傳中國的時間、途徑，與中外交流等重大歷史事件；故而，必須對經文的文體、內容和相關史料記載的可信度，詳加審慮並結合時代背景，進行梳理。對於此一議題，引起了佛教界海內外學者們注目。因此，筆者以此作爲本文研究的起點來思考，並由此引伸出相關論點，來作一有組織性的探討與論述。

第一節　研究動機與目的

　　本論文題目定爲：從南傳《法句經》到漢譯《四十二章經》關係與影響之研究。筆者擇此問題作爲研究主軸，起源於兩點：一、學術研究之探求，二、宗教信仰之追求。身爲出家人，在多年學佛的基礎上，深切體認到《四十二章經》是佛門中的一部基礎性的經典之一。其主要內容，是說明了出家生活中，可能遇到的種種問題，教導出家眾要用什麼方法，來面對問題與解決問題，直到最後解脫煩惱，獲證涅槃。該經書是佛陀後世的弟子，從原始的經典中，將佛教的一些基本教義，抄出整理結集，此經主要以語錄體的形式構成。

　　《四十二章經》篇幅雖短，但對修行者而言，頗爲重要。該經雖是簡要，但其反映了佛說法的過程，由淺入深。從小乘的須陀洹（Sotāpanna）、斯陀含

（Sakadāgāmi）、阿那含（Angàmi）和阿羅漢（Arahat）四果開始，最後歸結於佛法的根本真理"生即有滅"以及"達世如幻"。透過有生有滅、如幻如化的相對真理，而達到真實不虛、如如不動。由此可見，該經對修道得道的重要性。

　　《四十二章經》在越南，是一本很重要的經書。對每一位出家人，似乎是必讀之經，可見此經的重要性。筆者也不例外，出家後在佛教學校就讀，曾讀過此經，當時，是以一個信仰者的觀點，來理解此一經義。自從，往佛教學術研究後，就發現學術研究與宗教信仰，在路徑（route）、進路（access）上，對經典的追求，顯然有所差異。所謂的差異，是前者著重於佛典的源流，追求歷史上的真相，從中進行詳細的考證、推論與判斷，其此經是真是偽。後者著重於修行解脫，希望在生活中能離苦得樂，最理想的目的是成佛、成阿羅漢的果位。

　　《四十二章經》關係到，佛教傳入中國時期之史實問題；甚至是關係到，印度佛教的思想內容問題。上述皆涉到教史、教義，至中國本身的文化背景，和思想史的發展關係。於此，在學術界對於《四十二章經》的質疑，從譯者、譯地到譯本等，多有爭議。與關於《四十二章經》成書的時間，學者見解不一，各不相同。湯用彤先生也說：

> 四十二章經，雖不含大乘教義，老莊玄理，雖其所陳，樸質平實，
> 原出小乘經典。但取其所言，與漢代流行之道術比較，則均相通。
> 一方面本經諸章，互見於巴利文及漢譯佛典者（概全為小乘）極多，
> 可知其非出漢人偽造。〔註1〕

任繼愈先生也說：

> 《四十二章經》不是一部獨立的佛經，是輯錄小乘佛教基本經典《阿
> 含經》要點的"經抄"，它相當於"佛教概要"一類的入門書。在
> 漢地社會佛教剛流行的時候抄回這種佛經也是可以理解的。」〔註2〕

呂澂先生在他的《四十二章經抄出的年代》一文中說：

> 《四十二章經》之為經抄，並非印度現成的結構，而是從一種漢譯
> 《法句經》隨意抄出來的，所以顯得凌亂、疏漏，毫無印度著述所

〔註1〕 湯用彤《四十二章經考證》，參見《現代佛教學術叢刊》，台北市，大乘文化
　　　　出版社，民國67年6月，34頁。
〔註2〕 《中國佛教史》卷1，中國社會科學出版社，1988年，96頁。

常有的精嚴風格。〔註3〕

　　《歷代三寶紀》引《舊錄》曰："本是外國經抄"。〔註4〕學者認為，《四十二章經》是一本外國經抄。但抄出之版本，也有不同看法，呂澂先生認為此經，抄自漢譯的《法句經》。湯用彤、任繼愈先生，則認為此經原出小乘經典《阿含經》。《四十二章經》所出何處？何時傳到東南亞？傳入路徑如何？等等問題。筆者借此文本，擇其所揭論文議題，作為自己的研究方向，試以探求該經，是否為經抄，傳入中土前，是否先經越南。並追溯到印度阿育王時期對外傳法時，所派遣傳教使團的進展度路線，與及傳法使用經點語言傳譯等一連串的問題探討。同時，亦對《四十二章經》的源流，與來自《法句經》，作一研究探討。

　　如從整個印度佛教東來的歷史過程之探究裡，筆者試著以本文大綱所呈現的研究架構來發展。主要是討論到越南佛教在佛教東來時，所承擔的史實與扮演的角色。在目前，尚需更多的佐證史料及出土文物，來直接證明之前，筆者謹能儘力從越南文獻及零星文物，來加入一般典型研究方法，來進行梳理及推理。整篇論文，只期盼呈現出有一連貫性的東方人文思想脈絡出來，以做為一個學術研究的訓練。

第二節　文獻資料說明

　　幾十年來，有相當多專書、論文期刊的文章討論，有關《四十二章經》若干議題，各有不同的論點說法。對於《四十二章經》，傳入中國時期之史實及真偽的問題上，在此歸納為以下幾種主要代表說法：

　　一、傳統認為《四十二章經》是最早傳入中國的佛經，譯於漢代。

　　二、佛學研究學者，認為《四十二章經》有兩種譯本，舊譯本已失傳，今所流通本，稱謂新譯本，為吳支謙所譯。

　　三、史學家認為《四十二章經》，是中土所造，是晉代以後所成之經。

　　四、在舊譯本的基礎上，新譯本為後人潤色而成。

　　以下擇要列出相關學術著作、學位論文、期刊論文資料，做一簡介。

〔註3〕　呂澂《四十二章經抄出的年代》，參見《現代佛教學術叢刊》，台北市，大乘
　　　　文化出版社，民國 67 年 6 月，61 頁。
〔註4〕　《歷代三寶紀》卷 4，《大正藏》第 49 冊 49d。

一、漢時此經已存之說

一直以來，很多研究學者都認爲《四十二章經》是由後漢西域沙門迦葉摩騰和法蘭譯。主要因素是"漢明感夢，初傳其道"之說，形成共同認識。有關記載，漢明帝夢見金色神人的文獻很多，最早的歷史著錄於僧佑《出三藏記集》，曰：

> 昔漢孝明皇帝夜夢見神人，身體有金色，項有日光，飛在殿前，意中欣然甚悦之。明日問群臣：『此爲何神也？』有通人傳毅曰：『臣聞天竺有得道者，號曰佛。輕舉能飛，殆將其神也！』。於是上悟，即遣使者張騫、羽林中郎將秦景、博士弟子王遵等十二人，至大月支國，寫取佛經，四十二章，在十四石函中，登起立塔寺。於是道法流布，處處修立佛寺。遠人伏化，願爲臣妾者，不可稱數。國內清寧。含識之類蒙恩受賴，於今不絕也。〔註5〕

費長房《曆代三寶紀》：

> 孝明帝至永平七年，夜夢金人，身長丈六，項佩日輪，飛空而至，光明赫奕，照於殿庭。旦集群臣，令占所夢。通人傳毅進奉對云：『臣聞西方，有神名佛，陛下所見，將必是乎？』帝以爲然。欣感靈瑞，詔遣使者，羽林中郎秦景、博士弟子王遵等一十四人。〔註6〕

《開元釋教錄》記載：

> 明帝以永平七年甲子，夢見金人，身長丈六，項佩日輪，光明赫奕，飛在殿前。明日博問群臣：『此何神異？』。通人傳毅進奉對曰：『臣聞西域有得道者，號之曰佛。陛下所夢將必是乎？』帝以爲然。詔遣郎中蔡愔、郎將秦景、博士弟子王遵等一十八人，往適天竺尋訪佛法。於大月支國與摩騰相遇。時蔡愔等固請於騰，遂與同來，至於洛邑。明帝甚加賞接，所將佛經及獲畫像，馱以白馬同到洛陽，因起伽藍名白馬寺。諸洲競立，報白馬恩。騰於白馬寺出四十二章經，初緘蘭臺石室第十四間內。自爾釋教相繼雲興，沙門信士接踵傳譯。依錄而編，即是漢地經法之祖也。〔註7〕

《廣弘明集》後漢《车子理惑論》，中有引說：

〔註5〕 《出三藏記集》卷6《四十二經序》，《大正藏》55 冊 42c。
〔註6〕 《曆代三寶記》卷4，《大正藏》49 冊 49b。
〔註7〕 《開元釋教錄》卷1，《大正藏》55 冊 478a。

> 昔孝明皇帝。夢見神人。身有日光飛在殿前。欣然悦之。明日博問
> 群臣。此爲何神。有通人傅毅曰。臣聞天竺有得道者號曰佛。飛行
> 虛空。身有日光。殆將其神也。於是上寤。遣中郎蔡愔羽林郎中秦
> 景博士弟子王遵等十八人。於大月支。寫佛經四十二章。藏在蘭臺
> 石室第十四間。〔註8〕

尙有，梁《高僧傳》、《佛祖統紀》、《大唐內典錄》等，對本經的翻譯都有記
載。另外，史料亦有記載，如《後漢書·光武十王列傳》載，明帝時佛教應
已在中國流行，楚王英信奉佛教，明帝亦知道有佛教。「（明帝）詔報曰：『楚
王誦黃老之微言，尙浮屠之仁祠，絜齋三月，與神爲誓，何嫌何疑，當有悔
吝？其還贖，以助伊蒲塞、桑門之盛饌』」。〔註9〕《魏略·西戎傳》記載：
「西漢哀帝元年，博士弟子景盧受大月氏王使伊存口授浮屠經，曰復豆者，
其人也。」〔註10〕從上述歷史資料可以證明，早在東漢明帝之前，佛教已
流傳。

　　主張者認爲本經出書很早，就文體來看，《四十二章經》不是依文本直譯。
佛教初傳時，從佛經中撮要摘錄，由梵僧憑其記憶，誦出經典節要而譯成，
因此經意簡要，含有基本佛教精神的經典。周叔迦先生認爲，印度經典是寫
在貝多羅樹葉上，稱爲貝葉經。惟因容易碎破，不耐翻檢；故而多師徒授受，
口耳相傳。周叔迦先生認爲，該經爲迦葉摩騰就所記憶之《阿含經》，背誦出
其四十二章。〔註11〕任繼愈先生主張：

> 《四十二章經》雖不含大乘教義，老莊玄理，雖其所陳，樸質平實，
> 原出小乘經典。但取其所言，與漢代流行之道術比較，則均可相通。
> 　　一方面本經諸章，互見於巴利文及漢譯佛典者極多，可知其非出漢
> 人僞造。一方面諸章如細研之，實在於漢代道術相合。〔註12〕

《四十二章經》，約有兩千餘言。以中國傳統史記之記載，一般認作是，中國
最早的佛典經譯。但當代學者研究認爲，此經內容含有出入不明之處，因此
提出下列有二本之說。

〔註8〕　《弘明集》卷1《牟子理惑論》，《大正藏》52冊4c。
〔註9〕　范曄著，《後漢書》，中華書局出版，1965年，1428頁。
〔註10〕　湯家駱主編，《三國志附編》，台北，鼎文書局，民國81年，84頁。
〔註11〕　周叔迦，《周叔迦佛學論著集》上冊，中華書局出版，1991年，118頁。
〔註12〕　《中國佛教史》卷1，中國社會科學出版社，1988年，96頁。

二、兩版個漢譯本之說

近代佛學家湯用彤肯定，《四十二章經》爲漢代經典，非中國人所造，是一本經抄，出自於小乘經典，本經諸章，見於巴利文漢譯佛典。湯先生認爲現存之本即是支謙本。

胡適是現代著名的史學考證家，贊同湯先生的說法，確定《四十二章經》固本有二譯，認爲《別錄》所說："此是第二出，與摩騰小異"說明有兩個譯本，漢譯本因文辭簡陋、樸質難讀，而早已佚失，現存本"文義允正，辭句可觀"定是支謙重譯本。

越南學者 Thích Trí Quang（釋智光），〔註13〕在他研究對比上，從經的內容結構之分析，顯示出兩者之間的出入差異。確定有兩版本，即有舊版與新版，現所流通之版是新版。

三、中國人僞造之說

歷史學家梁啓超，認爲《四十二章經》爲漢人僞造。主要有五個方面的原因：一、文體華茂、流暢，非漢代文體。二、道安《經錄》所不記載。三、語體爲做"孝經"語體，非梵文翻譯語體。四、從內容上看，與晉代所譯《法句經》大致相同。五、本經最早記載見於《理惑論》，此書亦疑爲僞造。〔註14〕

呂澂先生，認爲《四十二章經》是一本經抄，出自漢譯《法句經》，非印度的經典，是在中土所造。〔註15〕黃懺華認爲此經爲後人僞造，主要原因是：一者是道安《經錄》不錄此經。二者是僧佑《出三藏記集》載此經，古經應先出。三者是內容簡潔，非譯自梵本，應是漢人所撰。見於《中國佛教史》中云："《四十二章經》實後人之僞作。而僞作之年代在道安（東晉）以後，在僧佑齊梁以前。"〔註16〕

四、漢譯本被後人潤色之說

印順法師認爲《四十二章經序》與《牟子理惑論》中，漢明帝求法之傳

〔註13〕Thích trí Quang"Kinh Bốn Mươi Hai Chương"
〔註14〕參見梁啓超：〈四十.二章櫻辯偏〉，張曼濤主編《四十二章縫和牟子理惑盍考辨》，台北，大乘文化出版社，民國 67 年初版，頁 51～58。
〔註15〕呂澂，《中國佛學源流略講》，北京，中華書局，2008 年，再版，276～278 頁。
〔註16〕黃懺華《中國佛教史》台北市，臺景印出版。河洛，民國 63 年，初版，11 頁。

說可信，考查《四十二章經》版本，肯定今所流通者是經過禪宗大德修潤之本：

> 一般流通的《四十二章經》是宋守遂所傳的，經過禪宗大德揉合了禪家的辭句，所以曾引起趙近代學者的誤會，認為充滿禪宗色彩的《四十二章晚出的僞經。其實別有《四十二章經》古本，編在《宋藏》與《麗藏》。〔註17〕

盡管現存本非原本，但亦不等同為後人僞造。關於支謙重譯之說，則認為支謙是一位漢化的月氏人，其對於漢支讖譯的《首楞嚴經》、《道行般若》，與吳維祇難譯的《法句經》等譯本，都曾加以文辭的修潤。《四十二章經》的支謙再譯本，其貢獻也許就是其經文上的修潤。

越南學者阮朗（釋一行）在他的《越南佛教史論》中說：（筆者轉譯中文）增加了很多，禪與大乘思想。如這段在宋眞注本有，但其他前版本都沒有："吾法念無念念；行無行行；言無言言；修無修修。"這句是禪宗思想，的確禪宗人加以修改的。在大藏經《麗藏》本，則紀載另句："吾何念？念道；吾何行？行道；吾何言？言道。"關於"見性學道難"、"不如飯一，無修無證之者"這都是相當晚大乘禪的思想。〔註18〕

上述四種主要的代表說法來看，各都有其道理，但卻不能使人完全心服口服。筆者較贊同第四種說法，現所流傳於世的《四十二章經》是支謙本。筆者於此所指的《四十二章經》漢譯舊本，是在支謙之前的漢譯本，這就說明漢末時期的人，對此經已經非常崇敬。在《牟子理惑論》中說：「遣使者……於大月支寫佛經四十二章，藏於蘭臺石室第十四間。」，〔註19〕梁僧《續撰失譯雜經錄》的自序中云：「孝明感夢，張騫遠使，西域月支寫經四十二章，韜

〔註17〕郭朋《中國佛教史》，台北市，文津出版社，1993年，8～9頁。

〔註18〕阮朗（一行禪師）《越南佛教史論》河內，文學出版社，2000年，再版，55頁。Nhiều tư tưởng Thiền và Đại thừa đã được thêm vào. Ví dụ đoạn này ở bản in đời Tống mà không có trong các bản in trước đó："Pháp của ta và quan niệm cái vô niệm, thực hành cái vô hành, nói cái vô ngôn, tu cái vô tu "（ngô pháp niệm vô niệm, hành vô hành hành, ngôn vô ngôn, tu vô tu tu）. Câu này làtư tưởng đặc biệt Thiền Tông và chắc chắn đã do truyền thống thiền thêm vào. Trong bản in Cao Ly của Đại Tạng Kinh, thay vì câu ấy, ta thấy một câu khác hẳn:"Ta phải niệm nghĩ gì? niệm nghĩ tới Đạo.ta phải hành gì? Hành Đạo. ta phải nói gì? Nói về Đạo. "Các quan niệm về kiến tính học đạo（kiến tính học đạo nan）, vô tu vô chứng（bất như phạn nhất vô tu vô chứng chi giả）đều là các quan niệm Thiền học đại thừa tương đối đến trẻ.

〔註19〕《弘明集》卷1，《大正藏》52冊，4c。

藏蘭臺，帝王所印。」〔註20〕另外，還有《佛祖統紀》、《出三藏記集》、《廣弘明集》、《歷代三寶紀》、《開元釋教錄》、《大唐內典錄》等對本經的翻譯均有記載，此大量的歷史事實，都說明《四十二章經》是漢代的譯本，較確認爲佛教初傳最早翻譯經典。已經被傳統的佛教，長久以來所接受和確定。但因，漢譯本失傳；並且，《四十二章經》原非梵文或巴利文之單獨本，而是一本經抄。任繼愈先生也說：

> 《四十二章經》不是一部獨立的佛經，是輯錄小乘佛教基本經典《阿含經》要點的"經抄"，它相當於"佛教概要"一類的入門書。在漢地社會佛教剛流行的時候抄回這種佛經也是可以理解的。〔註21〕

基於上述所言，《四十二章經》係出於南傳經典，爲佛門中的一部基礎性的經典。根據中國佛教歷史，是佛陀後世的弟子，從原始經典中，將佛教的一些基本教義，抄出整理結集，並以語錄體的形式構成。因此，筆者試圖在關切的問題上，進行比對研究。對於後續的釐清分析之研究，有助於對《四十二章經》的原貌，有更進一步瞭解與確定。

呂澂先生在《四十二章經抄出的年代》一文中，其認爲此經係抄出漢譯《法句經》。但筆者有不同看法，認爲《四十二章經》出自於原典南傳《法句經》。《阿含經》是釋迦所創佛教學說，及其生前經歷的最原始的記錄，是探尋佛教原始教義的基本依據。《法句經》又與《阿含經》有著直接關系的一部經典，它是《阿含經》及早期律藏典藉中"偈語"的一種輯本。

《法句經》是當今南傳佛教中，最廣爲人知的經典之一。此經，在印度被視爲出家眾學習佛經的必讀經典。南傳《法句經》共有二十六品，四百二十三個偈誦，是早期佛典中，搜集編選的一部佛教格言。是本內容簡要的經典，卻包含著佛所說法的廣泛內容。

《法句經》是屬於巴利（Pāli）三藏的經藏，是《小部》（Khuddaka-Nikāya）十五卷中的第二卷。《法句經》在南方上座部（Theravāda）佛教國家中，有崇高的地位。其重視「四諦」，以「心」貫穿全經，體現了原始佛教的思想。

《四十二章經》與《法句經》，在經義或形式上，有多處相似。前者是語錄體的形式構成，後者是偈語形成。兩者，都是體現原始佛教的思想，同源異流。然而，現存的一切譯本學說，剋實而言，已不復當時的原始面貌。惟

〔註20〕《出三藏記集》卷2，《大正藏》55冊，5b。
〔註21〕《中國佛教史》卷1，中國社會科學出版社，1988年，96頁。

從比較的研考中，來瞭解其共通性與差別性；從發展演變的過程中，來理解教義的進展。如此方能更完整、更精確的體解經意。

陳文杰先生在《漢譯佛典譯語分析》中說：「僅僅到漢譯佛典中去尋找源頭還是不夠的，條件許可的話，還應當跟佛經原典進行對照，因爲這是古印度語言（梵語和俗語、巴利語）或古中亞語言（如吐火蒙語等）影響漢語的第一步。」〔註22〕因此，筆者藉以漢譯佛典《四十二章經》和原典南傳《法句經》對照比較，再進一步分析研究，從中詳予推論和判斷，結合文獻事實，進行邏輯推理，期以總結出一個較爲人所信服之合理說法。

上述文獻的陳述，有助於呈顯本文主要的論述核心部份。另向有關《法句經》文獻部份，比起《四十二章經》要少的多了。在整篇論文的文獻蒐集上，概分成經典文獻、專書、期刊論文、學位論文及工具書等五部份。值得一提的是，在專書部份，筆者投入心血在越南專書部份，期盼能對論文的探討，有若干的助益，並提供作爲有興趣者的參考。

第三節　研究方法與進路

本文之研究方法，採取文獻學、史學與經義分析的方法。透過原始文獻的解讀，與南、北傳經典的關係，來瞭解《法句經》和《四十二章經》的源流，另一方面透過思想史之流變的考察，來理解其發展過程。經義分析而言，本文採取文獻學和當代史學的一些研究方法，如語言分析以及詮釋學方法，有助於從《法句經》到《四十二章經》的了解，進而探討到其思想及其影響。本文研究路進依序如下：

（一）佛教初來東傳之路徑

（二）《法句經》與《四十二章經》版本比較與內容分析

（三）《四十二章經》的眞僞

（四）從《法句經》到《四十二章經》的思想

（五）從《法句經》到《四十二章經》的源流與發展對中國佛教的影響

（六）從《法句經》到《四十二章經》的源流與發展對越南佛教的影響

上述所載，係爲本論文之主要探討範圍。陳寅恪先生說：「蓋現在佛經之

〔註22〕陳文杰《漢譯佛典譯語分析》參見《中國人民大學學報》，2008 年 03 期，頁148。

研究爲比較校勘學，以藏文校梵文，而藏文有誤，更進一步以蒙文校之，又核以中文或稍參以中央亞細亞出土之零篇斷簡，始成爲完全方法。」〔註23〕用此法，幫助準確理解文意。特別是涉及對於原文理解、原始思想時，有困難的時候，更需要根據當代詮釋與其他方法來助陣。

第四節　論文架構

本論文係探討，從南傳《法句經》到漢譯《四十二章經》的關係與影響之研究。在研究架構上，首先就研究動機與目的、與研究方法與進路，進而對相關文獻資料，做一說明。筆者就文獻部份，提出相關越南專著來研究，以做爲論文研究的特點內容的參考部份。

接著，就秦漢朝時期的南越國，對南傳佛教傳入中土之影響之部份，做爲第二章。在章節安排上，於第一節中，說明印度孔雀王朝阿育王時期佛教之概況。從阿育王時代印度的佛教，談及阿育王對佛教支持與發展、阿育王造塔運動。在阿育王時期佛教東傳南越國的過程中，包含佛教東傳南越國之背景、佛教東傳南越國之路徑、與佛教東傳南越國後之影響等。在第二節中，有關秦漢朝時期南越國的南傳佛教之情況，從南傳佛教傳入南越國之路徑、南越國早期交趾的印度僧人等，依據蒐集相關文獻予以論述。在第三節中，是論及南越國滅後漢代佛教的中心，在秦漢朝時期南越國的交趾，佛教在二世紀早已很蓬勃，交趾之贏樓成爲佛教交流之中心，然再往北傳到彭城、洛陽佛教，成爲當時三個重要佛教中心。

在第三章中，論述《法句經》之源流與影響。於第一節，是《法句經》之歷史源流部份。包括該經之概述、版本之概況、成立與發展的過程。於第二節，是《法句經》之要義與經義特色。於第三節，是《法句經》語體之概述及其影響。

在第四章中，主要探討《四十二章經》傳入漢地源流之情形。從第一節的漢譯《四十二章經》之傳譯，討論到其翻譯與版本現況，並對舊、新版本主要內容，與翻譯者做一簡述，且將東漢明帝與該經之關聯史，做一敘述。在第二節裡，有學者爭議之論述，有歷代著錄該經所呈顯之爭議，有歷代學者關於此經之爭議焦點。於第三節中，《四十二章經》傳譯後看漢譯經典之發

〔註23〕《傅斯年函》，載《陳寅恪集・書信集》，三聯書店 2001 年版，第 23 頁。

展，從《四十二章經》看經譯模式雛型的建立，與漢譯經典機制的建立與發展。在第五章中，是從《法句經》到《四十二章經》的思想及其影響中，論述其思想觀點，並就從《法句經》到《四十二章經》對越南佛教之影響，與從《法句經》到《四十二章經》對中國佛教之影響等兩個重點，概略予以論述。在最後第六章，做一本文的結論。

　　在本文總結最後，將歷來蒐集之參考書目，共歸納分析爲一、經典文獻；二、專書；三、期刊論文；四、學位論文；五、工具書。今後將秉持此原則，不斷地蒐集歸納，尤其是越文、日文部份，尚補其不足，以增添其視野之廣博，瞭解國外學者之想法，在未來的研究道路上，對田野調查的論著，亦將一併納入。

第二章　秦漢時期與南越國之南傳佛教情形

　　二十世紀以來，佛教初傳的問題，學術界已經作了大量的研究，成果很豐富。公認的看法，認爲起源於印度的佛教，傳入中國是通過中亞與西域的傳播實現的，此種說法似已定論。近年以來，學術界對於佛教初傳的議題，更進一步的認識。有學者提出新的觀點，是佛教傳入西域較傳入中原更晚的論點，〔註1〕與此相關，佛教東傳早期大體經由海路而非陸路的觀點。〔註2〕一股新說，產生了不同的看法。於是，南北兩路佛教初傳的問題，成爲一個大有探討與思考餘地之議題。先前認爲此，引起越南佛教初傳是由北方傳播的中國佛教而來的說法。但自古以來，因爲經由南海通商貿易航線的特殊性，印度佛教和錫蘭佛教亦傳播至此。因此，佛教究竟何時傳入越南？是從印度或是中國傳入？從何登路？本章就擬上述爲探討的課題。

第一節　印度孔雀王朝阿育王時期佛教之概況

　　宗教的產生與發展有其特定歷史環境。國家形成之後，任何宗教都受到來自政治方面的影響。雖然不能決定宗教的存滅，但是掌握國家政權的統治

〔註1〕　吳焯，《從考古遺存看佛教傳入西域時間》，載《敦煌學輯刊》1985 年第 8 輯；宋肅瀛，《試論佛教在新疆的始傳》，收入《向達先生紀念論文集》，新疆人民出版社，1986 年，423～424 頁。

〔註2〕　許理和，《漢代佛教和西域》，收入《親和思想與法律・慶賀胡四維八十誕辰論文集》，載《中外關系史論叢》，1996 年，5 輯，104 頁。

者，對宗教的態度和執行的政策，無論是支持或反對，會對宗教的存在形式與發展趨向，帶來極大的影響。印度佛教也如此，在孔雀王朝公元前（BC 324～187）的阿育王時期公元前（BC 266～230）佛教的發展。

佛陀以後，印度地方諸王朝盛衰交替，專制君主統治的大國吞併了小國，其中摩揭陀國最爲強大。繼哈爾揚卡（Haryańka）、龍種（Saiśunāga）、難陀（Nanda）諸王朝而起的孔雀王朝（Maurya），建立了橫貫印度全土的大一統國家。

前 327 年，亞歷山大王（Alexandros）入侵印度，進兵印度河。因爲部下兵將不肯繼續進軍，於是亞歷山大王東下印度河，轉而向西方挺進。前 323 年 7 月，亞歷山王在巴比倫尼亞（Babylonia）首都巴比倫病死。當時恒河平原在難陀王朝統治之下。約在前 317 年左右，旃陀羅笈多（Candlagupta，又譯月護王）推翻了難陀王朝，建立了孔雀王朝。

阿育王（Aśoka）是古代印度孔雀王朝的第三任國君，在世界歷史上享有盛譽。出生在一個權勢顯赫的貴族家庭，祖父是孔雀王朝的開河國君主，名叫旃馳羅笈多．毛里亞。父親頻頭沙羅則是孔雀王朝的第二代國君，在位時推行對外擴張政策，被古希臘人稱爲＂阿米特拉加塔＂，意思是＂殺人者＂，阿育王從小受其影響，倔強凶殘，個性突出。傳說阿育王曾經是一個十分殘暴的國王，靠弒兄篡奪了王位，並不斷進行擴展版圖的對外戰爭，開展對外貿易，使孔雀王朝才得以空前強大。

一、阿育王（Aśoka）對佛教支持與發展

印度佛教大規模地向國外傳播，是從公元前 3 世紀，孔雀王朝的阿育王時期（約公元前 273～232）開始的。阿育王是個又虔誠又狂熱的教徒，傳說在其統治時期，全印共修 8 萬 4 千座寺塔，刻製無數的摩崖和石柱。親自主持佛教第三次集結，編寫大量經典。在國內大興佛事，仍意猶未足，阿育王還派遣佛徒和使臣向周邊各國傳教，佛教從此開始走向世界。

（一）阿育王奉養佛教

有關阿育王的歷史，碑文或錫蘭所傳的《島史》、《大史》、《善見律毗婆沙》，及北傳的《阿育王傳》、《阿育王經》、《天譬喻》等其他傳說，皆有記載。

根據傳說，阿育王即位後仍然極爲狂暴，經常施用暴力手段壓制人民。爲實現統一帝國的渴求，但在八年征服羯陵伽國，見到戰爭的殘酷，帶來悲

慘的結局，促使阿育王突然皈依了佛教，成為熱心的佛教徒。在一個碑文中說：「即使是在羯陵迦被殺的、死亡的和被俘虜的那些人百分之一或千分之一，在今天也被諸神所寵愛的，認為是愧惜的。」為了尋求解脫罪惡之途，阿育王決意改變祖輩軍事征服的殘酷手段，從佛教中找到了脫離苦海的最佳途徑，以法來教誨人民，治理國家。

　　阿育王體悟戰爭的罪惡，瞭解以暴力獲得的勝利，並非真正的勝利，唯有「依於法之勝利」（dhamma-vijaya）才是真正的勝利。阿育王親近僧伽，熱心修行，於即位十年後實行三菩提（Sambodhi）；「三菩提」是「覺悟」的意思，被解釋為是阿育王開悟之意思。阿育王此時開始進行「法的巡禮」，舉行巡禮佛陀遺跡之行；其即位二十年後，到訪藍毗尼園之事，見之於碑文。阿育王熱衷於修行，為了法的建立和法的增長而努力，阿育王命令地方長官，應每隔五年在各地領地內巡迴一次設立正法大官（Dharma-mahāmātra），對佛教僧伽、婆羅門教、耆那教、邪命外道等一切宗教，採取寬容的態度，以有助於正法的增長而平等地予以保護。並且經常對囚犯施行大赦。在其摩崖最大者七處，刻詔書十四通，於第十三通中有記載：

> 王即位第九年，征服羯陵伽 Kalinga，……皈依正法，發布佛教。……王以為最上之勝利，正法之勝利也。此勝利行於王之領域，又遠及於六百由旬外之鄰邦，若臾婆那 Yavana（即臾那）、王安捺歌 Antiyoko 之國、調拉馬耶 Turamaya、安戜尼 Antikini、馬加 Maka、亞歷加達拉 Alikasudara 四王之國，南及初拉 Colu、槃耶 Tandya、瞻波槃尼 Tamba-pani（錫蘭）諸國，又王之領域內……諸地所至，皆受王使之宣說隨順正法。……〔註3〕

阿育王在位期間的種種事業，以法的形式，被刻在岩壁或石柱之。通過佛法，而來實行和平友好的外交政策。

（二）阿育王造塔

　　阿育王宣傳佛教的最得力的方式，是興建佛塔。有關阿育王造塔的事蹟，見《雜阿含經》卷二十三〔註4〕、《阿育王傳》卷一〔註5〕、《阿育王經》卷一

〔註3〕張曼濤《印度佛教史概述》，參見《現代佛教學術叢刊》，台北市，大乘文化出版社，民國68年3月，246頁。
〔註4〕《雜阿含經》卷23，《大藏經》，第2冊，161b。
〔註5〕《阿育王傳》卷1，《大藏經》，第50冊，99a。

〔註6〕、《高僧法顯傳》〔註7〕等,皆有記載。

　　塔是塔婆的簡稱,源自於巴利語的 thūpa。有時又稱:方墳、圓塚、浮圖、塔廟、廟、高顯、支提、寺等。「法苑珠林」卷三十七云:「所云塔者,或云塔婆,此云方墳;或云支提,翻爲滅惡生善處;或云斗藪波,此云護讚。若人讚歎擁護歎者,西梵正音名爲窣堵波。此土云廟,廟者貌也,即是靈廟也。」,〔註8〕不過根據此字的梵文 Stūpa,它的正名當是窣堵波,窣堵波本義墳塚。在印度,表揚君主或聖賢的德望,人們往往在他們的遺骨上建立窣堵波,如此習俗早在印度的史前時代,即已存在。

　　根據佛教史籍,〔註9〕釋迦牟尼佛涅槃火化以後,所得舍利平分爲八,「時拘舍尸國人得舍利分,即於其土起塔供養。波婆國人、遮羅國、羅摩伽國、昆留提國、迦維羅衛國、毘舍離國、摩竭國阿闍世王等,得舍利已,各歸其國起塔供養。從此以後,塔遂成爲佛教徒頂禮膜拜的對象,佛教的神聖建築,佛塔信仰逐逐漸展開。

　　阿育王宣傳佛教,在興建佛塔方面的事蹟。據說將佛骨分成八萬四千份,大力建起同樣數目的佛塔。在世界各地分造 84000 座佛塔,阿育王開啓珍藏佛陀舍利塔建 84000 座窣堵波舍利塔,是最普遍的一種說法,但亦有開七塔取舍利分建84000座佛塔之說。《毗奈耶雜事》卷三十九,記載:

> 如來舍利總有一碩六斗,分爲八份,七份在瞻部洲,其第四分阿羅摩處所得者,在龍宮供養,又佛有四牙舍利。一在天帝釋處;一在健陀羅國;一在羯陵伽國;一在阿羅摩邑海龍王宮,各起塔供養。時波吒離邑無憂王(阿育王),便開七塔取其舍利,於瞻部洲廣興靈塔八萬四千,周遍供養。〔註10〕

可見最早佛陀舍利是八份,七份分給南瞻部洲建塔供養,阿育王開塔取舍利是指南瞻部洲七塔;另一盛事,主持召開了有 1000 多名佛教僧侶參加的佛教史上的第三次結集。結集的主要事項,編輯整理經、律、論三藏經典,解決各教派對佛教教義的歧義和爭端,並派僧人分赴各地請教,阿育王自親赴敘利亞、埃及、希臘等國傳教之說。阿育王雖沒有傳教到過中國,亦有到和闐之說,但在

〔註6〕　《阿育王經》卷1,《大藏經》,第 50 冊,131b。
〔註7〕　《高僧法顯傳》卷1,《大藏經》,第 51 冊 857a。
〔註8〕　《法苑珠林》卷37,《大藏經》,第 53 冊,頁 579a。
〔註9〕　《佛般泥洹經》卷2,《大藏經》,第 1 冊,175a;
〔註10〕　《根本說一切有部毗奈耶雜事》卷 39,《大正藏》第 24 冊,2a。

中國建造的 19 座阿育王塔，說明這種佛塔模式早已傳入中國，顯示了阿育王傳教對中國的影響，亦進一步證明了塔是外來建築，塔的故鄉在印度。

阿育王對佛教的貢獻，莫過於建造 84000 座佛塔在《阿育王經》卷一有記載：

> 時王生心欲廣造佛塔，莊嚴四兵，往阿闍世王所起塔處，名頭樓那。至已，令人壞塔，取佛舍利。如是次第，乃至七塔，皆取舍利。復往一村，名曰羅摩，於此村中，復有一塔，最初起者，復欲破之以取舍利。時有龍王，即將阿育入於龍宮，而白王言：『此塔是我供養，王當留之』。王即聽許，是龍王，復將阿育至羅摩村。時王思惟：此塔第一，是故龍王倍加守護，我於是塔，不得舍利。思惟既竟，還其本國。時阿育王作八萬四千寶函，分布舍利，遍此函中。復作八萬四千瓶，及諸幡蓋。付與夜叉，令於一切大地，乃至大海，處處起塔。……乃至阿育王起八萬四千塔已，守護佛法〔註11〕

阿育王對佛教的支持，促進了佛教在社會各階層中，得以廣泛傳播，亦使佛教走上世界。自阿育王熱心傳教以來，印度西北部、西部及西南部，均盛行佛教。於是，佛教慢慢成為印度的國教。

阿育王建造 84000 座佛塔後，又分別遣使到尼泊爾、斯里蘭卡、緬甸、喀什米爾，直至地中海等地傳教建塔。佛教由一個地方教派發展，成為最早和最大的世界性宗教，首先應得歸功於阿育王，世界各國的佛教徒，沒有一個不敬仰阿育王的。後人為紀念他對佛教所做的不朽功績，建造的佛教寺塔不少，就以"阿育王"命名。古印度佛陀涅槃至阿育王時代的 200 多年間，是窣堵波佛塔的初步形成階段，阿育王時期至以後若干年是窣堵波佛塔的發展和成熟階段，尤以阿育王時期最盛。阿育王時期不僅使印度佛教得到空前發展，而且使佛教藝術的發展，亦達到新的高潮，尤其是石刻藝術的興起，帶動了整個印度佛教的迅速發展。

二、阿育王時期佛教東傳南越國

阿育王對內以"達磨"（Sk. Dharma：法）治國，Dharma 一詞出於詞根"dhr"，其原意為"托撐"、"支持"或"承擔"。Dharma 一詞廣乏的涵義，

〔註11〕《阿育王經》卷1，《大正藏》第 50 冊 134c～135a。

阿育王就在一種很廣的意義上使用這概念，常譯為"宇宙之法"，"社會和宗教的秩序"等。為各種宗教信仰，提供自由傳播的機會，晚年皈依佛教，大力支持佛教的發展。經由阿育王的積極提倡，佛教在印度境內得到了廣泛的傳播，同時開始走出世界。

（一）佛教對外發展概況

佛滅百年後阿育王即位，當時商那和修已去世，教團是優波血多、目犍連子帝須的時代。這百年左右期間，各地的僧伽，似乎紛諍不絕。阿育王時代華氏城的僧伽起了紛諍，為了平息紛諍，阿育王自阿呼河山迎請目犍連子帝須。南傳曾說，為平息僧伽之紛諍，由於他的提倡而派遣傳道師於各地。據南傳 Dīpavaṃsa《島史》、Mahāvaṃsa《大史》、Samantapasadika《善見毗律婆沙》記載，阿育王向印度邊境及希臘諸國派遣教的使者的記載，由目犍連子帝須（Moggaliputta-tissa），派遣傳教師。派往地區有九處，每組有五位傳教師。傳教師及其派遣地的關細系，根據《善見毗律婆沙》[註12] 卷二所述詳細如表下：

表一　阿育王派遣九組傳教使團進展表

組	傳教者	傳教地區	說經典	得度人數
1	末闡提 Majjhantika	罽賓國 Jammu 和犍陀羅國 Gandhāra（今印度西北部斯利那伽（Śrināga）和巴基斯坦的白沙瓦（Pashawar）。）形成後來「說一切有部」。	《譬喻經》Ā sivisopamasuttata	八萬眾生即得道果，千人出家。
2	摩呵提婆 Mahādeva	摩醯婆末陀羅國 Mahisakamaṇḍala（今案達羅（Andhra）。）形成後來「制多山部」、「北山住部」、「南方大眾部」。	《天使經》Devadūtasutta 相當於《中阿含經》卷十二	四萬得天眼，皆悉隨出家。
3	勒棄多 Rakkhita	婆那婆私國 Vanavāsi（今德干高原的西南部，克里斯那（Kṛṣna））形成後來「南方大眾部」一支。	《無始經》Anamataggapariyā yakathā.相當於《雜阿含經》卷三三。	六萬人得天眼，七千人出家
4	曇無德 Yona-Dhamma rakkhita	阿波蘭多迦 Aparantaka（今印度西部的古吉垃特（Gujarāt）地區。）形成後來「西山住部」。	《火聚譬經》Aggikkhandhūpam asuttantakathā.	三萬人得天眼，令服甘露 Dhammāmata，從利利 Khattiya 種男女，各一千人出家。

〔註12〕《善見毗律婆沙》卷 2，《大正藏》24 冊，684c。

5	摩訶曇無德 Mahādhammar akkhita	摩訶勒咤國 Mahāraṭṭha（今印度西南部的馬哈拉施特拉（Mahārasthra）。）形成後來「法藏部」。	《摩訶那羅陀迦葉本生經》 Mahānāradakassap ajātaka	八萬四千人得道，三千人出家
6	摩訶勒棄多 Mahārakkhita	與那世界 Yonakaloka（今阿富汗）形成後來「犢子部」。	《迦羅羅摩經》 Kālakārāmasuttant a	七萬三千人得道果，千人出家
7	末示摩 Majjhima	雪山邊國 Himavantapadesa（今印度北部的喜馬拉雅山（Himālaya）。）形成後來「雪山部」。	《初轉法輪經》 Dhammacakkappa vattanasuttanta	八億人得道。大德五人，各到一國教化，五千人出家
8	須那迦 Sonaka, 欝多羅 Uttara	金地國 Suvaṇṇabhūmi（今孟加拉 Bengal）、緬甸（Burma）、泰國（Thailand）和寮國（Laos）。）形成後來「南傳上座部」一支。	《梵網經》 Brahmajālasuttanta	八億人得道。大德五人，各到一國教化，五千人出家
9	摩哂陀 （Mahind）、欝帝夜參 Sambala 和婆樓拔 Bhaddasāla	師子洲 Sīhaladīpa（今斯里蘭（Śri-Lanka））形成後來「南傳上座部」。	《小象跡喻經》〔註13〕 Culahatthipadopam asuttam	六萬人皆得道果，復有受三歸五戒者，三千五百人爲比僧，一千五百人爲比丘尼。

　　以上表看，所載地名與後來部派繁榮的地點，有其相關係性。所以，可以推定在阿育王時代，佛教教團內部曾經產生部派，由於阿育王的傳教政策，促進了這種傾向，被派往印度各地的傳教師們，使各自的派遣地成爲佈教的據點，從而形成了地域性的部派。

　　印度西北部，斯利那伽（Śrināga）和巴基斯垣的白沙瓦（Pashawar），形成「說一切有部」（Sarvāstivādin）。案達羅（Andhra），形成「案達羅派」（Andhaka）。克里斯那（Kṛṣṇa），形成南方「大眾部」（Mahāsaṃghika）。印度西部的古吉垃特（Gujarāt）地區，形成「西山住部」（Aparaśaila）。印度西南部的馬哈拉施特拉（Mahārasthra），形成「法藏部」（Dharmaguptaka）。今阿富汗，形成「犢子部」（vātsīputrīya）。印度北部的喜馬拉雅山（Himālaya），形成「雪山部」（Haimavata）。今孟加拉（Bengal）、緬甸（Burma）、泰國（Thailand）和寮國（Laos），南傳「上座部」（Sthavira）。斯里蘭卡（Śri-Lanka），形成「赤銅鍱部」（Tāmraśātīya）或者稱爲念「南傳上座部」。〔註14〕

〔註13〕《中阿含經》卷36的146經。
〔註14〕閩呂激著《印度佛學思想概論》，天華出版社，民國71年7月初版，頁32～35。

（二）佛教向東南亞傳播

阿育王時佛教開始向外傳播，其所派出九個使團到國外弘法，如上節所述，其中第八個使團被派往東南亞"金地"，第九個使團到斯里蘭卡，該兩使團的艱辛弘法，促使後來的斯、泰國、緬甸、柬埔寨、老撾、越南及中國傣族地區的佛教發展，奠定頗爲堅實的基礎，更使得形成爲東南亞佛教圈。

"金地"是中南半島的泛稱，該地區是中南半島上，是最早接受印度文化的地方。到楞伽島上傳教的第一人是阿育王的兒子摩哂陀（Mahendra），"楞伽"（Lanka）是錫蘭的古稱，錫蘭就是現在的斯里蘭卡。一世紀前始，人們就將錫蘭文三藏及其注釋書寫在貝葉上，這就所謂初期的"貝葉經"（Pattra Sutra），此舉使佛教文化得以繼承和發揚。

阿育王後期，佛教不止遍及印度全境，而且影響到西邊，而達到地中海東部沿岸國家，則北邊到克里斯那之白沙瓦，另則南邊到斯蘭卡，且進入東南亞。佛教由此分爲兩條，對外傳播路線，以斯里蘭卡爲基地，向東南亞傳播的，稱之爲南傳佛教。以克里斯那、白沙瓦力中心，向大月氏、康居、大夏、安息和中國的于闐（和田）、龜茲（Kucha）傳播，稱之爲北傳佛教。

據南傳佛典《倡旱疏》記載，至遲在前一世紀，斯里蘭卡已與東南亞，許多地方有海上貿易往來，包括印度尼西亞的爪哇，泰國的盤谷以及檀馬裡（湄公河三角洲）等。據中國諸史料，在漢武帝通西域以前，中國與印度、南海之間，已有著極興盛的商業往來，而當時越南的交趾，乃是中印的交通的橋樑，正是貿易中心之地，此經濟活動的助力，無疑也會帶動文化的交流。

據史料在漢武帝通西域以前，中印、南海之間，已有相當貿易往來。當時，越南的交趾，儼如中印交通的橋樑，貿易中心之地。無疑的，佛教亦藉此管道之便，傳到東南亞以至中國沿海。越南的南界門（Cửa Sót）以南，現仍存留着許多印度文化傳入的跡象。即在伢莊省（Nha Trang）武景村（Làng Võ Cạnh）曾開挖出一塊石碑，如圖一，據考古學家研究，確定其年代屬於公元一世紀之前的遺物，且碑文是以梵文所寫的。〔註15〕石碑上之內容，這是占婆（Champa）國最早的石碑。全部碑文上內容用梵文（Sansklit）寫成，其的內容：「Sri Mara 是南占婆小國開國的君王，首都在 Panduranga（今越南放朗 Phan Rang），北占婆小國首都在林吧 Simhapura（今越南茶橋 Trà Kiệu）。在七世紀兩小國統一爲

〔註15〕Lê Mạnh Thát（黎孟托），" Lịch sử Phật giáo Việt Nam "，Nhá xuất bản Thuận Hóa，1999，p.25.

占婆國（Champa），首都在林吧（Simhapura）。」之外這石碑還給另訊息，這王國受印度文明與僧侶的影響。〔註16〕在公元一世紀時，能使用梵文刻在石碑上，可以說明印度文化不只存在於越南，更可能已經歷長久時間的發展。換言之，在佛教傳入越南之前，印度文化包括佛教，可能早已隨著商旅，登陸到越南地區。在一開始傳播時，就與越南文化，越南人們的日常生活融合在一起。因此，民間的傳說、古蹟中無不受其影響，而其影響不但深遠、細密而且普遍。簡言之，於公元初世紀時期，印度文化即早已傳入越南。

第二節　秦漢朝時期南越國的南傳佛教

南越國是秦朝末年趙佗在嶺南地區，所建立的一個地方政權。共傳了五代，至漢武帝元鼎六年（公元前 111 年）時被漢武帝滅亡，前後經歷近百年，在嶺南歷史上，占有相當重要的地位。

今日越南北部，古代叫做"交趾"，是當時南越國的內地，據《舊唐書》曰：宋平漢西卷（音拳）縣地，屬日南郡。自秦至漢猶爲四縣。隨平陳，置交州。煬帝改爲交趾，刺史治龍編（Long Biên）〔註17〕交州都護制諸蠻。其海南諸國，大抵在交州南及西南，居大海中洲上，相去或三五百里，三五千里，遠者二三萬里。乘舶舉帆，道里不可詳知。自漢武已來朝貢：必由交趾之道。武德四年，干宋平置宋州，領宋平、弘教、南定三縣。五年，又分宋平置交趾、懷德二縣。自貞觀元年，廢南州，以弘教、懷德、交趾三縣省人宋平縣。移交趾縣名於漢故交趾城置。以宋平、南定二縣屬交州。交趾——漢交趾郡之贏樓（Luy Lâu）。隨爲交趾縣，取漢郡名。武德四年，置慈廉、爲

〔註16〕Bia Võ Cạnh, đây là tấm bia sớm nhất của vương quắc Chămpa. Bia được khắc bằng chữ Sansklit（chữ Phạn）đã cho biết: Sri Mara là người đã sáng lập triều đại đầu tiên của tiểu quốc Nam Chăm, thủ phủ đóng tại vùng Panduranga（vùng Phan Rang ngày nay, còn kinh đô của tiểu quốc Bắc Chăm（theo sử Trung Hoa còn gọi là Lâm ấp）đóng ở Simhapura - vùng Trà Kiệu ngày nay. Sau đó, vào khoảng thế kỷ VII hai tiểu vương quốc này hợp nhất thành vương quốc Chămpa, Simhapura được chọn làm kinh đô）. Ngoài ra, tấm bia còn cho biết ảnh hưởng mạnh mẽ của văn minh Ấn Độ cùng vai trò quan trọng của giới tăng lữ ở tiểu vương quốc này. Với toàn bộ nội dung văn bia được khắc bằng chữ Sansklit（chữ Phạn）đã thể hiện sự du nhập nền văn minh Ấn Độ vào cư dân Chăm khá sớm（khoảng thế kỷ I sau Công nguyên）. Http://baotanglichSu.vn

〔註17〕何文書、陳宏德《越南歷史年》，河內：通訊文化出版社 1999 年，第 27 頁。

廷、武立三縣。六年，改爲南慈州。貞觀初，州廢，並廢三縣縣地。舊置武平郡。龍編漢交趾郡守治贏樓。後漢周尚爲交趾太守，乃移治龍編。言立城之始，有蚊龍盤編津之間，因爲城名。武德四年，於縣置龍州，領龍編、武寧、平樂三縣。貞觀初，廢龍州，以武寧、平樂人龍編，割屬仙州。七年，廢仙州，以龍編屬交趾。

根據越南與中國的地理位置，越南與中國之間的交通線，大致可以分爲海陸兩條路線。陸路又可分爲兩條，一條是滇越道、一條是桂越道，這兩處交通線係以陸路、河運爲主。也是中國古來與越南地區主要的交通路線。有關這兩條路線與中越文化的交流。中國與越南間的海路主要以廣州爲運轉的中心，可以分成三條路線：廣州一占城（日南）道，又稱爲廣州南道；廣州與越南北坼道，又稱朧廣州北道；還有一條廣州以北至揚州地區的海道，又可稱爲東南道。這三條路線可以說是環南中國海的交通路線，及其之延伸；這三條路線又都可以以陸路連接中國中原奧區，與中國內陸產生密切的聯繫。〔註18〕

一、南傳佛教傳入南越國之路徑

關於越南佛教的起源，諸說不一。比較可靠有兩種說法，一則謂二世紀末由中國東漢的牟子所傳入，另則謂公元前三世紀時自印度輸入。在越南學者，認同第二種說法，已經有很多資料可證明：越南佛教是印度僧士，在公元前三世紀時，從印度將佛教傳入越南的。目前越南佛教界，公認這種說法才是合理的。可追溯到公元前 3 世紀，當時頗多印度佛教僧士由阿育王（Aśoka）派遣到國外傳播佛法，出國後到很遠的地方如非洲、西亞、中亞、以及南亞包括馬來西亞，緬甸、泰國、老撾、柬埔寨，以及越南，即交州（現在的北寧省）俱有確證。且當時中印海路交通似已開通，當比陸道爲早，在紀元前四二五年即已開始。據伯希和（Paulp elliot）考紀元前三世紀秦始皇開嶺外，首置郡縣。西漢（公元前 206 至公元 24 年）東漢（公元 25 至 220 年）時，於東京及安南北部，置交趾（今越南北部的北寧省）九眞、（今越南清化）日南、（今越南廣平）三郡。紀元初年，中國與南海諸國商業政治關係，頻繁之時，交趾曾爲航行之終點。

〔註18〕 見許永璋寧，《古代洛陽與南海絲綢之路》，《史學月刊》，2000，第 1 期，頁 30～36。

　　佛教創立於前六世紀至五世紀的古印度，早在阿育王時代（前 264 年至前 227 年），即開始向世界擴展；在擴展過程中，向北傳入中國，向南則傳入東南亞諸國。傳入東南亞地區的佛教發展很快，形成了現代世界佛教文化中心，如斯里蘭卡、緬甸、泰國、柬埔寨、越南等國家。越南佛教雖然居於東南亞地區，卻不像泰國、柬埔寨等國家的佛教皆屬於南方佛教圈，而越南佛教是先南傳後北傳，因此，越南佛教的情況自古以來，南北傳都有接與受。以越南地理位置與航海貿易，是可理解的。

　　印度佛教傳入中國內地的路線，有海路、陸路兩途。一條是陸路，經由中亞細亞傳入新疆地區，再深入內地。另一條是海路，經由斯里蘭卡、爪哇、與采半島、越南到達廣州，通過南海路線傳入中土。從海路傳入中國，比陸路的時代還要早些。漢代時，佛教主要為陸路傳入，因而個別僧人從海上傳入佛教之事，也就逐漸被人遺忘。

　　秦時代已有高僧來華。據《史記。秦始皇本紀》載："使蒙恬渡河取高闕、陶山、北假中，筑亭障以逐戎人。徒謫，實之初縣。禁不得祠，明星出西方。"〔註19〕日本學者藤田豐八認為，此紀事之原文，敘述始皇北逐匈奴，沿河筑塞。又在其下云，明星出西方，此事全然獨立，而"不得"二字殆無意義。若上文有何關於祭神之紀事，則可讀為"禁不得祭祠"，則"不得"要系神名或祠名。此"不得祠"，若依吾人之解釋，"不得"的古音系佛陀之對音。"不得柯"即"佛陀間（寺）"則始皇三十三年以前，佛教已傳入中國矣。〔註20〕馬元材在顧頡剛先生指導下，對《史記。秦始皇本紀》三十二年："始皇之碣石，使燕人盧生求羨門、高誓"。研究認為"羨門"即"沙門"。岑伸勉先生對此成果頗為欣賞，〔註21〕按此說古已有之，"佛者，……其精者號沙門。"〔註22〕在《廣宏明集》有記載：「始皇之時，有外國沙門釋利防等，一十八賢者齎持佛經來化始皇，始皇弗從遂囚禁之。夜有金剛丈六人，來破獄出之，始皇驚怖稽首謝焉。基此而言，則知秦漢以前已有佛法。」〔註23〕秦始皇與阿育王大體同時，以當時的航海交通條件推論，阿育王的使者，可能到達秦國。

〔註19〕《史記。秦始皇本紀》三十三年
〔註20〕藤田豐八《中國石刻的由來》，見《東洋學報》16 卷 2 期。
〔註21〕見《文史雜據志》5 卷 3〜4 期
〔註22〕袁宏《後漢紀》卷 10
〔註23〕《廣宏明集》卷 11，《大正藏》第 52 冊 156c。

漢哀帝元壽元年（前 2 年），大月氏王使臣伊存口授《浮屠經》，當為佛教傳入漢地之趣始。此說源予《三國志》裴松注所引的《魏略・西戎傳》：昔漢哀帝元壽元年，博士弟子景廬受大月氏王使伊存口授《浮屠經》。回復立（豆）者，其人也。《浮乎屠》所所載臨蒲塞、桑門、伯聞、疏問、白疏問、比丘、晨門，皆弟子號。大月氏於前 130 年左右遷入大夏地區，其匡時大夏已信奉佛教。至前 1 世紀末，大月氏受大夏佛教文化影響，接接受了佛教信仰，從而輾轉傳進中國內地，是完全可能的。

其實一種宗教文化的傳入，本來難以用某一具體事件，作為準確標誌。一種異質文化在初傳入時，在本土文化面前是根本不受青睞的。待到此種異質的思想為人們普遍重視時，回溯其初傳時的真相，已不可能。從此一意義上說，如果說佛教傳入中國，還要早的，亦無不可。

漢武帝經營西域以來，即以此路為東西交通的要道，由這條路所從事的貿易、行旅都極為頻繁。往來於中國、印度間的僧侶們，利用這條陸路為多。大多數的譯經僧，都是通過此路而來到中國。尤其中國的求法僧，以玄奘三藏為代表，往來於這條陸路把佛教經典帶進中國。

中印交通的陸路，自從漢武帝經營西域以來，陸路便成為東西交通的要道，商業貿易、使節往來十分頻繁。這條陸路包括南北兩道。南道是從敦煌橫越沙漠，經鄯善（Lobnor）、大戈壁涉漠之南，進至崑崙山脈北麓而達於闐（Khotan），再向西北前進赴到莎車（Yarkand）之路。北道是由敦煌北上至伊吾（Homi），經吐魯蕃（Turfan）到龜茲（Kucha），再抵達疏勒（Kashgar）的道路。後漢的安世高、支婁迦讖以及三國時代的曇柯迦羅、康僧膚鎧、曇諦等以南北二道作為主要通道。在陸路交通上，幾處極為重要的據點，於闐、龜茲以及登越蔥嶺到印度達拉地方，亦即罽賓三國，都前往印度求法所必經之國。

另外海路，經由斯里蘭卡、爪哇、與采半島、越南到達廣州，通過南海路線傳入中土。這條隨中印海上貿易發展的，據國內外學者研究，印度與中國的海上交通，到前四世紀時已發達起來，印度商船來華主要港口為渤海附近的碣石、琅琊和浙江。根據董楚平的說法：

> 春秋戰國時期，我國有五大港口，即碣石（今河北秦皇島），轉附「今山東煙台），琅琊（今山東膠南縣），會積（今浙江紹興），句章（今浙江寧波）這五大港口連結了全國海路交適。五大港口中，浙江佔

了兩個。前 473 年，越滅吳後，遷都琅琊，這樣，五大巷口，越有

其三，越國幾乎控制了全國海運事業〔註24〕

可見當時越國在中國海上航線上的重要。燕昭王七年，已是佛滅後的第兩百年，由此看來，在燕昭王時，印度南部或東部的少數佛徒，用五年的時間輾轉來到中國的齊燕之地布道，實有可能。否則，秦漢時期已盛行於齊燕之地，當時浮屠之士的"羨門"（即沙門）又從何而來？

二、漢末交州學術之概況

漢末，由於讖緯之學長期盛行，作為經學的儒學走向衰落，控制社會的效力漸衰。但在南方，於交趾太守士燮（Sĩ Nhiếp, AD187～226）任交趾太守〔註25〕同時領有廣州，在郡 40 餘年，其地得以長期安定，吸引了一大批北方文人南下交州避難。士燮精通《尚書》、《左傳》倡儒學，其人體器寬厚，禮遇學者，各種思想得以在此融匯、交流、沖撞，學術氛圍十分寬鬆活躍。但儒學在此仍然居主導地位，對當地社會產生很大影響，亦奠定了越南儒學發展的基礎，越南舊史尊士燮為"士王"。蒼梧（治所廣信）刺史朱符治理蒼梧也達十餘年，二人一南一北維護了交州多年的太平，對佛教在此地的傳播產生了兩方面主要影響。

首先，由於士燮提倡儒學，並很好地控制了社會生活，文人學士也受到優遇，學術思想具有活力。這種情況使中上層社會沒有宗教生存的土壤，只有此黃老思想成分還比較多的早期道教的傳播，五斗米道還不能在這裡很好傳播這與當時四川與廣西的交流有限相關，也有學者認為廣西佛教不是從四川傳去的，大約也與此有關。作為與傳統文化有著重要區別的外來宗教佛教，

〔註24〕董楚平，《吳越文化新探》，杭州市，浙江人民出版社，1988，一版，頁 278.

〔註25〕Trần Trọng Kim ,Việt Nam Sử lược, nhà xuất bản tổng hợp thành phố Hồ Chí Minh , năm2001, p.42-43, tái bản . 陳忠金"Sĩ Nhiếp（187～226）cuối đời nhà Đông Hán, giặc cướp nổi lên khắp cả bốn phương, triều đình không có uy quyền ra đến ngoài, thiên hạ chỗ nào cũng có loạn. Đất Giao Chỉ bấy giờ nhờ có quan thái thú là Sĩ Nhiếp cùng với anh em chia nhau giữ các quận huyện cho nên mới được yên ổn. Tiên tổ nhà ông Sĩ Nhiếp là người nước Lỗ, vì lúc vương Mãng cướp ngôi nhà Hán, mới tránh loạn ở đất Quảng Tín, quận Thương Ngô, đến đời ông thân sinh Sĩ Nhiếp là sáu đời. Ông thân sinh tên là Sĩ Tứ làm thái thú quận Nhật Nam, cho Sĩ Nhiếp về du học ở đất Kinh sư, đỗ hiếu liêm được bổ Thượng thư lang, vì việc quan phải cách, rồi về chịu tang cha. Sau lại đỗ mậu tài được bổ sang làm Thái thú ở quận Giao Chỉ. Sĩ Nhiếp ở Giao Châu được 40 năm...."

也就難以被中上層社會接受，甚至不能被下層民眾認眞對待。

交州並不是漢朝盛世的縮影，它只是整個戰亂社會較爲特殊的一角。南下的北方文人，自然也會把內地已走向沒落的思想帶來，必然反映漢末的思想文化走向。如此矛盾恰爲學識淵博、思想敏銳的牟子隱隱感覺到，在《牟子》中並不否認儒家、道家思想的重要地位，又見漢武帝以來，人們長期信仰的長生不老；神迷信思想的不合時宜，認爲傳統文化應當以寬闊的胸懷吐故納新。《牟子》全書主旨，在說明佛教不違聖人之言，適合中國的需要。涉及人們對佛教的疑問與傳統思想的衝突，其中許多議題在後來的思想發展中，得到集中討論與共識。後來的思潮水準，亦明顯較牟子爲高，主題亦較牟子聚焦，實與牟子所處到時代及地方環境完全相合。其所討論的問題，既反映出其思考社會問題及比較傳統佛教思想的結果，又反映了當地文人學士與之辯論的情形。

三、漢末越南對海外交往之情形

社會長期安定，交州在漢末對外交流未受戰爭影響，吸引了外國商人來此地經商、居留。中國廣西亦有漢朝重要的對外交通港口徐程聞、合浦，《漢書・地理志》記載了西漢與印度及東南亞各國海上交往的情形，雙方並有"譯使"、"譯長"〔註26〕《後漢書・西域傳》載東漢與天竺的交往："與安息、天竺交市於海中，利有十倍"〔註27〕據《大越史記全書》史載三國東吳所屬交州太守士燮，：「燮兄弟並爲列郡，雄長一州，偏在萬里，威尊無上。出入鳴鍾磬，備具威儀，笳簫鼓吹，車騎滿道，人夾轂焚燒香者常有數十。出人鳴鍾磬，備俱威儀，茄簫鼓吹，車騎滿道，胡人夾轂焚香者箭有數十」。〔註28〕據史家考證，這里的胡人就是來自印度或西城其它國家的佛教徒或商人也可能是僧人。朱符採取了不利於商業的政策，《三圖志。張嚴程闞薛綜傳》載："又故刺史會稽朱符多以鄉人虞褒、劉彥之徒分作長吏，侵虐百姓，強剌於民，黃魚一牧收稻一

〔註26〕 （東漢）班固《漢書》，北京，中華書局，1999 年，頁 1330。

〔註27〕 （宋）范曄《後漢書》北京，中華書局，1999 年，頁 1974。

〔註28〕 Phan Huy Lê, Đại Việt Sử Ký Toàn Thư, tập 1, nhà xuất bản khoa học xã hội,2004,trang 162～163, tái bản lần thứ 40 "Anh em ông làm quan coi quận, hùng trưởng một châu, ở lánh ngoài muôn dặm, uy tín không ai hơn. Khi ra vào thì đánh chuông khánh, uy nghi đủ hết ; kèn sáo thổi vang; xe ngựa đầy đường, người Hồ đi sát bánh xe để đốt hương thường có đến mấy mươi người." （潘輝黎《大越史記全書》，社會科學出版社，2004 年，頁 162～163）

斛，百姓怨叛，山賊並出，攻州突郡。符走入海，流離喪亡。”〔註29〕朱符在
海中“爲夷賊所剎”。〔註30〕顯然，這里的來“胡人”、“夷賊”指的是外國
商人，他們在海上殺朱符，則說明他們確是從海路到廣西的。從佛教發展的歷
程來看，它幾乎總是同商業聯系在一起。因此，不管佛教故最初南傳之路是否
成立，二世紀末，中國早已了解佛教，印度商人或沙門直接在交州傳播佛教，
亦是可以理解的。

　　另外江蘇早期佛教，又可能與洛陽佛教沒有直接的連繫，楚王英在此處祠
祀浮屠，慧皎、僧祐是不了解的。在廣陵（今揚州）大興佛寺的笮融也到過交
洲，並在豫章殺了朱皓，江蘇與交州也可能有佛教的交流。如松本文三郎所說，
可能與現實之間是有較遠距離的，不過史籍所說“胡人”，是有印度人，〔註31〕
並有傳播佛教者。廣西合浦縣堂排四座西漢晚期墓葬中出土有琉璃珠 1656 粒，
瑪珠 13 牧，琥珀 6 件，水晶 19 件，金小墜珠 4 粒，除金器外，在其他省份的
西漢墓中極爲少見，專家們多認爲是外來物品。此外，廣西賀見、貴港、梧州、
桂林、昭平等地，西漢墓都發現過琉璃、瑪瑙、琥珀、水晶、金飾品，而以合
浦爲最多。該物品就是佛經上記載的佛教“七寶”。在印度，佛教與商人有著
自然的連繫，西漢時期信奉佛教的商人，會隨身攜帶上述物品來到廣西。又廣
西貴港、合浦、梧州等地漢墓，均有胡俑出土，貴港漢墓出土的陶僧俑，頭上
頂鉢半裸踞坐，雙手置於腹前；州大塘東漢墓出土的胡俑，銅質頭項達鉢若舉
燈。交州地帶，種種懷疑，何況外國人？儒學居於主流思想地位，普通民眾對
佛教又採取了完全實用的態度，來此傳法的印度沙門和商人，難以有所作爲。
正如攝摩騰雖然是漢明帝遣使請來，所譯佛經也只能束之高閣，在交州，這般
無所作爲的傳法者就會更多。不過，至牟子時，佛教畢竟己爲少數人所接受，
牟子可能在交趾時已了解佛教，回蒼梧僅是進一步傳播，試想牟子作爲一個中
國人尚且受到種種懷疑，何況外國人？

　　由於牟子特別留意佛教，又處於社會的中下層。是會主動去了解佛教經典
的，而經典並非一定要翻譯爲漢語書面語，才能爲牟子所知，也不因牟子未曾

〔註29〕陳蒜壽、裴松之注《三國志》，北京，中華書局，2005 年，頁 925。
〔註30〕陳蒜壽、裴松之注《三國志》，北京，中華書局，2005 年，頁 880。
〔註31〕卞立強譯《佛教東來》，牛津大學出版社，1985 年，頁 14。「中國的植物名稱
　　　　很多都帶有「胡」 字，如胡麻、胡瓜、胡桃、胡椒、胡豆等。人們認爲，這
　　　　許多植物幾乎都是公元前 2 世紀末、漢與西域的交通開闢以來，由中國稱作
　　　　「胡人」的西域人帶過來的。」

去過印度、不通印度語言，就難從人印度人那裡得知。據《高僧傳》西域印度高僧頗具有語言的天賦，很多高僧來不久即通漢言。《漢書‧地理志》引，漢朝與印度間是有譯使的。所以，牟子當時聽聞佛法是有可能的。口頭傳播是佛教早期傳播的常見形式，《浮屠經》爲伊存口授西域早期佛教，卻沒有早期的歷史遺存，另方面與其生活習慣、信仰習俗有關，另一方面與佛教口頭傳播有關，不能以此否認西域前有佛教。同理可証，否認 2 世紀時南方有佛教口頭傳播，亦是不合理的。在印度的佛經，是以貝多羅樹葉寫成的，從西域一次傳入中原的佛經往往不多，而從海路來時間長、風險大，卻可一次帶來大量佛經。所以，在南方對佛教關心人士，有機會接觸較多的佛經，南方以精研佛經的般若學爲主，從《牟子理惑論》也可見到佛教求獨立發展的趨向；北方經典不足，以附會道教、玄學求生存。在此情況下，南方形成若干相對固定的佛教用語，亦構成了牟子寫作《牟子理惑論》的佛教知識來源，而不必等到洛陽教派翻譯佛經之後。《牟子理惑論》若干語句，有些來自民間常用的說法，有些則是牟子受早期唱本或漢賦影響，加以重新編集而成。從其所著《理惑論》來看，當地佛教義學已相當成熟。交州佛教原是由海路南來，並由此北上中原，成爲佛教傳入內地的另一管道，是可以理解與接受的。

　　三國吳赤烏十年（公元 247 年）抵達建鄴的康僧會，原籍康居，世居天竺，其父因商賈移居交趾。可以說，自幼受到家傳天竺文化的影響。但康僧會又是生長在交趾儒學紹隆之區，使他的佛教思想中充滿著儒家精神，同當時已經流傳於大江南北的玄學和般若學大異其趣。《高僧傳》本傳稱他 "初達建鄴，營立茅茨，設像行道"，爲舍利建塔，成爲王左建寺之始，這是典型的天竺風氣。他編譯的《六度集經》有關菩薩 "本生" 的故事，在天竺大多能找到相應的遺跡。其中太子須大擎的傳說，亦見《理惑論》。據《禪苑集英》記：交州一方道通天竺，佛法初來，江東未有，而羸樓建寺院二十餘所，度僧五百餘人，譯經一十五卷，因它先有。當時有丘陀羅、摩羅耆域（Mahajivaka）、康僧會、支疆梁接（Kalaruci）、牟博（即牟子）之屬在焉。〔註32〕

〔註32〕Lê Mạnh Thát, Nghiên cứu về Thiền Uyển Tập Anh, nhà xuất bản TP- Hồ Chí Minh, năm 1999, chú thích 20, Trang 204. 筆者譯自，黎孟托《禪苑集英》，胡志明市出版社，1999 年，頁 204。 "Một phương Giao châu, đường thông Thiên Trúc, Phật Pháp lúc mới tới, thì Giang Đông chưa có, mà Luy Lâu lại dựng chùa hơn hai mươi ngôi, độ Tăng hơn 500 người, dịch Kinh 15 quyển, vì nó có trước vậy. vào lúc ấy, thì đã có Khâu ni danh , Ma Ha Kỳ Vực, Khương Tăng Hội, Chi Cương Lương, Mâu Bác tại đó."

　　因此，說康僧會所傳佛教是經海路遷入交趾，然後又北上南京，不是沒有根據的。此外，三國吳時在交州譯經的還有西域僧人支疆梁羅，譯出《法華三昧經》。晉隆安（397～401）中，罽賓（Jammu）高僧曇摩耶舍達廣州，交州刺史女張普明咨受佛法，耶舍為其說佛生緣起，並譯出《差摩經》。他的弟子法度，專學小乘，禁讀功等，傳律法，在江南女尼中有甚深影響。求那跋摩在闍婆國弘教時，宋文帝曾敕交州刺史泛舶延請。南朝齊梁之際，有釋慧勝，交州人，住仙洲山寺，從外國禪師達摩提婆學諸觀行，誦《法華》日計一遍。與慧勝同時 4 的還有交趾人道禪，亦於仙洲山寺出家，以傳《十誦律》著稱。他們後來都進入南朝京都，聲播內地。交州自漢末以來，就是佛教沿海路傳入中原的重要指處。

　　早期的交州佛教，大小乘都有。此後信奉《法華經》則比較突出。《法華經。藥王品》把焚身供佛作為最上供，影響很久。《弘贊法華傳》載，交州陸平某信士，"因誦《法華》"，仰藥王之跡，自焚之後，出現奇跡。5 世紀上葉，黃龍曇弘適交趾之仙洲山寺，亦於山上聚薪自焚。

第三節　南越國滅後漢代佛教的發展情形

　　先秦以前，為中國固有文化孕育發展時期，秦漢以後中國對西域文化發生接觸，其中尤以印度佛教關係最為密切。丁謙《宋史外國傳地理考證》：

> 考《越南小志》言越南適中國最早，〈堯典〉已有「宅南交之文」，周成王時，越裳氏重九譯來獻白雉，即其地也。秦時闢地極遠，收之置目南、交趾、林邑、象郡等郡。秦末，海內鼎沸，南海尉趙佗擁眾自帝，國號南粵，實兼王其地。漢武平南粵，分其地為儋耳、球崖、南海、蒼梧、鬱林、合浦、交趾、日南、九真凡九郡，置交州刺史領之，交趾、日南、九真即今越南也；而刺史駐廣州屬焉。後漢改稱交州，黃巾之亂，士大夫多避地往焉，六朝復稱交趾郡唐武德中，改交州總管府，至德中，改安南都護府，即安南所由名也。〔註33〕

文中將中國與越南之間的政治與歷史關係，作了清晰的說明。兩漢時期，嶺南屬交州，主要的政治文化中心是在交趾（今越南北部的北寧省），故佛教的

〔註33〕　丁謙，《宋史外國傳地理考證》（浙江圖書館中華民國四年校刊本，藝文印刷館叢書集成三編），頁 8～9。

傳入也首先見之於交趾與蒼梧。〔註34〕東漢桓帝時，與蒼梧已有天竺使臣，桓帝延熹二年（公元 159 年）、四年（公元 161 年）"頻從日南徼外來獻"。〔註35〕可以想像，這些使臣已帶來佛教文化。東漢末年，北方不少學者避亂交趾，必從北方傳來佛教思想。最早的佛教思想者之一牟子，蒼梧人，就曾在交趾"銳志於佛道，兼研老子五千文"〔註36〕並以論爭的語調，撰成《理惑論》。牟子《理惑論》以"道"爲最高實體範疇，以"無爲"釋"涅槃"，把佛描繪爲可以變形易體的神仙，明顯地表現了佛教傳入初期中國，士民以道家觀念理解佛教的特點。

由師子國利用外國商船，往來於中國廣州或東海岸者。其數尚多，曇摩耶舍之弟子法度，其天竺婆勒 Bala 即屬外國商船。元嘉中（424）嘗停泊於廣州甚久，往來求利，甚爲頻繁。唐代對西域大陸交通，漸形衰落，故西行求法沙門自南北朝時起，似多取海道前往，其主要原因有二：（一）西突厥崛起，東起阿爾泰山，西達伏伽河，北自塔爾巴喀臺，南至信度河，幾奄有中亞細亞之全部，於五十年間統一散亂之各部落，蔚爲西域一大強國，大雪山以上六十餘國，皆歸其統領。而介於中國、波斯、東羅馬、印度四大文化之間，商業往來，賴以溝通。六二八年玄奘西赴印度，要越過海拔四千公尺凌山冰嶺至素葉求其保護，否則難以通往。（二）中唐以後，由西藏往泥波羅通往印度路線，國人時遭毒斃，玄照再往，遂不得而歸，終死於印度。而吐蕃國勢日強，七世紀中葉尚與中國和好，六四八年曾以兵助王玄策征服印度摩伽陀之叛主，但至六七〇年，遂與中國開戰，吐蕃奪取安西四鎮，並擊敗了唐兵，其勢力西至西域，東至長安都門。所以中唐以後，欲往印度的，十九皆由海道。

中印交通，無論爲陸路，或爲海路，其艱苦皆非筆墨所能形容。以陸路來說，西出陽關，即爲八百里流沙，上無飛鳥，下無走獸，視日月以辨東西，觀遺骨而識徑路。如慈恩傳說：「莫賀延磧，長八百餘里，……四顧茫然，人馬俱絕，夜則妖魑舉火，爛若繁星，晝則驚風捲沙，散如時雨，心無所懼，

〔註34〕西晉時南海人王范所著《交廣二州春秋》記：漢武帝平南越國後交州州治初設於贏陵盛縣（河內附近），武帝元封五年（前 106 年）移治蒼悟廣信縣（今廣西梧州附近），漢獻帝建安十五年移治番禺縣。

〔註35〕楊家駱主編，《新校本後漢書并附編十三種四》卷八十八〈西域傳·第七十八〉，鼎文書局印行。

〔註36〕《弘明集》卷1，《大正藏》第 52 冊，1b。

仍苦水盡，四夜五日，無一滴沾喉。口腹乾燥，幾將殞絕。」〔註37〕此其艱苦者一。及至蔥嶺，冰雪萬里，障氣千重，如法顯傳說：「蔥嶺冬夏積雪，有惡龍吐毒，風雨砂礫，山路艱危，壁立千仞，鑿石通路，傍施梯道，凡度七百餘所，又躡懸絙過河，數十餘處。」〔註38〕智猛結伴十五人，至蔥嶺九人退還，此路之艱難於此益見，此其艱苦者二。及度雪山，其艱險尤甚以往百倍。《高僧法顯傳》記載：

> 南度小雪山，山冬夏積雪，山北陰中，遇大寒暴起，人皆噤戰，慧景一人不堪復進，口吐白沫，語法顯云：「我不復活，便可前去，勿得俱死」，於是遂終。法顯撫之悲號，本圖不果命也奈何。復自力前過嶺。〔註39〕

曇無竭傳云：

> 南度小雪山，山冬夏積雪，山北陰中，遇大寒暴起，人皆噤戰，慧景一人不堪復進，口吐白沫，語法顯云：「我不復活，便可前去，勿得俱死」，於是遂終。法顯撫之悲號，本圖不果命也奈何。復自力前過嶺。〔註40〕

於此可知途中艱苦如何，此為艱苦者三。此就陸道而言，當有如此艱苦。而海道之冒險，尤甚於陸道者。昔日之風帆，非比今日輪器，法顯東歸，漂流海上，曾三度易船，歷時三年，海行亦逾二百日。求那跋陀羅絕淡水五日，不空遭黑風旬日，道普因舶破傷足，負痛而死。常愍遇難不爭，師徒隨波而沒，此種壯烈為法犧牲之精神，可歌可泣者，不知凡幾。

迨至印度，人地生疏，棲息無所。義淨於僧傳序曰：

> 觀夫自古神州之地，輕生殉法之賓。顯法師則創闢荒途，奘法師乃中開王路，其間或西越紫塞而孤征，或南渡滄溟以單逝，莫不咸思聖跡，五體而歸禮。……獨步鐵門之外，亙萬嶺而投身，孤標銅柱之前，跨千江而遺命，或亡飱幾日，輟飲數晨。可謂思慮銷精神，憂勞排正色，致使去者數盈半百，留者僅有幾人。設令得到西國者，以大唐無寺，飄寄棲然，為客遑遑，停託無所，遂使流離蓬轉牢居

〔註37〕《大慈恩寺三藏法師傳卷第一》卷1《大正藏》第50冊，221b。
〔註38〕《法苑珠林》卷25，《大正藏》第53冊，474c。
〔註39〕《高僧法顯傳》卷1，《大正藏》第51冊，858a。
〔註40〕《高僧法顯傳》卷1，《大正藏》第51冊，858a。

一處，身既不安道寧隆矣。嗚呼，實可嘉其美誠。〔註41〕

從上述可知，在公元前三世紀時，從印度將佛教傳入越南。交趾的佛教此時已活耀。所以周叔迦先生認為：漢代時，佛教在中國傳播的地域還不普遍，其重心大略有三處：一是洛陽，因為洛陽是東漢的首都，所以必然是西城人聚續之地；二是江淮之間，奉佛的楚王英封國在此，後來譯師產佛調也是臨淮人，漢末笮融在廣陵也大興佛事；三是交趾，這是中國與印度海路交通的樞紐。〔註42〕

一、羸樓佛教中心

中國的南海是一片淺海，自閩粵海面經過海南島和雷州半島，一直向著越南東海岸的東京灣延伸過去。這地區星羅棋布著無數個島嶼，島嶼間自然形成錯落凹凸的海岸線，正如同上古時期歐、非間的地中海一般，居住在這個地區的人氏民，在在還沒有能力直接穿越海洋的時候，可以安全的進行短距離的內海交通。沿著這個內海的周邊，包含今日的越南、柬埔寨、泰國，馬來西亞、印尼等東南南亞國家，自然形成一個來往密切的交通圈，處在這個區域內的民族，與所謂的百越民族與南島民族間均存在有一些關係。〔註43〕無論是古代中國的三個佛教中心是羸樓、彭城和洛陽，其中羸樓是交趾的中心，是第一個佛教中心，在漢朝時期形成（大概前一世紀早期）。羸樓即交州的首都，時為中國的附屬國，處在中國和印度的主要貿易通道上，因此，無可置疑。如此，交州成了印度佛教先鋒，使者向北順利傳教的理想，停留地和傳播佛教的聚集地，印度僧士停留一段時間傳播佛法，然後才向北傳入中原。

交州文化，不論是其民族的來源，還是其文化發展的過程，乃至其文化

〔註41〕《大唐西域求法高僧傳》卷1，《大正藏》第51冊，01a。

〔註42〕周叔迦：《周叔迦佛拳拎著作》（上冊），北京：中華書局.2004年，第118頁。

〔註43〕百越民族是分佈在中國南方民族的泛稱，根據《漢書》，卷28下〈地理志〉第8下的記載：「粵地，牽牛、婺女之分壄也。今之蒼梧、鬱林、合浦、交阯、九眞、南海、日南，皆粵分也。」（頁1669）；臣瓚注曰：「自交阯至會稽七八千里，百越雜處，各有種姓」，（北京，中華書局影印本，1978，頁1670）。百越各族曾先後在這些地區毫建立國家或被嚕中央王朝封為王國，關著中國歷史的發展而逐漸同化在漢人的社會中，如今，根據考古、民俗、文獻等方面的研究，可知百越文化均有稻米及根莖類農作種植，幾何印文陶的出現，斷髮文身的習俗，千欄形制的居所現象，他如銅鼓、有段石錛、有肩石斧、牙璋、項形玉玦、龍或蛇圖騰的崇拜等，亦均與百越民族之文:有關，有關這一方面的研究報告，請參見越南陶雄英《越南古代史》第一編〈越南民族的起想源〉，北京，商務印書館，頁1976。

的內涵，都深受中原文化的影響。但是，交州所處的獨特的地理位置，又使得其能較早地接觸到西方文化。佛教就是外來的西方文化的一種，在佛教向華傳播的過程中，交趾確實起到了一個橋梁的作用。

古代交州的贏樓地區，對外交易順利，為印度商人及傳教者常往來之處。因而，也成為佛教的傳播中心。一六六年羅馬皇帝安敦 Marc Aurele 遣使，即自日南徼外獻象牙、犀角、玳瑁，這是中國與羅馬正式交通。海道往印度路線，不外三路：

一、由交州前往，紀元初，中國與海外交往以交趾為終點，再轉至交州，（今廣西省蒼梧縣）《舊唐書・地理志》卷四十一云：「交州都護制諸蠻，其海南諸國大抵在交州南及西南。自漢武以來皆朝貢，必由交趾之道」。武帝元鼎六年（前 111）平南越，設置南海、蒼梧、合浦、鬱林、珠崖、儋耳、交趾、九真、日南九郡，可見交趾如何重要。但至七世紀，交州漸為廣州所奪，義淨、不空等出歸都由此路登舶。唐代諸僧什九皆同，曇無竭歸時亦由此登陸。

二、由交趾前往，交趾在一、二世紀為中國通往海外終點，中國與南海諸國商業，幾為交趾所壟斷。明遠出時由此登舶，覺賢來時遵此路。但七世紀以後，竟為廣州取而代之，九世紀時大食人 Arabes 即於廣州登岸，九六八年安南獨立，交趾遂定屏除於問題之外，故與海外來往的終點移至廣州。

三、由青島前往，法顯歸時由此登陸，覺賢經交趾循海由此登陸，道普第二次出時由此登舶，船破而卒於此。海上往返頻繁，宋元嘉六年（429）有外國船主難提 Nam de 曾載師子國比丘尼來華，及元嘉十年（433），又載師子國比丘尼鐵薩羅等十一人來（見比丘尼傳第二）。求那跋摩（功德鎧），由師子國至闍婆，今爪哇，宣傳佛法，乃應宋文帝邀請，亦乘難提船來至廣州。菩提達磨、真諦等，皆由此道而來。紀元六七一年，沙門義淨，即由廣州乘外國商舶，經安南及馬來亞半島，而於印度東海岸之吐魯克（Tamluk）登陸。義淨、不空等往返皆由此道，法勇由此道而歸。廣州海康、合浦為漢唐時期中外海上交通的門戶，唐宋以後，外國商人都稱之為廣府。阿拉伯商人則稱之為新卡蘭（Sirkalan）即大中國之意。

據越南《禪苑集英》記載，195 年時，東漢蒼梧，今廣本梧州，學者牟子奉母流寓交趾，指今越南北部。他"銳志於佛道"，著有《牟子理惑論》。這是佛教傳入越南北部的開始。約在 255～256 年間，月氏僧侶支疆梁羅（畺良婁至）到達交州。2 世紀末，印度僧人摩羅耆域經扶南至交州，同時到達的有

僧人丘陀羅；在交州（Giao Châu）、北寧（Bắc Ninh）建有法雲、法雨、法雷、法電四所寺廟。

佛教已經多種途徑傳入越南。首先，南亞、西亞的移民及僧侶從海路進入交州；其次，也可能經由緬甸、雲南進入紅河谷地傳入。可知交州僧團的建立，比其他地方佛教僧團的建立還早。交州是印度僧士最早的傳教中心。這些印度僧士先到交州，然後從交州逐漸尋向北方的道路，就是中國的南方和長江，然後到洛陽。

按照《禪苑集英》，越南最古的佛教文學選集，記錄：來自印度康僧會禪師籍貫在中亞康居（Sogdiana），是羸樓的一個佛教禪師。《高僧傳》卷一記載：「康僧會，其先康居人。世居天竺，其父因商賈，移於交趾。會年十餘歲，二親並終，至孝服畢出家。」〔註44〕三世紀時，康僧會因父經商而移居交趾。那時，交趾已有人出家。他出生於交州，後來他出家成為僧，精通經律論三藏。他成了最著名的僧侶學者，將大量的佛教經典譯成漢語。那時江東佛法還沒盛行，他立志東遊弘法。247 年到建業（今江蘇南京），在那裏他創建建初寺，成為江南第一個佛教寺院並傳播佛法。〔註45〕佛教已逐漸傳入江南。

同時又有西域高僧支疆梁接（Kalaruci），於吳五鳳二年（255）在交州（州治在龍編（今越南北部）譯出《法華三昧經》六卷。三世紀末，印度僧士摩羅耆域（Mahajivaka）經扶南（今柬埔寨）到達交州，〔註46〕同時到達的還有僧士丘陀羅；在交州北寧已建立有法雲、法雨、法雷、法電四所寺宇。除了著名的印度僧士以外，還有中國學者牟博。由於，中國中原戰亂，大批士民流寓交州，牟博移居到交州，並在那裏學習印度僧侶的佛教。那時，在交州有二十所寺院，500 多位僧士和已譯出十五部佛教經典。由此，可推論《四十二章經》，就是交州的第一部經，在羸樓被翻譯成漢喃文的佛教聖典，有可能後來才翻成中文，傳到中國內地。

東漢獻帝建安十五年後，交州州治移番禺縣。自始，番禺、廣杆州一方

〔註44〕　《高僧傳》卷一，《大正藏》第 50 冊 325a。

〔註45〕　《中華佛教百科全書》：「時，江東佛法未盛，乃立志東遊弘法。於赤烏十年（247）抵達建業，建立茅茨，設像行道。時，吳人初見沙門，疑為矯異，上奏吳主孫權。孫權詔而問之，師答以阿育王建八萬四千塔之因緣。王不信，師乃歸盧。與其徒共潔齋，並置銅瓶於案上，焚香禮拜，祈願舍利感應。三七日後終感得舍利，孫權嘆服之餘，乃發心建塔。由於系首次在江南建寺，故稱建初寺。並稱建佛寺之地為佛陀禮，江南佛法因此興起。」

〔註46〕　　　《法華傳記》卷 1，《大正藏》第 51 冊 50c。

面由於成了州治的所在地，另一方面又由於航海業的不斷發展，遂成為繼交趾、蒼梧之後並在發展規模上，很快超過交趾、蒼梧的嶺南又一政治、經濟、文化中心，同時也成為南方翻譯與傳播佛教思想的重鎮。〔註47〕

　　早在東吳孫皓為君時，外國僧人強梁婁至（眞喜）即曾抵廣州並譯出《十二游經》一卷。及晉武帝太康二年（281年）梵僧迦摩羅從西天竺抵廣州，在城中建三歸、王仁二寺，廣州於是有了最早的兩座寺院。東晉兵安帝隆安年間（97～404年），又有罽賓國（今克什米爾）三藏法師縣摩耶舍（法明）至廣州白沙寺宣講佛法，接收門徒達85人，其中還有女尼。縣摩在廣州譯出《差摩經》一卷，並將虞翻故宅虞姚改建為王園寺，現今光孝寺。

　　南朝時，來廣州傳道與譯經的僧人更多。南宋文雨（114～453年）初，罽賓國名僧求那跋摩隨商船抵廣州。文帝早聞其名，敕州郡資發赴京。跋摩北上經曲江，曾住靈蟹寺傳法。另一名僧杯渡，於此前後也抵屯門山（今香浩青山），今山中有杯渡岩，即由之得名。元嘉年間翻譯佛經成績最顯廣，船抵廣州，住雲峰山之雲峰寺布道。後也被迎至京師。南梁時，泛舶抵廣州的名僧有智藥、菩提達磨、沙曇裕、景泰、眞諦等多人。智藥禪師在廣州尋勝，後北上曲江曹溪建寶林寺（即今南華寺），又往羅浮布道創寶積寺。後還在韶州建檀檀特、靈鷲二寺。菩提達磨為印土禪宗之二十八祖，梁武帝普通年（526年），經三年泛舶抵廣州，創西來庵，西來初地，華林寺。梁武帝遣使迎至金陵。達摩為講佛法，後達磨轉至嵩山少林寺，成為中土禪宗初祖。沙曇裕至至廣州後，建寶莊嚴寺，即今六榕寺。景泰禪師駐白雲山，今景泰寺為其傳法處。眞諦拘那羅陀，曾攜有2萬多卷梵文經文抵廣州，先後於制旨、王園兩寺從事譯述與講學23年。他譯出經文達80部324卷，成為與鳩摩羅什、玄奘齊名的三大佛經翻譯家之一。眞諦死後，火葬於廣州城郊。

　　據《簡明廣東史》統計，魏晉南北朝時期廣州城建有佛寺19所，始興郡建有11所，羅浮山建有4所。這些地方多是樸國僧人停留和行經之地。可見南北朝時廣州、韶關一帶已經深受佛教思想的影響。降及唐代，由於惠能在嶺哩傘創了禪宗頓教，嶺南佛教遂發展至鼎盛期。

〔註47〕湯用彤《漢魏兩晉南北朝佛教史》上冊稱：「西域、中亞雖為中國北部通印度之要途，然迂回取道南海者，亦有其人。……取道海上則常經廣州，故廣州在南朝，亦為佛法重鎮也。」，中華書局1983年版，第268頁。

二、彭城佛教中心

　　一般認為，漢哀帝元壽元年（公元前 2 年），佛教開始傳入中國。此後半世紀到一世紀左右，從歷史上開始有了佛教傳入的記載。此段記載所描述的，是在後漢明帝時，其同父異母兄弟楚王英的奉佛行為，以及因奉佛而遭懷疑，終至於被流放和自殺的過程。

　　楚王英是光武帝與許後皇妃所生的兒子，與漢明帝為同父異母兄弟，難得感情極好。據說光武帝並不喜歡許後皇妃，因此也不喜歡所生的兒子。建武十五年（公元 39 年），英被封為楚公，直到十年後才重新被封為楚王。楚王英的封地楚是一個極小的領地，後來，又將臨淮的盧（今洒州一帶）劃歸楚管轄。楚王英直到建武二十八年才正式赴任。楚王英"少時好遊俠，交通賓客"。交際賓客，為當時貴族的時尚。小國楚王英，在經濟比較困頓的情況下，亦盼望通過交際賓朋的途徑，來廣結善緣，可見楚王英少時的理想和抱負。然而現實的殘酷，難以有新的作為，寄身邊境，受朝廷排擠，再加上小人的奸佞，這一連串的打擊一次一次地，讓楚王英感到理想的難以實現。於是，開始尋找新的精神空間。

　　有一天，明帝收到一張奏摺，上說楚王英："誦黃老之微言，尚浮屠之仁祠，潔齋三月，與神為誓，以助伊浦塞桑門之盛饌。"從以上的內容，可以看出楚王英，當時的行為愛好和信仰對象。楚王英的信仰是中國的黃老之術與西方的浮屠、伊浦塞（佛教在家居士）、桑門（佛教僧人）不加區別的雜說不清。佛教的傳入，在當時還是由從西域歸來的商人零星的口頭提供，雖然人們開始知道佛教中的"神"以及佛教的宗教實行者"伊浦塞"、"桑門"以及浮屠，但對佛教缺乏進一步的瞭解。然而，信奉的過程與事實，卻被小人和告密者視為"圖謀不軌"或有反叛謀亂之心。

　　明帝不能不處置，但是，對楚王英一向投以好感，不忍作出嚴厲的制裁。這一年，明帝詔令天下一切有罪之人，可以用"納縑"的形式為自己贖罪。楚王英心知肚明，於是立即派遣郎中令呈黃縑白縑各三十匹，以謝明帝對自己的恩典和寬恕。明帝接受後，當著所有臣子為楚王英辯解說："楚王英誦黃老之微言，尚浮屠之仁祠，潔齋三月，與神為誓，何嫌何疑？"不僅如此，明帝還賞賜楚王英一定的盛饌，以供楚王英供養出家的或家的佛教信徒。明帝一則堵住了告密小人的嘴，二則從而為楚王英開脫了罪責。

　　然而，楚王英在奉佛的路上越走越遠，不僅誦黃老之微言，尚浮屠為仁

祠，甚至又“交通方士，作金龜玉鶴，刻文字以爲符瑞。”永平十三年（公元 70 年），楚王英再次被控有反叛謀亂，檢舉者甚至例舉出楚王英與漁陽、王平、顏忠等人共同造作圖讖，策劃謀反的官員，說楚王英聯合叛逆制作圖讖，以謀宰相之官位，並以諸侯、王公、將軍及二千擔的俸祿設置郡守等官吏，是一種違背人臣之道，大逆不道，應當誅之云。

這次，明帝似乎不能不重處，又覺得下令誅殺自己的親兄弟是不忍之事，但卻不能再爲其辯護。於是，下達撤銷楚王英的王位，將之貶謫至丹陽（今涇縣）的詔令。然而，楚王英在被貶丹陽時，並不像通常的犯人一般披枷帶鎖，而是由一支較爲浩大的遊行隊伍，有追隨英而信奉佛教的大批士族以及民間的佛教信仰者，江南的佛教也由此而播及開來。楚王英一路行進，一路打獵，倒也悠閒自在。明帝尚予享受五百戶的食封，確是一種極爲寬懷的處置，由此可見明帝對奉佛的兄弟的某種理解。

永平十四年（公元 71 年），楚王英終於接受不了被謫的現實，以自殺的方式結束了自己年輕的生命。聽到楚王英自殺的消息，明帝十分悲痛，第二年，明帝專程行幸彭城，特地召見了楚王英的母親許後皇妃以及英的妻子，在憑弔英的墓地時，明帝甚至流下悲愴的淚水。

三、洛陽佛教中心

洛陽是後漢的首都，爲西域商賈、移民聚居之地，遠自明帝永平年間就有佛教寺院雛型的建立。桓、靈以來，不但宮中有浮屠祠，城內也有佛寺譯經的記載。現在史料上所見到的記載來看，洛陽是漢代翻譯佛經唯一之重鎮。曹魏、西晉都相繼建都於洛陽，遂使此地的佛寺，冠於全國。

在佛教界，則普遍把漢明帝夜夢金人，遣使求法，作爲佛教傳入中國的開始。此說最早見於《四十二章經序》和《牟子理惑論》（簡稱《理惑論》）。序中敘及“永平求法”之事。《牟子·理惑論》從古自今引起多人的爭論。從以上幾種不同的說法，當能推斷：

1、否認牟子是佛教徒和《理惑論》作品不是中國佛教最早的產物。因爲一般認爲中國佛教是北傳佛教之根，其它如日本、韓國與越南等地方的佛教是北傳佛教之枝葉。所以佛教先傳到中國，後傳到各地。因此，洛陽成爲要點之地。

2、在中國歷史上，交趾原屬中國的一個郡，但在越南歷史上，交趾爲一個

獨立的國家。如《南齊書》日："交趾此景，獨隔書朔，斯乃前運方李，負海不朝，因迷逐往，歸款莫由"〔註48〕而被中國統治了前後約一千年。〔註49〕所以牟子的作品被否認是在交趾編的，亦不能忘記他的思想是在漢末的交州形成的。儒家文化在中原地區雖已陷人困境，但在交州卻是方興未艾。當時，滿腦子儒家思想的士燮被奉為"南交學祖"，而且在士燮周圍還有一大批飽學之士，在著書立說，弘揚儒家思想。《三國志。薛綜傳》卷五十三記載：薛綜"少依族人，避地交州，從劉熙學"。〔註50〕

除了《牟子》以外，如：《高僧傳》，據黎孟托《越南佛教歷史》〔註51〕、阮郎《越南佛教史論》〔註52〕、阮友《桑寺歷史及專說》〔註53〕記載：佛教進入越南的第二世紀，交趾的贏樓城是交趾佛教興盛的地方，最早佛教中心。〔註54〕

第四節　本章小結

本章主要是討論佛教初傳路線的問題。印度佛教傳入中國，是通過中亞與西域的，所謂陸路路線，亦稱佛教北傳的路線，似已定論。有學者提出新的看法，佛教傳入西域比傳入中原更晚的論點，認為經由海路而非陸路的觀點。佛教東來，分南北兩路的問題，蔚成為一個大有探討與思考之議題。

同時，引發越南佛教初傳是由北方傳播的中國佛教而來、抑或由南方傳播的印度佛教而來的兩種說法。自古以來，經由南海通商貿易航線的特殊性，印度佛教傳到錫蘭，在經此航道傳播東南亞，就成為探討的課題。

阿育王對內以法來治國，為佛教發展派往外地區有九處，每組有五位傳

〔註48〕梁。蕭于顯撰，《南齊書》第 02 卷，第 1 冊，北京：中華書局，2003 年（重印），第 34 頁。

〔註49〕范文山，《越史全書》，西貢，1983 年，第 507～511 頁。

〔註50〕晉陳壽撰、宋裴松之注，《三國志。薛綜傳》第 53 卷，第 5 冊，北京：中華書局，2006 年（重印），第 1250 頁。

〔註51〕黎孟托《越南佛教歷史》胡志明市：胡志明市出版扯，2003 年，第 179、294 頁。

〔註52〕阮郎《越南佛教史論》，河內，文學出版社，2000 年（重印）：葦 51 頁。

〔註53〕因此地以前郡種桑樹，所以人名稱為桑寺（Chùa Dâu），此寺還有另外名，如：古州寺、法云寺、禪定寺、延應寺，等。

〔註54〕陳世法撰、黎友穆譯，《嶺南撤怪傳。一衷澤》（第一卷），西貢：開智書店，1960 年，25 頁。

教師，佛教在印度得以廣泛傳播，並走向世界。傳教政策使派遣地成爲佈教的據點，更形成地域性的部派。所派出九組使團到國外弘法，其中第八組使團被派往東南亞"金地"，第九組使團到斯里蘭卡，該兩使團促使斯、泰、緬、柬、老、越及中國傣族地區的佛教發展，奠定形成爲東南亞佛教圈。"金地"是中南半島的泛稱、或金三角一帶，尚待考証；是中南半島上最早接受印度文化的地方。第九組使團到楞伽，是錫蘭的古稱，現在的斯里蘭卡。一世紀前，就將錫蘭文三藏及其注釋書寫在貝葉上，所稱"貝葉經"使佛教文化得以繼承和發揚。阿育王後期，佛教已遍及印度全境，西邊達地中海，東部沿岸國家，北邊到克里斯那之白沙瓦，南邊到斯蘭卡，進入東南亞。

筆者認爲主要是越南在東南亞地區，在當時是唯一全漢文化的地方。因西漢時代的中國，儒家儼如國教一般。豈能接受異質文化的侵入，更何況是袒肩露背的服飾。至公元 2 世紀，中國交趾今越南河內的佛教，顯已相當活耀，主要是已受內地文化接受的影響。所以，越南佛教雖居於東南亞地區，並非屬泰、柬等國南傳佛教圈，而是先南傳後北傳兼備有之。與越南是屬漢文化圈、地理位置與航海貿易等因素有關，是可充分理解的。

筆者認爲從海路傳入中國，比陸路的時代還要早些。漢代時，佛教主要爲陸路傳入，因而個別僧人從海上傳入佛教之事，也就逐漸被人遺忘。據《史記。秦始皇本紀》所載，秦時代已有高僧來華。秦始皇與阿育王大體上同一時期，以當時的航海交通條件推論，阿育王的使者，可能到達秦國。

漢末交州學術之概況，經學的儒學走向衰落，控制社會的效力漸衰。佛教在此地的傳播產生了兩方面主要影響。首先，由於士燮提倡儒學，使中上層社會沒有宗教生存的土壤。另一方面，牟子所討論問題，反映思考社會問題，及比較傳統佛教思想的結果，與當地文人學士辯論的情形。

漢末越南對海外交往之情形，社會長期安定，交州在漢末對外交流未受戰爭影響，吸引了外國商人來此地經商、居留。漢末佛教於越南傳播之條件，據《高僧傳》西域印度高僧，似乎具有語言的天賦，很多高僧不久即通漢言。《漢書。地理志》漢朝與印度間是有譯使的，牟子聽聞佛法是有可能的。口頭傳播是佛教早期常見形式，《浮屠經》即爲伊存口授西域早期佛教，沒有歷史遺存，不能以此否認西域公元前有佛教，同理可証，否認 2 世紀時南方有佛教口頭傳播。在印度，佛經是用貝葉寫成，不便運輸，從西域傳入中原不多，海路時間長、風險大，卻可帶來大量佛經。南方可接觸較多佛經，以般

若學爲主。

從上述可知，在西元前三世紀時，從印度將佛教傳入越南，交趾的佛教活耀。漢代時，佛教在中國傳播的地域還不普遍，其重心大略有三處：一是洛陽，因爲洛陽是東漢的首都，必然是西城人聚續之地；二是江淮之間，奉佛的楚王英封國在此，漢末筆融在廣陵也大興佛事；三是交趾，是中國與印度海路交通的樞紐。

總之，由上所述兩個結論：一、在中原地區佛教興盛不久，佛教業已由海上傳到交州，而且已達到相當高的水平；二、交州地區所處的地理位置特殊，由海路來華的西域、扶南等地的高僧往往由此北上，至中原弘法，在佛教由海路對華傳播的過程中，交州地區正處於這個三角的中心。

圖一　越南俹莊省武景村出土一世紀印度梵文石碑

圖二　阿育王派遣九組傳教使團進展示意圖

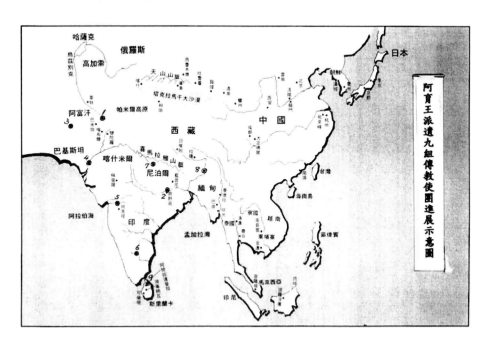

圖三　北傳佛教東來陸路路線示意圖

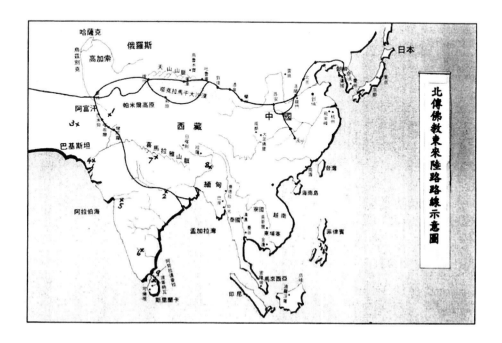

圖四　南傳佛教東來海陸路線示意圖

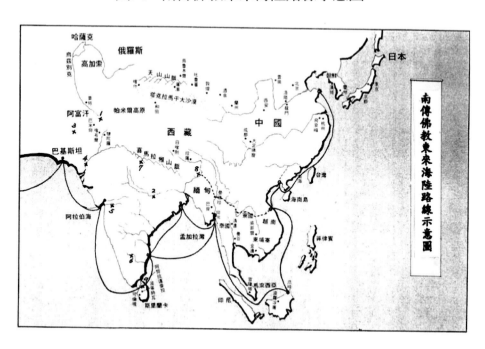

第三章　《法句經》版本及源流與語體

　　《法句經》爲當今南傳佛教中，是一部廣爲人知的經典之一。《法句經》係屬於巴利（Pāli）三藏的經藏，爲小部（Khuddaka-Nikāya）十五卷中的第二卷。其小經在南方上座部（Theravāda）佛教國中，頗有崇高的地位。本章將續前章《四十二章經》傳譯與版本作一前置性的鋪陳來論述，主要是針對《法句經》版本和源流與發展過程，及對後來的影響，做一研究探討。

第一節　《法句經》之版本與源流

　　《法句經》重視「四諦」，係以「心」貫穿全經，體現其原始佛教的思想。此經是從心入手，教導人們通過學習佛法，堅守戒律；最後，開悟智慧，達到涅槃與吉祥的人生境界。《法句經》是舉世知名的早期佛教經典，在印度此經爲出家眾必讀之經典。該經共有二十六品，四百二十三個偈誦，是早期佛典中，搜集與編選佛教格言的一部經典。此一經典，包含著佛所說教法的廣泛的內容。

一、《法句經》之概述

　　釋迦牟尼生前，在當時，其佛教的學說，尚未述諸於文字，是由弟子口口相傳。釋尊涅槃後，弟子們經由集會的方法，來結集其學說，形成最初的佛教典籍，並以經、律、論"三藏"爲其主要內容。其中的"經"藏，係指現在的四部《阿含經》。《阿含經》是釋迦所創之佛教學說，及其生前經歷之最原始記錄。此經，已成爲後來探尋佛教原始教義的基本依據。《法句經》是

部派佛教時期，佛弟子將《阿含經》中的重要偈語抄錄出來。所以，《法句經》便是與《阿含經》有著直接關系的一部經典。其情況正如漢譯《法句經》支謙序文所講：

> 四部阿含，佛去世後阿難所傳，卷無大小，皆聞如是，處佛所在，究暢其說。是後五部，沙門各自鈔眾經中，四句、六句之偈，比次其義，條別爲品，於十二部經靡不斟酌，無所適名，故曰法句。諸經爲法言，法句者由法言也。〔註1〕

《法句經》係以偈語抄錄而成，按內容的性質，分類成品所構成的一部經典。據佛經記載，佛陀在世時，每於眾弟子前，宣說佛法時，於結束之時，皆將其所講法義之要點，用偈頌之形式復述一遍，以便於弟子們記憶。基此，《法句經》所輯錄的"偈"文，正是《阿含經》主要內容的提要。

「法句」梵語 Dharmapada，巴利語 Dhammapada，Dhamm 義爲法，教法，眞理，理法，法則等；Pada 義爲足，足跡，句語等。所以 Dhammapada 含有三義：一者是——法之句，即眞理的章句，或眞理之語言。二者是——述說佛陀教法之偈語。三者是——作引伸之義，即依佛陀所說眞理之道跡、可達涅槃。此經，是將佛陀所說的教義、教法，以一句一偈，集成的經典，故題名爲《法句經》。《智度論》卷 33 說：「佛涅槃後，諸弟子抄集要偈」。〔註2〕一切有部的傳說：「佛去世後，大德法救（Dharmatrata）輾轉隨聞，隨順纂集，制立品名，謂集無常頌立爲無常品，乃至梵志頌立爲梵志品」〔註3〕，即指「法句」而言，依法救尊者所撰之《法句經》（吳天竺沙門維祇難等譯），第一章開宗明義，即自稱「聽我所說，撰記佛言」，可見「法句」出自佛說無可置疑，三國時代吳之譯經名家支謙的《法句偈》（公元 230 年頃作）序說：「五部沙門，各自探經中四句六句之偈，比次其或，條例爲品，故名法句」。法救爲公元前一世紀之人，支謙應是改編者，從五部沙門之各集法句來說，大體上先有名爲「法句」之偈頌集，到部派佛教分流時，各部各有增減改編，但皆不出佛經所說。基此，本經之撰集，理當早在法救尊者之前，已有撰述，再由法救尊者改編修正，再經後人增其品目，對頌文之次第，亦作適當整理，如此這般，方有現今產生諸多異本流傳。誠如支謙的《法句偈》序說：「《法句

〔註1〕 《法句經》卷1，《大正藏》第4冊，566b。
〔註2〕 《智度論》卷33，《大正藏》第25冊，307b。
〔註3〕 《阿毘達磨大毘婆沙論》卷1，第27冊，001a。

經》別有數部：有九百偈，或七百偈及五百偈」。亦既此因，形成《法句經》
多種不同的版本可見一般。

二、《法句經》版本之概況

現存的巴利文大藏經小部經中，收有《法句經》。巴利文大藏經，是公元
前三世紀時，傳入今斯里蘭卡後形成之，其中與漢譯《阿含經》相對應的五
部經，其形成的年代，應在部派佛教之前，後來發展到部派佛教時代。

現存南傳巴利文《法句經》，從〈雙要品〉到〈婆羅門品〉，共計 26 品，
423 頌。爲銅牒部所傳巴利文語本，編爲南傳巴利聖典《小部》第二《法句經》，
後有覺音著《法句註》，註本中附有 305 篇故事。

北傳《法句經》，有四種譯本：一者《法句經》，法救法師撰，吳維祇難、
竺律炎共譯，從〈無常品〉到〈吉祥品〉共計 39 品，分上、下兩卷。二者《法
句譬喻經》，（又名《法句本末經》、《法喻經》）。西晉法炬、法立共譯，從〈無
常品〉到〈吉祥品〉，多一〈護戒品〉，共計 40 品，（根據大正藏本，〈教學品〉
第二與〈護戒品〉）第二是重覆，故依序實爲 40 品）。三者《出曜經》，又名
《法句錄》、《出曜論》，姚秦竺佛念譯，從〈無常品〉到〈梵志品〉共計 33
品。（根據大正藏本，〈無放逸品〉第四與〈放逸品〉第五應爲同一品，故實
33 品）。四者《法集要頌》，趙宋三藏明教大師天息災譯，從〈有爲品〉）到〈梵
志品〉共計 33 品。

以上四種譯本，《法句經》與《法集要頌》均爲純粹偈頌；《法句譬喻經》
與《出曜經》則有故事，穿插於偈頌之間，解說法句偈頌法之因緣，一者可
知佛陀說法的因緣，另者有助於偈頌之瞭解，《出曜經》且多偈頌之註釋，形
成該種譯本之特色。

目前，學術界一般認定《法句經》計有：漢譯本四部、巴利語（Dhammpada）
本一部、藏譯本二部、梵語（Dharmapada）本一部、犍陀羅語本一部，總計
九部。基本上，該九部共有五種語言，此等版本主要分別在於其品數與偈頌
數。支謙在其序中有云：「法句經別有數部，有九百偈、或七百偈、及五百偈。」
其中，巴利語本爲銅鍱部所傳，發源於錫蘭現今斯里蘭卡等地，習稱所謂「南
傳法句經」，共二十六品，四百二十三偈。在梵語本方面，推理而言，爲說一
切有部的法救改編本，共三十三品，約九百偈，將二十六品，原有次序，重
組另編，增加內容，名爲〈溫陀南集〉，爲「不問自說」之意。大體而言，較

初法句，每一頌本，皆有緣起（長行文），法救法師據爲底本，增添己頌，擴編而成。在藏譯本方面，亦三十品，名爲〈優陀那品〉，亦偈頌集；又另「法句」義釋，附譬喻入經本。茲將其品名次第之異同，詳列如下：

表二　《法句經》各版本對照表

次序	南傳法句經	北傳法句經	法句譬喻經	出曜經	法集要頌
1	……………	無常品	無常品	無常品	有爲品
2	……………	教學品	教學品	學品	善行品
3	……………	……………	護戒品	愛品	……………
4	……………	多聞品	多開品	聞品	多聞品
5	……………	篤信品	篤信品	信品	正信品
6	……………	誡愼品	戒愼品	戒品	持戒品
7	……………	惟念品	惟念品	惟念品	憶念品
8	……………	慈仁品	慈仁品	誹謗品	語言品
9	……………	言語品	言語品	行品	業品
10	Yamakavaggo	雙要品	雙要品	雙要品	相應品
11	Apramādav	放逸品	放逸品	無放逸品	放逸品
12	cittav	心意品	心意品	心意品	護心品
13	Pupphav	華香品	華香品	華品	華喻品
14	Bālav	愚闇品	愚闇品	……………	……………
15	Paāṇḍitav	明哲品	明哲品	觀品	觀察品
16	Arahantav	羅漢品	羅漢品	……………	羅漢品
17	Sahassav	述千品	述千品	水品	水喻品
18	Pāpav	惡行品	惡行品	惡行品	……………
19	Daṇḍav	刀杖品	刀杖品	雜品	清淨品
20	Jarāv	老耗品	老耗品	恚品	瞋恚品
21	Attav	愛身品	愛身品	我品	己身品
22	Lokav	世俗品	世俗品	沙門品	苾芻品
23	Buddhav	述佛品	述佛品	如來品	如來品
25	Sukhav	安寧品	安寧品	樂品	樂品
24	Piyav	好喜品	好喜品	親品	善友品
26	Kofhav	忿怒品	忿怒品	忿怒品	怨家品
27	Malav	塵垢品	塵垢品	……………	……………
28	Dhammaṭṭhav	奉持品	奉持品	……………	愛樂品

29	Maggav	道行品	道行品	道品	正道品
30	Pakiṇṇakav	廣衍品	廣衍品	廣演品	廣說品
31	Nirayav	地獄品	地獄品	念品	貪品
32	Nāgav	象喻品	象品	馬喻品	馬喻品
33	Taṇhāv	愛欲品	愛欲品	欲品	愛欲品
34	…………	利養品	利養品	利養品	利養品
35	Bhikkhuv	沙門品	沙門品	沙門品	沙門品
36	Brāhmaṇav	梵志品	梵志品	梵志品	梵志品
37		泥洹品	泥洹品	泥洹品	圓寂品
38		生死品	生死品		
39		道利品	道利品		
40		吉祥品	吉祥品		

　　觀其上表，各版本中；顯而易見，品目差異；基本上，可見北傳本，是由南傳本擴編而成。《出曜經》與《法集要頌》之品目，內容則自成一體系，但不難察出，其與南、北傳《法句經》有異。現今漢傳，南北譯本，從〈雙要品〉到〈梵志品〉，其間除南傳無〈利養品〉之外，二七六品之中，經本頌文，略許增減，品類所屬，稍微差異，但其分類、次第，約略一致。故而，二十六品，南北傳本，謂同原本，惟其北傳，多十三品，乃是後人，追加所致。

三、《法句經》之源流發展

　　印度佛教在部派發展中，法句經其異名和異本頗多。探究該經最早成立的時期，應在第二結集之際，約爲公元前 350 至 276 年。推論至阿育王派遣傳教師，約公元前 255 年，當時所傳法句經，內容已略有差異。佛教傳佈地區越廣，部派分裂越多，法句經所編集之異名和異本，相行亦多。但從南、北傳的法句經之稍異之情形下，可考證分析出，係引自同一源頭。

　　早期《法句經》之發展，謂有二系統：一者爲巴利文系，另一者爲梵文系。巴利文系，稱「曇缽 Dhammapada」，意譯法句，現行維祇難譯本，即屬此系；另現行南傳本，覺音尊者作註，編撰 305 篇故事，收於巴利文小部經典中、亦屬此系。梵文系，則稱「優陀那 Udana-Vagga」（或作憂陀那，鄔陀南），亦譯「自說」。《大智度論》卷 33，云：

又如佛涅槃後，諸弟子抄集要偈，集無常偈等作<無常品>，乃至婆羅門偈等作婆羅門品，亦名優陀那。〔註4〕

《大毗婆沙論》卷1，云：

猶如一切鄔拕南頌，皆是佛說，謂佛世尊，於處處扎爲，種種有情隨宜宣說。佛去世後，大德法救，展轉得聞……集梵志頌立爲梵志品。〔註5〕

又《俱舍光記》卷1說：「鄔陀南，此云自說，即十二部經中第五《自說經》也，無人問佛自說故」。〔註6〕

現行，漢藏兩種《法集要頌經》譯本及《出曜經》，即屬此系。巴利文系之法句、梵文系之優陀那品，構成特色，皆由偈語。尙有它經，於偈語外，取用長行亦謂散文，分別解釋，此等緣起。另有兩系，一者是屬於巴利文系《法句譬喻經》，後爲西晉法炬、法立共譯，品目次第，與北傳《法句經》同，於各品中，在揭示經中的一偈或數偈之前，將用偈頌來突顯其要旨，而每一品中，有一個或數個獨立的故事，於四十品中，共有七十九個故事。二者是藏文、巴利文南傳《法句經》（二十六品），亦於各則，故事之前，爲誰所說，故事因緣、講座地點，均載詳盡，（例如：〈雙要品〉中有一故事，是爲護眼法師而說，演說地點在舍衛城。〈不放逸品〉乃係爲SAMAVATI王後而說，演說地點在沙彌羅國……），陳述本緣，終于品末，再以偈頌，來作一結。其中，僅一五三、一五四等兩頌，無其偈頌因緣，相傳是佛自說，因爲說法當時，佛陀開悟不久，法喜充滿；無人問，所以佛自說。

南傳佛教，通指傳入錫蘭、緬甸、泰國、越南等地的佛教，其巴利語法句經（Pāli Dhammapada），全經共二十六章，四二三偈。佛教傳入錫蘭，當時三藏均爲強記口誦，至毗多伽摩尼王（Vaṭṭagāmaṇi）治世時，方用文字記載於貝葉上。故而，巴利語法句經，正式成立的時間，約在公元前29至17年，當屬上座部派所傳。到公元430年，覺音論師到錫蘭著出《法句註》26品，其註中共有305篇，皆爲法句偈頌的譬喻因緣。

現就以《法句經》於大正藏本之漢譯本，北傳譯本之語系、譯者、特點等，僅以列表如下：

〔註4〕 《大智度論》卷33，《大正藏》第25冊307b。
〔註5〕 《大毗婆沙論》卷1，《大正藏》第27冊01a。
〔註6〕 《俱舍論記》卷1，《大正藏》41冊10c。

表三　《法句經》漢譯本之語系、譯者、特點列表

經名／書名	語系	卷	品	偈	譯　者	特　點
《法句經》	巴利	2	39	758	〔吳〕維祇難、竺律炎共譯（黃武三年 AD.224～225）	純偈頌
《法句譬喻經》（又名《法句本末經》、《法喻經》）	巴利	4	39	284	〔西晉〕法炬、法立共譯（AD.290～306）	穿插 79 篇故事
《出曜經》（又名，《法句錄》《出曜論》）	梵語	30	34	935	僧伽跋澄將炎與姚秦竺佛念共譯（AD.398～399）	故事穿插
《法集要頌經》	梵語	4	33	933	〔宋〕天息災譯（AD.980～1000）	純偈頌

　　上述四種漢譯中，法句經三十九品，如除去其中追加的十三品，二百五十七偈，基本上爲五百偈本，二十六品，其品次和內容，近乎巴利語法句經。關於追加的十三品，支謙的法句經序闡明言之：「復得十三品，並校往古，有所增定」。因在維祇難等譯法句經之前，曾有「近葛氏傳七百偈」本，已早佚。五百偈本（二十六品本）及七百偈本，推定約成立於公元前 171 年至公元一世紀初，均屬有部系。

　　法句譬喻經，附加譬喻因緣故事之長行文，類如巴利語「法句經註」（Dhammapadaṭṭha kathā）一般。但偈頌部分，是採用維祇難等譯的法句經。出曜經及法集要頌經，是九百偈本，與藏譯「自說品」（Vaṭṭagāmaṇi 斷片）及古典梵文的「自說品」斷片（Classical Sanskrit Udānavarga 斷片），均源自梵文「自說品」（Udānavarga）三十三品九百偈本，約成立於公元一世紀初，爲法救所撰，係屬說一切有部的系統。出曜經，亦加譬喻因緣故事，但與法句譬喻經組織結構不同。法集要頌經，純然是偈頌。

　　對大眾部系而言，亦有法句經的編集。在其說出世部所屬的「大事」（Māhavastu）中，集有法句經的千品（Sahasravarga）。大事的編成，約於公元前二至一世紀，同屬大眾部系。又有 Prākrit 語《法句經》，是屬印度古代及世時，中部及北部的方言。（Prākrit Dhammapada），即指 karoṭhi Dhp.斷片一二五偈。及 Gāndhāri Dhp.斷片三四四偈完本），公元二世紀初葉至中葉成立。

　　以上所述，略述法句經成立與發展之說明。在現存各種法句經，流傳最廣者應指巴利語法句經。如就《法句經》流傳及演變之情形，今依年代之先後，含列出傳到印度以外的《法句經》。將如下圖表所示：

表四　《法句經》流傳及演變之情形表

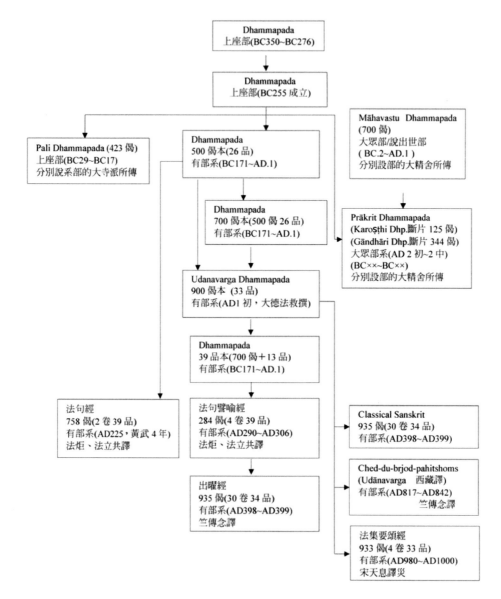

第二節　《法句經》之要義與特色

　　《法句經》的經義為何？其與別經相較有何特色？此乃本節所要探討了解的問題。筆者就參據南傳《法句經》（Pali Dhammapada），釋了參所譯版本，來簡要闡述法句經的要義與特色。

一、《法句經》之要義

於此，採南傳《法句經》，共有二十六品，四百二十三偈頌，來闡述其經本要義。從《雙藥品》至《婆羅門品》，其內容為長短有序詩偈所構成，使該經於不同部派傳承中，頗受喜愛。多數之偈頌，敘述平實，說理簡浩，易於明瞭，誦起順口。在漢譯之過程中，本經採中國四言、五言或七言詩，格律嚴整，文句簡雅，漸漸形成中國佛教文學中的偈頌詩形式。由於，近乎口語，句構自由，對中國詩風通俗化，頗具其影響〔註7〕。

對《法句經》而言，構句簡要，義理簡賅，其所集錄的，皆是實際道德之教訓，頗易於表達與提示佛教之重要真理。如〈雙品〉、〈不放逸品〉、〈心品〉、〈惡品〉、〈刀杖品〉、〈自己品〉、〈喜愛品〉、〈道品〉、〈愛欲品〉等，講及善惡問題，故屬於道德的內容。〈阿羅漢品〉、〈佛陀品〉、〈比丘品〉、〈婆羅門品〉等，則是講述佛教修行者，所應具備之素質，與應該達到的境界，故屬於宗教修持之內容。〈華品〉、〈愚品〉、〈智者品〉、〈千品〉、〈樂品〉、〈垢穢品〉、〈法住品〉、〈道品〉、〈象品〉等，皆是講其佛教修行方法，是屬於佛教慧學之內容。進而析之，本經涵蓋三學，即戒、定、慧。現謹將南傳《法句經》，二十六品之內容綱要，逐一簡述如下：

1. 〈雙要品〉Yamakavaggo ——為善為惡，以心為始，應先調心，端正身行，使其遠離罪過。

2. 〈不放逸品〉Apramādav ——以戒為律，善護身心，嚴止放逸，精進奮勵，使其苦行中，得無上涅槃之樂。

3. 〈心品〉cittav ——心之作用，無形無相，善惡根本，不斷造作，福報惡道，乃心作用。今令其心，無貪染瞋，防心守城，超諸善惡。

4. 〈華品〉Pupphav ——因華有果，日常學道，正確修行，使其充滿福報的善果。

5. 〈愚品〉Bālav ——啟悟愚闇之心，遠離痴冥之惑，使其成為智者之道。

6. 〈智者品〉Paāṇḍitav ——修福入道，智者法門。

7. 〈阿羅漢品〉Arahantav ——遠離放逸，棄諸欲望，消滅執著，心不動搖，方是聖者的真性。

〔註7〕鬱龍余《梵典與華章》，寧夏人民出版社，2004年，188頁。

8. 〈千品〉Sahassav ——千言萬語，悟得一偈。千萬句意義不正確的語
   言，不如一句有意義聞後得悟的偈語。

9. 〈惡品〉Pāpav ——近朱者赤、近墨者黑。接近邪惡之人，漸將受其
   感染。故應遠離惡人，以通達無苦惱的道。

10. 〈刀杖品〉Daṇḍav ——能知真理，慈悲之行，則能遠離殺害眾生的邪
    惡。

11. 〈老品〉Jarāv ——生命無常，勿於老邁，後悔莫及，應速修行。

12. 〈身品〉Attav ——修習佛道，能自獲益，使期罪過消滅、福報隨身。

13. 〈世品〉Lokav ——世間夢幻，不斷遷流，不應放逸，不從邪見，使
    其不作世間所厭惡之人。

14. 〈佛陀品〉Buddhav ——佛陀智慧，廣大無邊，普照世間，濟渡群生；
    智慧深遠，猶如明燈，使其放出光輝，以為世間軌則。

15. 〈樂品〉Sukhav ——遠離怨恨，避開不善，心安理得，享得安樂，使
    其不墮惡道。

16. 〈喜愛品〉Piyav ——不可放縱情欲，不可執著貪欲，應自我控制，
    使其苦惱自會消滅。

17. 〈忿怒品〉Kofhav ——心存怨恨，為害不少；反之，心懷慈悲，能得
    天裕，亦受人愛。

18. 〈垢穢品〉Malav ——修清淨行，不聲被俗，使其不為塵所染污。

19. 〈法住品〉Dhammaṭṭhav ——消除惡業，持修梵行，解說真義，智慧
    明哲，使其善解成真正比丘。

20. 〈道品〉Maggav ——八正之道，四聖之諦，使其成為度脫之正道。

21. 〈雜品〉Pakiṇṇakav ——是善是惡，從小積大，故令其不斷行善。

22. 〈地獄品〉Nirayav ——為惡不善，不自反省，將受罪惡果報，墮落地
    獄受苦。

23. 〈象品〉Nāgav ——訓象譬喻，攝持三乘，使其做善事福報巨大。

24. 〈愛欲品〉Taṇhāv ——世間之人，耽著婬慾，纏綿恩愛，煩惱痛苦，
    令其趕盡遠離愛欲。

25. 〈比丘品〉Bhikkhuv ——比丘奉行正道之教，能自策勵，能自省察，
    則能遠離諸苦，証悟諸行寂滅之門。

26. 〈婆羅門品〉Brāhmaṇav ——言行端正，身行清爭，能入真理之道，

始其眞正名爲修道之士。

二、《法句經》之特色

　　《法句經》的內容，則「爲策勵學眾，精進向道，富有感化激發力量的
偈頌集。」〔註8〕近代佛教學者呂澂，又進一步抉擇摘舉本經的要義爲三門：
「一者涅槃，二者聞戒，三者止觀。」他認爲《法句》的撰集，爲供教學之
用。教學的目的，即是學佛的終極目標——涅槃寂靜，而其方便則爲聞、戒
與止觀；本經則盡攝此三門於其中。〔註9〕大體而言，《法句》的內容不出佛
教眞理觀、社會觀等根本義理的教示，〔註10〕意義深長而簡捷切要，間雜巧
妙的譬喻於其間，偈頌又復便於讀誦，實是值得研誦再三的一部經。

　　依〔吳〕支謙的《法句經序》說：「其在天竺（印度），始進業者，不學
法句，謂之越敘（躐等、越級）。此乃始進者之鴻漸，深入者之奧藏也。可以
啓矇辨惑，誘人自立，學之功微（少）而所苞（包）者廣，實可謂妙要者哉！」
〔註11〕在南傳佛教國家，如泰國、斯里蘭卡，本經不但是初學者的入門書，
甚且是僧伽考試比丘資格的寶典。〔註12〕而在中土，「學者每以三藏難能遍
讀，不若《法句》之簡約易持，因而重視之特甚。」〔註13〕可見本經不論在
南傳抑或北傳，均佔有相當重要之地位。

　　佛典的特色，常以偈頌的形式來呈現，《法句經》是屬於原始佛教的聖典，
全經是以偈頌來呈現，眞是佛典的特色中的特色。該經不論是南傳或北傳，
此兩大系統的佛教，都同樣保留它寶貴的文獻譯典。如做爲研究理解印度早
期佛教而言，《法句經》相關的題材，是有其不容忽視的思想意義及文獻地位。
《法句經》亦是世界聞名的早期佛教經典，該經在印度被視爲出家眾學習佛
經的必讀經典。《法句經》與下一章所論述的《四十二章經》，都是體現了原
始佛教的思想。

〔註8〕 印順導師，《原始佛教聖典之集成》，新竹縣竹北市，正聞，民91，頁811。
〔註9〕 呂澂著《呂澂佛學論著選集》（二），濟南：齊魯書社，1991年，頁657。
〔註10〕 藍吉富主編《中華佛教百科全書》5冊，台北市：中華佛教百科文獻基金會，
　　　　1994年，頁2947a。
〔註11〕 《出三藏記集》卷7，大正，第55冊，50a。
〔註12〕 了參譯《南傳法句》，台北市，圓明出版社，民國80年，頁27。
〔註13〕 呂澂著《呂澂佛學論著選集》（二），濟南：齊魯書社，1991年，頁657。

第三節 《法句經》語體之概述及其影響

一、《法句經》語體之概述

印度佛教從一開始，釋迦牟尼的弟子和佛教徒們，就以活潑的思維、豐富的想像、獨特的語言，記敘了釋遵牟尼的言行，闡述了佛學理論，這些種種便是佛經。佛經包括有韻詩偈和無韻散文兩個部分，佛經在用散文記叔之後，往往再用詩偈重說一遍。以詩褐為基礎，形成了佛教文學。佛教文學，對我國文學產生了巨大的影響。本文擬對佛教詩偈作一次初步的探索。

《法句經》，是部派佛教所重視，最普遍流行的偈頌集之一。「可說是佛說感興語（優陀那）的最早集成，因而法藏及說一切有部，就稱《法句》為「優陀那」；「優陀那」更被沿用為一切偈頌集的通稱。」〔註 14〕儘管各部派傳誦的《法句》或有出入，但大傳上一致相信「一切鄔陀南頌，皆是佛說」，不過類編不同、組織不同而已。據印順導師的研考，三十九品本是依二十六品本，而又受到三十三品本的重大影響，如前所述。其成立的先後，則應為二十六品本，三十三品本，三十九品本；不可想像由五百偈、七百偈，而九百偈的次第擴編。〔註 15〕如些上述，提供了關於《法句》的結集傳誦，更為完整的面貌，值得作一深入研究探討。

二、《法句經》語體之影響

佛典一開始，便口耳相傳，日後富有文字典籍出現時，可能早已成眾說紛紜，語法各異。唯一肯定的，是以歌詠、詩偈唱頌流傳之佛法，自佛陀開始，便以流傳十二分教的「伽陀」或「侵陀那」而唱誦佛法。一切佛弟子，均藉由唱頌經典與佛陀精神相應，法句經雖未為過去漢地佛教研習，但其影響亦間接替佛教修持上，提供了很多方法。因此，《法句經》對漢譯《四十二章經》的影響也不例外，值得做一探討研究，作下一章的楔子。

在古印度時，早在佛教創立以前，已有詩歌來歌頌贊歎之傳統。在佛教初創之時，以簡便形式，來宣傳教義，便是用以易於口耳相傳之韻文。後來，漸加散文，形成韻散結合之經典。《高僧傳》卷 2，鳩摩羅什對僧寄說 "天竺

〔註 14〕印順導師，《原始佛教聖典之集成》，新竹縣竹北市，正聞，民 91，頁 816～817。
〔註 15〕印順導師，《原始佛教聖典之集成》，新竹縣竹北市，正聞，民 91，頁 817。

國俗，甚重文製，其宮商體韻，以入絃爲善。凡覲國王，必有贊德，見佛之儀，以歌歎爲貴，經中偈頌，皆其式也。」〔註16〕由此述可知，在印度國俗中，偈頌的內容是以“讚德”爲主。

　　就《法句經》的形式上，是一部偈頌體的佛經。支謙在《法句經》譯本序中說：「偈者結語，猶詩頌也。」〔註17〕“偈”是——“偈陀”的簡稱，偈陀是梵文 gāthā 的譯音，現代一般譯爲伽陀或伽他。在古代印度，gāthā 是一種韻律的詩，類似中國古詩中的頌體，故亦譯爲“偈頌”。在古代，印度偈頌詩體已廣泛流行，在佛經中，以偈頌形式之經文，稱爲“孤起頌”、“不重頌”，將散文中宣示的教義，再提綱挈領，予以地覆誦一遍，爲韻散結合式。探其《法句經》是佛經中最特殊的一部，亦是偈頌即詩體的佛經。

　　《法句經》作爲一部詩體佛經，其表現形式、表述方式等具有特色，並表現出其獨特性。偈頌是可長、可短，可敘事、可抒情；一般而言，是以短小精煉爲上。基於，當時口傳心授的需要，偈頌多爲簡練順口，易學易記，此乃詩歌的本質特點。正此本質持點，與佛經傳播的內含與要求之間的契合，才產生了《法句經》如此佛經文學之奇葩。

　　就偈頌詩而言，不求其敘述完整，亦不求其論述充分，僅求其言簡意賅而已。如《佛陀品》中，對佛教的概括“一切惡莫作，一切善應行，自調淨其意，是則諸佛教。”〔註18〕僅用一偈，將佛教博大精深之內容，作表達出恰如其分的粹煉概括，成爲千古傳誦之名句。如在《羅漢品》中，對羅漢之描述“彼已無憤恨，猶如於大地，彼虔誠堅固，如因陀揭羅，如無污泥池，是人無輪迴。”〔註19〕頗具相當強大的概括性和形象性。

第四節　本章小節

　　《法句經》是屬於原始佛教的聖典，不論是南傳或北傳，此兩大系統的佛教，都同樣保留其寶貴的文獻譯典。如做爲研究理解印度早期佛教而言，法句經的題材，有其不容忽視的思想意義及文獻地位。《法句經》是世界知名的早期佛教經典，此經，在印度被視爲出家眾學習佛經的必讀經典。如同下

〔註16〕《高僧專》卷2，《大正藏》第50冊330a。
〔註17〕《法句經》卷1，《大正藏》第4冊56b。
〔註18〕釋了參譯《南傳法句經》，台北，圓明出版社，民國80年，P.110
〔註19〕釋了參譯《南傳法句經》，台北，圓明出版社，民國80年，P.71

章所論述《四十二章經》在越南，爲出家眾學習佛經的必讀經典。《法句經》
與《四十二章經》，都是體現了原始佛教的思想。

　　《法句經講要》云：自上座化地以次，至說一切有部，東西各派學說，
無一不與《法句》相涉，且皆視《法句》與三藏並重，時或過之。我國道安
法師序十四卷《鞞婆沙》亦嘗言之，以有聞於當時譯師所述也。又學者每以
三藏難能遍讀，不若《法句》之簡約易持，因而重視之。如以傳來漢土之佛
學言，自漢魏至南北朝，亦無有不被《法句》之影響者。

　　《法句經》的內容與結構上，很簡單扼要的提示佛教的重要眞理，且多
爲實際道德之教訓，是故有人譽爲「佛教倫理道德的珠玉篇」，在文體表達上，
《法句經》以便於朗朗上口的四言或五言一句之偈頌形式來展現，記憶容易，
且意義深長切要，後來又加上一些本土化故事，添染一些神話色彩，使中國
人易於接納。玩味其文，樸質親切，體其義蘊，簡約易持。凡此種種，或許
是受佛教徒所以偏好《法句經》的原因。

圖五　《法經句》寫在貝葉上

Bản Kinh Pháp Cú Viết Trên Lá Bối Đa

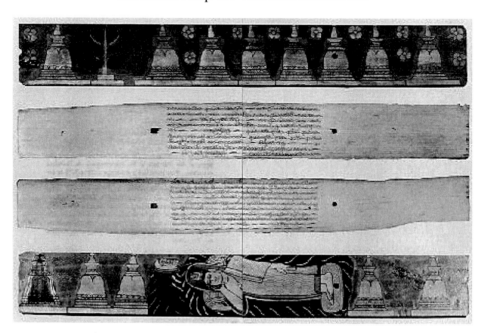

依據 Harischandra Kaviratna（*Dhammapada-Wisdom of the Buddha,*

Theosophical University Press, Pasadena, USA, 1980），認爲這法句經版本，目前被保存在西蘭卡的 Colombo 國家博物院。這法句經用巴利文寫在貝葉上，每頁45cm×6.5cm，其是最古的版本。書面用木做，上面有刻舍利塔與佛成道的菩提樹，後面有刻佛陀入涅槃像。

第四章 《四十二章經》版本比較與特色眞僞

　　《四十二章經》歷來被認定是中國第一經譯，但在近現代受到了廣泛的懷疑。本章將對《四十二章經》版本的考釋、版本的內容，先予以進行論述，並依據相關的文獻來佐證之。接著，對該經的特色與眞僞，作一論述。有關該經眞僞之爭議，一直存在著，筆者擬試著一則以教義表達詞句及其思想義理，二則語詞使用的呈現分析，有兩種推理的準則，作一精要推論澄清。隨之，在《四十二章經》傳流與經譯討論後，來看漢譯經典之發展情形，主要有兩個重點要闡述，一則經譯模式雛型的建立，另則是漢譯經典機制的建立與發展，予以分別述之。

第一節　漢譯《四十二章經》版本與內容

　　本節擬從兩個方向來討論《四十二章經》的問題：一則重點是以《高麗藏版》的《四十二章經》爲底本，比對三個版本的異同，討論經文受到後代改動的情形；另則重點是以內容分析爲之。

一、《四十二章經》版本比較

　　《四十二章經》現存版本有十種以上，以文字出入較大爲標準，大致可分爲三個系列：一則《再刻麗藏》本（簡稱《麗藏》本）、二則宋眞宗注本和，三則以江北刻經處本，爲代表的近代通行本。從歷史順序看，《麗藏》本所依的底本，爲《開寶藏》是北宋初年列刻，時代最早，應當是現存譯本中，最接近舊

版本的一種。但由於近代發現，出唐大曆十三年（公元 778 年）懷素草書《四十二章經》，同宋眞宗注本中經文相同，可見至少在唐代宗時，即有本經的兩個版本共流於世上。至於，近代通行的版本，則以江北刻經處本爲代表。

（一）《四十二章經》三大版本與比對

此經現存各種版本十餘種，再顯述其大別可分三類：一則－高麗本，宋、元、宮諸本略同；二則－宋眞宗注本，明南藏始收入，唯僅錄經文及序。明正德間僧德經刻本，從南藏，但僅載其師道孚之序及僧道深之跋，而刪注本之序。清乾隆間，詔譯爲滿文，後又命譯爲藏文、蒙文，亦依眞宗本；三則－宋守遂注本，今流傳者多爲此本。高麗本近於原本，宋眞宗注本及守遂注本俱正失眞，而守遂本纂改甚多。三本皆無具其章名，明瞭童《四十二章經補注》本及清續法的《四十二章經疏鈔》本分別標注四十二章名，但文字各不相同。以下就此三點，加以比較。

表五　《四十二章經》對照表

《高麗藏本》的《四十二章經》〔註1〕（後漢西域沙門迦葉摩騰共法蘭譯）	《宋真宗注本》的《注四十二章經》〔註2〕（迦葉摩騰共竺法蘭奉詔譯）	《宋守遂注本》的《四十二章經解》〔註3〕（後漢迦葉摩騰竺法蘭同譯明古吳蕅益釋智旭著）
經序：昔漢孝明皇帝，夜夢見神人，身有金色，項有日光，飛在殿前。意中欣然甚悅之。明日問群臣，此爲何神也？有通人傅毅曰：「臣聞：『天竺有得道者，號曰佛。輕舉能飛，殆將其神也！』」於是上悟，即遣使者張騫，羽林中郎將秦景，博士弟子王遵等十二人，至大月支國，寫取佛經四十二章。在第十四石函中，登起立塔寺。於是道法流布，處處修立佛寺。遠人伏化，願	序分：爾時世尊既成道已，作是思惟：離欲寂靜，是最爲勝，住大禪定，降諸魔道。今轉法輪度眾生於鹿野苑中爲憍陳如等五人轉四諦法輪而證道果。時復有比丘所說諸疑陳佛進止世尊教詔一一開悟合掌敬諾而順尊勅爾時世尊爲說眞經四十二章。	經通序：世尊成道已，作是思惟，離欲寂靜，是最爲勝，住大禪定，降諸魔道。於鹿野苑中，轉四諦法輪，度憍陳如等五人，而證道果。復有比丘，所說諸疑，求佛進止，世尊教勅，一一開悟，合掌敬諾，而順尊勅。

〔註1〕　《四十二章經》卷1，《大正藏》17 冊，頁 722a～724a。
〔註2〕　《注四十二章經》卷1，《大正藏》39 冊，頁 516c～522c。
〔註3〕　《四十二章經解》卷1，《卍新纂續藏經》37 冊，頁 666～674a。

爲臣妾者，不可稱數。國內清寧，含識之類，蒙恩受賴，於今不絕也。		
1.佛言：辭親出家道，名曰沙門。常行二百五十戒，爲四眞道，行進志清淨，成阿羅漢。阿羅漢者：能飛行變化、住壽命、動天地。次爲阿那含，阿那含者：壽終魂靈，上十九天，於彼得阿羅漢。次爲斯陀含，斯陀含者：一上一還，即得阿羅漢。次爲須陀洹，須陀洹者：七死七生，便得阿羅漢。愛欲斷者，譬如四支斷，不復用之。	1.佛言：辭親出家爲道，**識心達本，解無爲法**，名曰沙門。常行二百五十戒，爲四眞道，行進志清淨，成阿羅漢。**佛言**：阿羅漢者，能飛行變化，住壽命，動天地。次爲阿那含；阿那含者，壽終魂靈上十九天，於彼得阿羅漢。次爲斯陀含，斯陀含者，一上一還即得阿羅漢。次爲須陀洹須，陀洹者，七死七生，便得阿羅漢。愛欲斷者，譬如四支斷不復用之。 **佛言：出家沙門者，斷欲去愛，識自心源，達佛深理，悟佛無爲，內無所得，外無所求，心不繫道，亦不結業，無念無作，無修無證，不歷諸位，而自崇最名之爲道**	1.佛言：辭親出家，**識心達本，解無爲法**，名曰沙門。常行二百五十戒，進止清淨，爲四眞道行，成阿羅漢。阿羅漢者，能飛行變化，曠劫壽命，住動天地。次爲阿那含者，壽終靈**神**上十九天，**證**阿羅含；斯陀含者，一上一還，即得阿羅漢。次爲須陀洹；須陀洹者，七死七生，便**證**阿羅漢。愛欲斷者，如四肢斷，不復用之。
2.佛言：除鬚髮爲沙門，受道法，去世資財，乞求取足。日中一食，樹下一宿，愼不再矣。使人愚弊者，愛與欲也。	2.佛言：**剃除鬚髮而**爲沙門受佛法者，去世資財，乞求取足。日中一食，樹下一宿，愼不再矣！使人愚蔽者，愛與欲也。	2.佛言：**出家沙門者，斷欲去愛，識自心源，達佛深理，悟無爲法，內無所得，外無所求，心不繫道，亦不結業，無念無作，非修非證，不歷諸位，而自崇最，名之爲道。**
3.佛言：眾生以十事爲善，亦以十事爲惡：身三、口四、意三。身三者：殺、盜、婬；口四者：兩舌、惡罵、妄言、綺語；意三者：嫉、恚、癡、不信三尊。以邪爲眞，優婆塞行五事，不懈退至十事，必得道也。	3.佛言：眾生以十事爲善，亦以十事爲惡，何者爲十？身三、口四、意三。身三者：殺、盜、婬；口四者：兩舌、惡罵、妄言、綺語；意三者：嫉、恚、癡。不信三尊，以邪爲眞。優婆塞行五事，不懈退，至十事，必得道也。	3.佛言：**剃除鬚髮而**爲沙門，受道法者，去世資財，乞求取足。日中一食，樹下一宿，愼勿再矣！使人愚蔽者，愛與欲也。

4.佛言：人有眾過，而不自悔，頓止其心，罪來歸身，猶水歸海，自成深廣矣。有惡知非，改過得善，罪日消滅，後會得道也。	4.佛言：人有眾過而不自悔，頓止其心，罪來歸身，猶水歸海，自成深廣，**何能免離**？有惡知非，改過得善，罪日消滅，後會得道也。	4.佛言：眾生以十事爲善，亦以十事爲惡。何等爲十？身三、口四、意三。身三者：殺、盜、婬。口四者：兩舌、惡口、妄言、綺語。意三者：嫉、恚、癡。如是十事，不順聖道，名十惡行。是惡若止，名十善行耳。
5.佛言：人愚吾以爲不善，吾以四等慈，護濟之。重以惡來者，吾重以善往。福德之氣，常在此也。害氣重殃，反在於彼。	5.佛言：人愚**以吾**爲不善，吾以四等慈護濟之。重以惡來者，吾重以善往。福德之氣，常在此也。害氣重殃，反在於彼。	5.佛言：人有眾過，而不自悔，頓息其心，罪來赴身，如水歸海，漸成深廣。**若人有過，自解**知非，改惡行善，罪自消滅，**如病得汗，漸有痊損耳**。
6.有人聞佛道，守大仁慈，以惡來以善往，故來罵，佛默然不答，潛之癡冥狂愚使然。罵止，問曰：「子以禮從人，其人不納，實禮如之乎？」曰：「持歸。」今子罵我，我亦不納，子自持歸，禍子身矣！猶響應聲，影之追形，終無免離，愼爲惡也！	6.有**愚**人聞佛道，守大仁慈，以惡來以善往，故來罵**佛**。佛默然不答，潛之癡冥狂愚使然。罵止，問曰：子以禮從人，其人不納，**實理**如之乎？曰：「持歸。」今子罵我，我亦不納，子自持歸，禍子身矣！猶響應聲，影之追形，終無免離，愼爲惡也！	6.佛言：**惡人聞善，故來擾亂者，汝自禁息，當無瞋責。彼來惡者，而自惡之。**
7.佛言：惡人害賢者，猶仰天而唾；唾不汙天，還汙己身；逆風坌人，塵不汙彼，還坌於身。賢者不可毀，過必滅己也。	7.佛言：惡人害賢者，猶仰天而唾；唾不汙天，還汙己身；逆風坌人，塵不汙彼，還坌於身。賢者不可毀，過必滅己也。	7.佛言：有人聞**吾守道**，行大仁慈，故**致**罵佛。佛默不對；罵止，問曰：「子以禮從人，其人不納，禮歸子乎？」對曰：「歸矣！」佛言：「今子罵我，我今不納；子自持**禍**，**歸**子身矣！猶響應聲，影之隨形，終無免離，愼勿爲惡。」
8.佛言：夫人爲道務博愛，博哀施，德莫大施。守志奉道，其福甚大；覩人施道，助之歡喜，亦得福報。質曰：彼福不當減乎？佛言：猶若炬火，數千百人，各以炬來，取其火去，熟食除冥，彼火如故，福亦如之。	8.佛言：夫人爲道，務博愛，博哀施，德莫大施。守志奉道，其福甚大，覩人施道，助之歡喜，亦得福報。質曰：彼福不當減乎？佛言：猶如炬火，數千百人，各以炬來取其火去，熟食除冥，彼火如故，福亦如之。	8.佛言：惡人害賢，猶仰天而唾；唾不至天，還**從己墮**，逆風**揚塵**，塵不**至**彼，還坌己身。賢不可毀，**禍**必滅己。

9.佛言：飯凡人百，不如飯一善人；飯善人千，不如飯持五戒者一人；飯持五戒者萬人，不如飯一須陀洹；飯須陀洹百萬，不如飯一斯陀含；飯斯陀含千萬，不如飯一阿那含；飯阿那含一億，不如飯一阿羅漢；飯阿羅漢十億，不如飯辟支佛一人；飯辟支佛百億，不如以三尊之教，度其一世二親；教千億，不如飯一佛，學願求佛，欲濟眾生也。飯善人，福最深重。凡人事天地鬼神，不如孝其親矣！二親最神也。	9.佛言：飯凡人百，不如飯一善人；飯善人千，不如飯持五戒者一人；飯持五戒者萬人，不如飯一須陀洹；飯須陀洹百萬，不如飯一斯陀含；飯斯陀含千萬，不如飯一阿那含；飯阿那含一億，不如飯一阿羅漢；飯阿羅漢十億，不如飯辟支佛一人；飯辟支佛百億贗不如飯一佛，學願求佛，欲濟眾生也。飯善人，福最深重。凡人事天地鬼神，不如孝其二親二親最神也！	9.佛言：**博聞愛道，道必難會**，守志奉道，其道甚大。
10.佛言：天下有五難：貧窮佈施難，豪貴學道難，制命不死難，得覩佛經難，生值佛世難。	10.佛言：天下有二十難：貧窮佈施難，豪貴學道難，**判**命不死難，得覩佛經難，生值佛世難，**忍色離欲難，見好不求難，有勢不臨難，被辱不瞋難，觸事無心難廣學博究難，不輕未學難，除滅我慢難，會善知識難，見性學道難，對境不動難，善解方便難，隨化度人難，心行平等難，不說是非難。**	10.佛言：覩人施道，助之歡喜，得福甚大。**沙門問日**：此福**盡**乎？佛言：譬如一炬之火，數千百人，各以炬來分取，熟食除冥，此炬如故，福亦如之。
11.有沙門問佛：以何緣得道，奈何知宿命？佛言：道無形，知之無益，要當守志行。譬如磨鏡，垢去明存，即自見形；斷欲守空，即見道真，知宿命矣。	11.有沙門問佛：以何緣得道，奈何知宿命？佛言：道無形**相**，知之無益，要當守志行。譬如磨鏡，垢去明存，即自見形；斷欲守空，即見道真，知宿命矣！	11.佛言：飯惡人百，不如飯一善人；飯善人千，不如飯一持五戒者；飯五戒者萬，不如飯一須陀洹；飯百萬須陀洹，不如飯一斯陀含；飯千萬斯陀含，不如飯一阿那含；飯一億阿那含，不如飯一阿羅漢；飯十億阿羅漢，不如飯一辟支佛；飯百億辟支佛，不如飯一三世諸佛；**飯千億三世諸佛，不如飯一無念無住，無修無證之者。**

12.佛言：何者爲善？唯行道善。何者最大？志與道合大。何者多力？忍辱最健。忍者無怨，必爲人尊。何者最明？心垢除、惡行滅，內清淨無瑕；未有天地，逮於今日，十方所有，**未見之萌**：得無不知、無不見、無不聞，得一切智，可謂明乎！	12.佛言：何者爲善？惟行道善。何者最大？志與道合大。何者多力？忍辱最健。忍者無**惡**，必爲人尊。何者最明？心垢除、惡行滅、內清淨無瑕；未有天地，逮於今日，十方所有，**未嘗不見**，得無不知，無不見，無不聞，得一切智，可謂明矣	12.佛言：人有二十難，貧窮佈施難，豪貴學道難，棄命必死難，得覩佛經難，生值佛世難，**忍色忍欲難，見好不求難，被辱不瞋難，有勢不臨難，觸事無心難，廣學博究難，除滅我慢難，不輕未學難，心行平等難，不說是非難，會善知識難，見性學道難，隨化度人難，覩境不動難，善解方便難。**
13.佛言：人懷愛欲，不見道，譬如濁水，以五彩投其中，致力攪之，眾人共臨水上，無能覩其影者。愛欲交錯，心中爲濁，故不見道；水澄穢除，清淨無垢，即自見形。猛火著釜下，中水踊躍，以布覆上，眾生照臨，亦無覩其影者。心中本有三毒，湧沸在內，五蓋覆外，終不見道。要心垢盡，乃知魂靈所從來，生死所趣向，諸佛國土，道德所在耳。	13.佛言：人懷愛欲不見道者，譬如濁水，以五彩投其中，致力攪之，眾人共臨水上，無能覩其影。愛欲交錯，心中爲濁，故不見道。**若人漸解懺悔，來近知識**，水澄穢除，清淨無垢，即自見形。猛火著釜下，中水踊躍，以布覆上，眾生照臨，亦無覩其影者。心中本有三毒，湧沸在內，五蓋覆外，終不見道，**惡**心垢盡，乃知魂靈所從來，生死所趣向，諸佛國土，道德所在耳。	13.沙門問佛，以何因緣，得知宿命，**會其至道**？佛言：**淨心守志，可會至道**。譬如磨鏡，垢去明存；斷欲無求，**當得宿命**。
14.佛言：夫爲道者，譬如持炬火入冥室中，其冥即滅，而明猶在。學道見諦，愚癡都滅，得無不見。	14.佛言：夫爲道者，譬如持炬火，入冥室中，其冥即滅，而明猶存。學道見諦，愚癡都滅，無不**明矣**。	14.**沙門問佛，何者爲善？**何者最大？佛言：行道守**眞者**善，志與道合**者**大。
15.佛言：吾何念？念道；吾何行？行道；吾何言？言道。吾念諦道，不忽須臾也。	15.佛言：吾何念？念道。吾何行？行道。吾何言？言道。吾念諦道，不**忘**須臾也。	15.**沙門問佛，何者多力？**何者最明？佛言：忍辱**多力，不懷惡故，兼加安**健；忍者無惡，必爲人尊。心垢**滅盡**，淨無瑕**穢，是爲最明**；未有天地，逮於今日，十方所有，無有不見，無有不知，無有不聞，得一切智，可謂明矣！

16.佛言：覩天地，念非常；覩山川，念非常。覩萬物，形豐熾，念非常；執心如此，得道疾矣。	16.佛言：覩天地，念非常；覩山川，念非常。覩萬物，形豐熾，念非常；執心如此，得道疾矣。	16.佛言：人懷愛欲，不見道者，譬如澄水，致手攪之，眾人共臨，無有覩其影者。人以愛欲交錯，心中濁興，故不見道，汝等沙門，當捨愛欲；愛欲垢盡，道可見矣。
17.佛言：一日行常念道行道，遂得信根，其福無量。	17.佛言：一日行常念道行道，遂得信根，其福無量。	17.佛言：夫見道者，譬如持炬入冥室中，其冥卽滅，而明獨存。學道見諦，無明卽滅，而明常存矣。
18.佛言：熟自念身中四大，名自有名都爲無。吾我者寄生，生亦不久，其事如幻耳。	18.佛言：熟自念身中四大，名自有名都爲無。吾我者寄生，生亦不久，其事如幻耳。	18.佛言：吾法念無念念；行無行行；言無言言；修無修修。會者近爾，迷者遠乎？言語道斷，非物所拘；差之毫釐，失之須臾。
19.佛言：人隨情欲，求華名，譬如燒香，眾人聞其香，然香以熏自燒。愚者貪流俗之名譽，不守道眞，華名危己之禍，其悔在後時。	19.佛言：人隨情欲求華名，譬如燒香，眾人聞其香，然香以熏自燒。愚者貪流俗之名譽，不守道眞，華名危己之禍，其悔在後時。	19 佛言：觀天地，念非常；觀世界，念非常；觀靈覺，卽菩提；如是知識，得道疾矣！
20.佛言：財色之於人，譬如小兒貪刀刃之蜜，甜不足一食之美，然有截舌之患也。	20.佛言：財色之於人，譬如小兒貪刀刃之蜜，甜不足一食之美，然有截舌之患也。	20.佛言：當念身中四大，各自有名，都無我者；我既都無，其如幻耳。
21.佛言：人繫於妻子寶宅之患，甚於牢獄桎梏銀鐺。牢獄有原赦，妻子情欲雖有虎口之禍，己猶甘心投焉，其罪無赦。	21.佛言：人繫於妻子寶宅之患，甚於牢獄桎梏銀鐺。牢獄有原赦，妻子情欲雖有虎口之禍，己猶甘心投焉，其罪無赦。	21.佛言：人隨情欲，求於聲名；聲名顯著，身已故矣。貪世常名而不學道，枉功勞形。譬如燒香，雖人聞香，香之燼矣；危身之火，而在其後。
22.佛言：愛欲莫甚於色；色之爲欲，其大無外。賴有一矣，假其二，普天之民，無能爲道者。	22.佛言：愛欲莫甚於色；色之爲欲，其大無外。賴有一矣，假其二，普天之民，無能爲道者。	22.佛言：財色於人，人之不捨，譬如刀刃有蜜，不足一餐之美，小兒舐之，則有割舌之患。
23.佛言：愛欲之於人，猶執炬火，逆風而行；愚者不釋炬，必有燒手之患。貪婬、恚怒、愚癡之毒，	23.佛言：愛欲之於人，猶執炬火，逆風而行；愚者不釋炬，必有燒手之患。貪婬、恚怒、愚癡之毒，	23.佛言：人繫於妻子舍宅，甚於牢獄；牢獄有散釋之期，妻子無遠離之念。情愛於色，豈憚驅

處在人身，不早以道除斯禍者，必有危殃。猶愚貪執炬，自燒其手也。	處在人身，不早以道除斯禍者，必有危殃。猶愚貪執炬，自燒其手也。	**馳**？雖有虎口之患，心存甘伏，**投泥自溺，故曰凡夫；透得此門，出塵羅漢。**
24.天神獻玉女於佛，欲以試佛意，觀佛道。佛言：革囊眾穢，爾來何爲？以可斯俗，難動六通，去吾不用爾。天神蹰敬佛，因問道意；佛爲解釋，即得須陀洹。	24.**時有**天神獻玉女於佛，欲以試佛意，觀佛道。佛言：革囊眾穢，爾來何爲？以可**誑**俗，難動六通，去！吾不用爾。天神**愈**敬佛，因問道意，佛爲解釋，即得須陀洹。	24.佛言：愛欲莫甚於色，色之爲欲，其大無外。賴有一矣，**若使二同**，普天之人，無能爲道者**矣**。
25.佛言：夫爲道者，猶木在水，尋流而行。不左觸岸，亦不右觸岸，不爲人所取，不爲鬼神所遮，不爲洄流所住，亦不腐敗。吾保其入海矣！人爲道，不爲情欲所惑，不爲眾邪所誑，精進無疑，吾保其得道矣。	25.佛言：夫爲道者，猶木在水，尋流而行。不左觸岸，亦不右觸岸，不爲人所取，不爲鬼神所遮，不爲洄流所住，亦不腐敗。吾保其入海矣！人爲道，不爲情欲所惑，不爲眾邪所誑，精進無疑，吾保其得道矣。	25.佛言：愛欲之人，猶**如**執炬，逆風而行，必有燒手之患。
26.佛告沙門：愼無信汝意，意終不可信；愼無與色會，與色會即禍生。得阿羅漢道，乃可信汝意耳。	26.佛告沙門：愼無信汝意，意終不可信；愼無與色會，與色會即禍生。得阿羅漢道，乃可信汝意耳。	26.天神獻玉女於佛，欲**壞**佛意。佛言：革囊眾穢，爾來何爲？去！吾不用。天神愈敬，因問道意，佛爲解說，即得須陀洹**果**。
27.佛告諸沙門：愼無視女人，若見無視，愼無與言，若與言者，勅心正行，曰：吾爲沙門，處於濁世，當如蓮花，不爲泥所汙。老者以爲母，長者以爲姊，少者爲妹，幼者子，敬之以禮。意殊當諦惟觀：自頭至足，自視內，彼身何有？唯盛惡露諸不淨種，以釋其意矣。	27.佛告諸沙門：愼無視女人，若見無見，愼無與言，若與言者，勅心正行，曰：吾爲沙門，處於濁世當如蓮花，不爲泥所汙。老者以爲母，長者以爲姊，少者以爲妹，幼者予，敬之以禮。意殊當諦惟觀，自頭至足，自視內，彼身何有？唯盛惡露諸不淨種，以釋其意。	27.佛言：夫爲道者，猶木在水，尋流而行，不觸兩岸，不爲人取，不爲鬼神所遮，不爲洄流所住，亦不腐敗，吾保**此木，決定**入海。**學道之人**，不爲情欲所惑，不爲眾邪所嬈，精進無**爲**，吾保**此人**，必得道矣！
28.佛言：人爲道去情欲，當如草見火，火來已卻，道人見愛欲，必當遠之。	28.佛言：人爲道去情欲，當如草見大，火來已劫，道人見愛欲，必當遠之。	28.佛言：**愼勿**信汝意，汝意不可信；**愼勿**與色會，色會即禍生；得阿羅漢已，乃可信汝意。

29.佛言：人有患婬情不止，踞斧刃上，以自除其陰。佛謂之曰：若斷陰不如斷心；心爲功曹，若止功曹，從者都息。邪心不止，斷陰何益？斯須即死。佛言：世俗倒見，如斯癡人。	29.佛言：人有患婬情不止，踞斧刃上，以自除其陰。佛謂之曰：若使斷陰不如斷心；心爲功曹，若止功曹，從者都息。邪心不止，斷陰何益？斯須即死。佛言：世俗倒見，如斯癡人。	29.佛言：慎勿視女色，亦莫共言語；若與語者，正心**思念，我**爲沙門，處於濁世，當如蓮華，不爲泥汙；**想其**老者如母，長者如姊，少者如妹，**稚者如子，生度脫心，息滅惡念。**
30.有婬童女與彼男誓。至期不來而自悔曰：欲吾知爾本，意以思想生；吾不思想爾，即爾而不生。佛行道聞之，謂沙門曰：記之，此迦葉佛偈，流在俗間。	30.有婬童女與彼男誓。至期不來而自悔曰：欲吾知爾本，意以思想生；吾不思想爾，即爾而不生。佛行道聞之，謂沙門曰：記之，此迦葉佛偈，流在俗間。	30 佛言：夫爲道者，如**被乾草**，火來**須避**；道人見欲，必當遠之。
31.佛言：人從愛欲生憂，從憂生畏；無愛即無憂，不憂即無畏。	31.佛言：人從愛欲生憂，從憂生畏；無愛即無憂，不憂即無畏。	31.（29+30）佛言：有人患婬不止，欲自斷陰。佛謂之曰：若斷其陰，不如斷心；心如功曹，功曹若止，從者都息。邪心不止，斷陰何益？佛爲說偈：欲生於**汝意，意以思想生；二心各寂靜。**非色亦非行。佛言：此偈是迦葉佛說。
32.佛言：人爲道，譬如一人與萬人戰，被鉀操兵，出門欲戰；意怯膽弱，乃自退走；或半道還，或格鬪而死，或得大勝，還國高遷。夫人能牢持其心，精銳進行，不惑於流俗狂，愚之言者。欲滅惡盡，必得道矣！	32.佛言：人爲道，譬如一人與萬人戰，被甲操兵，出門欲戰，意怯膽弱，迺自退走；或半道還，或格鬪而死，或得大勝，還國高遷。夫人能牢持其心，精銳進行，不惑於流俗狂愚之言者，欲滅惡盡，必得道矣！	32.佛言：人從愛欲生怖，從憂生怖；**若離於愛，何憂何怖？**
33.有沙門夜誦經，甚悲意有悔疑，欲生思歸。佛呼沙門問之，汝處於家將阿修爲？對曰：恒彈琴。佛言：絃緩何如？曰：不鳴矣！絃急何如？曰：聲絕矣。急緩得中何如？諸音普悲，佛告沙門：學道猶然，執心調適，道可得矣！	33.有沙門夜誦經，**其聲悲緊**，欲悔思返。佛呼沙門問之，汝處於家將何修爲？對曰：**常彈琴**。佛言：弦緩何如？曰：不鳴矣！弦急何如？曰：聲絕矣！急緩得中何如？曰：諸音普**調**。佛告沙門，學道猶然，執心調適，道可得矣！	33.佛言：夫爲道者，譬如一人與萬人戰，掛鎧出門，意或怯弱；或半路而退；或格鬪而死；或得勝而還。**沙門學道**，應當堅持其心，精進勇銳，**不畏前境，破滅眾魔**，而得道果

34.佛言：夫人為道，猶所鍛鐵，漸深棄去垢，成器必好。學道以漸深去心垢，精進就道。暴即身疲，身疲即意惱，意惱即行退，行退即修罪。	34.佛言：夫人為道，猶所鍛鐵，漸深垂去垢，成器必好。學道以漸深去心垢，精進就道。異即身疲，身疲即意惱，意惱即行退，行退即修罪。	34.（33+34）沙門夜誦**迦葉佛遺教經**，**其聲**悲**緊**，思悔欲退。佛問之曰：汝昔在家，**曾為何業**？對曰：愛彈琴。佛言：弦緩**如何？對**曰：不鳴矣！弦急**如何？對**曰：聲絕矣！急緩得中**如何？對**曰：諸音普矣。佛言：沙門學道亦然，心若調適。道可得矣！於道若暴，暴即身疲，其身若疲，意即生惱，意若生惱，行即退矣。其行既退，罪必加矣。但清淨安樂，道不失矣。
35.佛言：人為道亦苦，不為道亦苦。惟人自生至老，自老至病，自病至死，其苦無量。心惱積罪，生死不息，其苦難說。	35.佛言：人為道亦苦，不為道亦苦。惟人自生至老，自老至病，自病至死，其苦無量；心惱積罪，生死不息，其苦難說。	35.佛言：如人鍛鐵，去滓成器，器即精好。學道之人，去心垢染，行即清淨矣。
36.佛言：夫人離三惡道，得為人難。既得為人，去女即男難。既得為男，六情完具難。六情已具，生中國難。既處中國，值奉佛道難。既奉佛道，值有道之君難。生菩薩家難，既生菩薩家，以心信三尊、值佛世難。	36.佛言：夫人離三惡道，得為人難；既得為人，去女即男難；既得為男，六情完具難；六情已具，生中國難；既處中國，值奉佛道難；既奉佛道，值有道之君難；**既值有道之君**，生菩薩家難；既生菩薩家，以心信三尊、值佛世難。	36.佛言：人離惡道，得為人難；既得為人，去女即男難；既得為男，六根完具難；既生中國，值佛世**難；既值佛世，遇道者難；既得遇道，興信心難；既興信心，發菩提心難；既發菩提心，無修無證難。**
37.佛問諸沙門，人命在幾間？對曰：在數日間。佛言：子未能為道。復問一沙門，人命在幾間？對曰：在飯食間。佛言：子未能為道。復問一沙門，人命在幾間？對曰：呼吸之間。佛言：善哉！子可謂為道矣。	37.佛問諸沙門，人命在幾間？對曰：在數日間。佛言：子未能為道。復問一沙門，人命在幾間？對曰：在飯食間。去！子未能為道。復問一沙門，人命在幾間？對曰：呼吸之間。佛言：善哉！子可謂為道者矣。	37.（38）佛言：**佛子離吾**數千里，憶念吾戒，必得道果；在吾左右，**雖常見吾，不順吾戒**，終不得道。

38.佛言：弟子去離吾數千里，意念吾戒必得道。在吾左側意在邪，終不得道。其實在行，近而不行，何益萬分耶？	38.佛言：弟子去離吾數千里，意念吾戒，必得道若。若在吾側，意在邪，終不得道。其實在行，近而不行，何益萬分耶？	38.（37）佛問沙門，人命在幾間？對曰：數日間。佛言：子未知道。復問一沙門，人命在幾間？對曰：飯食間。佛言：子未知道。復問一沙門，人命在幾間？對曰：呼吸間。佛言：善哉！子知道矣。
39.佛言：人爲道，猶若食蜜，中邊皆甜。吾經亦爾，其義皆快，行者得道矣。	39.佛言：人爲道，猶若食蜜，中邊皆甜。吾經亦爾，其義皆快，行者得道矣！	39.佛言：**學佛道者，佛所言說，皆應信順**。譬如食蜜，中邊皆甜。吾經亦爾。
40.佛言：人爲道，能拔愛欲之根，譬如摘懸珠，一一摘之，會有盡時，惡盡得道也。	40.佛言：人爲道，能拔愛欲之根，譬如摘懸珠，一一摘之，會有盡時，惡盡得道也。	40.佛言：沙門行道，**無如磨牛，身雖行道，心道不行。心道若行，何用行道。**
41.佛言：諸沙門行道，當如牛負行深泥中，疲極不敢左右顧；趣欲離泥以自蘇息。沙門視情欲，甚於彼泥，直心念道，可免眾苦。	41.佛言：諸沙門行道，當如牛負行深泥中，疲極不敢左右顧；趣欲離泥以自蘇息。沙門視情欲，甚於彼泥，直心念道，可免眾苦。	41.佛言：夫爲道者，如牛負重，行深泥中，疲極不敢，左右顧**視**。出離淤泥，乃可蘇息。沙門**當觀**情欲，甚於淤泥，直心念道，可免苦矣！
42.佛言：吾視<u>諸侯</u>之位，如過客；視金玉之寶，如礫石；視疊毛素之好，如弊帛。	42.佛言：吾視<u>王侯</u>之位，如<u>塵隙</u>，視金玉之寶，如瓦礫；視**紈**素之服，如弊帛；視大千世界，如一訶子，視四耨水，如塗足油；視方便，如筏寶聚；視無上乘，如夢金帛，視求佛道，如眼前花，視求禪定，如須彌柱，視求涅槃，如晝夜寤；視倒正者，如六龍舞；平視等者，如一眞地；視興化者，如四時木。	42.佛言：吾視王侯之位，如過**隙塵**；視金玉之寶，如瓦礫；視紈素之服，如敝帛；視大千界，如一訶子；視阿耨池水，如塗足油；視方便門，如化寶聚，視無上乘，如夢金帛；視佛道，如眼前華；視禪定，如須彌柱；視涅槃，如晝夕寤；視倒正，如六龍舞；視平等，如一眞地；視興化，如四時木。
	諸大比丘，聞佛所說，歡喜奉行。	

　　上述所表，三個版本的差異比較明顯。主要突出地表現在三個方面：一、經文組織結構的不同。即《經序》和《序分》、《通分》的有無。二、章節開合的差異和每章題名的有無。三、文字多寡的差異，由文字差異所表現出來的思想傾向的不同。爲顯其差異之處，以下此三點用表來分析如下：

表六　《四十二章經》分析表

版本	經文結構的差異	章節開合的不同	文字和思想內容的差異
《麗藏》	有漢明帝夜夢金人，遂遣使求法的一段文字之經序。	以《麗藏》本的內容為準。	比較以《麗藏》本為準。《麗藏》本所無眞宗注本之第二章。
《宋眞宗皇帝版》	宋眞宗注本，無此經序，但和並沒有此經序，而有初序分、流通分。	章節而言，《宋眞宗注本》，除了少量增添的經文，《宋眞宗皇帝版》保留維持《高麗藏版》的內容。	《宋眞宗注本》，和《高麗藏版》的經文，全部的四分之三。〔註4〕完全沒有改動，少部分修改〔註5〕、刪除、或增添〔註6〕的經文。

〔註4〕 第8章、第17章、第18章、第19章、第20章、第23章、第25章、第26章、第30章、第31章、第32章、第34章、第35章、第38章、第39章、第40章、第41章。內容完全一樣。

〔註5〕 首章眞宗注本在"辭親出家"後均有"識心達本,解無爲法"的字句。眞宗注本和江北刻經處本之第二章，《麗藏》本所無。特別是"內無所得,外無所求,心不系道,亦不結業,無念無作,非修非證。不歷諸位,而自崇最",這幾句話，同經首所言小乘四果，"斷欲去愛"、"除垢"、"得道"這種修行證果思想不符。第2章有增加和改動幾個字，譬如把"除鬚髮,爲沙門"增加字成爲"剃除鬚髮而爲沙門"；又把"受道法"改成"受佛法"。第3章在十惡業後面增添了"何者爲十？""何能免離？"。第13章是增加字"若人漸解懺悔,來近知識"，又把"要"字改爲"惡"。第14章是把"得無不見"字改爲"無不明矣"。第15章"不忽須臾"改爲"不忘須臾"。第22章在"假其二"後面加一個"同"字。第28章，《高麗藏版》是"當如草見火火來已卻"可是《宋眞宗註本》，改爲"富如草見大火火來已劫"。第33章，在《高麗藏版》"有沙門夜誦經甚悲,意有悔疑,欲生思歸"，在《宋眞宗註本》"有沙門夜誦經,其聲悲緊,欲悔思返"，"甚悲,意有悔疑,欲生思歸"改爲"其聲悲緊,欲悔思返"。第36章，在《高麗藏版》：「既奉佛道,值有道之君難,生菩薩家難/《宋眞宗註本》增添爲"既奉佛道,值有道之君難；既值有道之君,生菩薩家難"它足有前後次第的，前面一個條件達成了，才考慮下面一個條件。所以已經值遇了"有道之君"，接著才會想到要"生菩薩家"。《宋眞宗註本》補上"既值有道之君"，不但讀起來比翔頃，意義也較完整。

〔註6〕 《宋眞宗註本》在第1章後面增加"佛言:出家沙門者,斷欲去愛,識自心源,達佛深理,悟佛無爲,內無所得,外無所求,心不繫道,亦不結業,無念無作,無修無證,不歷諸位而自崇最,名之爲道。"這一段經文大部是大乘佛教的思想，特別是中國禪宗的思想。《高麗藏版》第10章的經文，原本是"天下有五難"，《宋眞宗註本》增加到"天下有二十難"，除了增加十五難的經文以外，又把"制命不死難"改爲"刳命不死難"。第42章後面所增加的經文，大概也都是大乘禪宗的思想。原本的《高麗藏版》第42章的經文，不追求名聞利養，像這樣把金玉之寶、紈看做礫石、弊帛，只是一般原始佛教聲聞行者的基本修行。

《江北刻經處本》	江北刻經處本，無此經序，但和並沒有此經序，而有初序分、流通分。	高麗藏本與江北刻經處本，差異較大，從章節、經文內容，加減很多。章節合開，請參閱注。〔註7〕	《守遂本》新增加經文的部分，大部分沿用《宋眞宗註本》已經添加的經文，另是《守遂本》自己增添的部分，和其他兩個版本都沒有關係。這一部分數量相當多，可分爲兩個部分：一、增加、改動部分〔註8〕的經文；二、刪除高麗藏版原來全章的經文〔註9〕以後，補充與原經。

〔註7〕　江北刻經處本差異較大，其將各章節排序不同，如下：第8章，分作兩章，第9、10章；第9章，分爲兩章第11、12章；將"孝具二親"獨列爲第12章；第17章，無。第23、24章，合爲第26章；第29、30章，合爲一章，第31章；第37、38兩章側置，第38、37章。

〔註8〕　在《高麗藏版》第1章"辭親出家爲道"後面，增加"識心達本，解無爲法"的禪宗文句的經文。第3章，《守遂本》第4章後面，增加"如是十事，不順聖道，名十惡行。是惡若止，名十善行耳"。《高麗藏版》第20章，《守遂本》第22章，在"財色之於人"後面，增加"人之不捨"，同時也把經文的順序調換，《高麗藏版》的經文是，"財色之於人，譬如小兒貪刀刃之蜜，甜不足一食之美，然有截舌之患也。"《守遂本》更改爲，"財色於人，人之不捨，譬如刀刃有蜜，不足一餐之美，小兒舐之，則有刮舌之患。"

〔註9〕　《高麗藏版》第5章，《守遂本》第6章。《高麗藏版》第5章的經文是，"人愚吾以爲不善，吾以四等慈護濟之。重以惡來者，吾重以善往。福德之氣，常在。害氣重殃，反在於彼。"《守遂本》改成，"惡人聞善，故來撓亂者；汝自禁息，當無瞋責。彼來惡者，而自惡之。"第15章，《守遂本》第18章，第15章的經文"吾何念？念道；吾何行？行道；吾何言？言道。吾念諦道，不忽須臾也。"相對應的《守遂本》第18章把經文改成，"吾法念無念念；行無行行；言無言言；修無修修。會者近爾，迷者遠乎？言語道斷，非物所拘；差之毫釐，失之須臾。"《守遂本》就把原來經文整個刪除，改以禪宗思想和中國傳統《易經》思想來取代。還17章，第35章，，弟40章，這三章在《守遂版》是全部經文被刪除。將《高麗藏版》刪除部分的經文後，兩章合爲一章。《守遂本》把《高麗藏版》第29章後面的經文"斯須即死。佛言：世俗倒見，如斯癡人"和第30章前的經文"有婬童女與彼男誓，至期不來而自悔曰"刪去，然合成第31章，並且把偈誦改爲，"欲生於汝意，意以思想生；二心各寂靜，非色亦非行。"第36章末言："既貌生菩薩家，以心信三尊，隨佛世難"，江北刻經處本改爲"既得遇道，興信心難；既興信心，發菩提心難；既發菩提心，無修無證難"。在末四十二章中，眞宗注本和江北刻經處本均添加如下一段文字："視大戈千世界如一訶子，視阿耨池水如涂足油，視方便習如化（眞宗注本作[筏]字）寶聚，視無上乘如夢金帛，視佛道如眼前華，視[求]禪定如須彌柱，視涅桑如晝夜寢，視倒正[者蘆目六龍舞，視平等〔者〕如一眞地，視化〔者〕如四時木"。（[]内除[1、1]字爲江北刻經處本有，眞宗注本所無外，其余均爲眞宗注本有而江北刻經處本所無者。）

比較陳述	經文組織結構的不同，可以反映出譯經風格的差異。當佛經翻譯成熟之時，《初序分》和《流通分》常是佛經不可缺的部分。因此可知，《麗藏》本較之宋真宗注本、江北刻經處本的早出。	由此可知《麗藏本》與《真宗注本》的區別在於文字的增多；而《江北刻經處本》，除了所增多經文的文字部分與《真宗注本》相同之外，其章節排序與《麗藏本》也不同。前後者的最大差異在於後兩者增加了許多大乘般若和禪宗的思想。	由此可知《麗藏本》與《真宗注本》的區別，在於文字的增多、修改的經文，一般大乘佛教的共同思想以外，幾乎都是禪宗的思想。而所增多的部分，相同《江北刻經處本》。《麗藏》本同前後者的最大差異在於後兩者增加了許多大乘般若和禪宗的思想。

　　如上表所述，《四十二章經》被認為東漢時業已出現漢地譯經，以此經為始，並定譯經時間為明帝永平十年（公元 67 年）。不過現存經本，文辭雅麗，非漢譯原貌，因此頗令人置疑。據隋費長房《歷代三寶記》所載，此經原有二譯，其一為東漢時譯，已佚。其一為吳支謙譯，是"第二出與摩騰譯者小異。文義對外允正，辭句可觀"，故得流傳。唐以後，又屢有改譯。

二、《四十二章經》內容分析

　　《麗藏》本出於北宋初蜀刻，為現存各異本中最近於舊寫本的一種，其後宋、元大藏經皆依之。經文前面有序，與《出三藏記集》所載者相同。次為《四十二章經》文，各章內容大略如下表：

表七　《四十二章經》文中各章內容大略表

章　次	內　容　簡　述
經序	漢孝明帝，夜夢金人。派王遵等，十二，至大月支，取四十二章。
第一章	聲聞四果：阿羅漢、阿那含、斯陀含、須陀洹。
第二章	斷欲去憂，出家為僧，日中一食，樹下一宿。
第三章	十事善為，十事為惡，身三、口四、意三。不懈退十事，必得道也。
第四章	人有眾過，改過得善，罪自消滅，後會得道。
第五章	汝自禁息，當無瞋責，彼來惡者，則自惡之。
第六章	今子罵我，我亦不納，子自持歸，禍子身矣！
第七章	惡人害賢，猶仰天唾；唾不汙天，還汙己身。
第八章	守志奉道，其福甚大；覩人施道，助之歡喜，亦得福報。

第九章	飯善人，福最深重。凡人事天地鬼神，不如孝其親矣！二親最神也。
第十章	人有五難：貧窮佈施難，豪貴學道難，制命不死難，得覩佛經難，生值佛世難。
第十一章	垢去明存，即自見形；斷欲守空，即見道眞，知宿命矣。
第十二章	忍者無怨，必爲人尊，即是善者。心垢除、惡行滅，內清淨無瑕，是最大者。
第十三章	人懷愛欲，故不見道。清淨無垢，即自見道。
第十四章	炬入室中，其冥即滅，學道見諦，無明即滅。
第十五章	行道、言道、念道，本空，亦即眞空實相。
第十六章	觀萬物念非常；執心如此，得道疾矣。
第十七章	一日行常念道行道，遂得信根，其福無量。
第十八章	身中四大，名自有名，都爲無。吾我者寄生，生亦不久，其事如幻耳。
第十九章	人隨情欲，貪流俗之名譽，不守道眞，華名危己之禍，其悔在後時。
第二十	財色之於人，譬如小兒貪刀刃之蜜，甜不足一食之美，然有截舌之患也。
第二十一章	人繫於妻子寶宅之患，甚於牢獄桎梏鋃鐺。己猶甘心投焉，其罪無赦。
第二十二章	愛欲莫甚於色，；色之爲欲，其大無外。
第二十三章	愛欲之於人，猶執炬火，逆風而行；愚者不釋炬，必有燒手之患。
第二十四章	天神獻玉女於佛，佛去爾物不用。
第二十五章	人爲道，不爲情欲所惑，不爲眾邪所誑，精進無疑，吾保其得道矣。
第二十六章	愼無信汝意，意終不可信；愼無與色會，與色會即禍生。得阿羅漢道，乃可信汝意耳。
第二十七章	吾爲沙門，處於濁世，當如蓮花，不爲泥所汙。
第二十八章	人爲道去情欲，當如草見火，火來已卻，道人見愛欲，必當遠之。
第二十九章	斷陰不如斷心；心爲功曹，若止功曹，從者都息。
第三十章	欲吾知爾本，意以思想生；吾不思想爾，即爾而不生。
第三十一章	從愛欲生憂，從憂生畏；無愛即無憂，不憂即無畏。
第三十二章	紗門學道，如與萬人之戰，能牢持其心，精銳進行。欲滅惡盡，必得道矣！
第三十三章	學道猶然，執心調適，道可得矣！
第三十四章	人爲道，猶所鍛鐵，漸深棄去垢，成器必好。學道以漸深去心垢，精進就道。
第三十五章	人自生至老，自老至病，自病至死，其苦無量。
第三十六章	破諸難，與信心，發菩提心，而後修證。

第三十七章	人命在呼吸間，是生滅相鄰。
第三十八章	
第三十九章	猶若食蜜，中邊皆甜。吾經亦爾，其義皆快，行者得道矣。
第四十章	人為道，能拔愛欲之根，譬如摘懸珠，一一摘之，會有盡時，惡盡得道也。
第四十一章	沙門行道，當如牛負重行於泥中，急求出離。
第四十二章	輕視富貴如過客，視金玉如礫石。

　　全經大意說出家、在家應精進離欲，由修佈施、持戒、禪定而生智慧，即得證四沙門果。文中包含了佛教基本修道的綱領。《麗藏》本以外的各本內容互有出入。如宋真宗注本，卷首沒有經序，而另加序分“爾時世尊”至“為說真經四十二章”九十七字。又於第一章加了“識心達本，解無為法”兩句，第一章後加“出家沙門斷欲去愛，識自心源”一章；將《麗藏》本八、九兩章合為一章；第十一章天下五難增為二十難；第四十二章增加“視大千世界如一訶子”等十喻。又在經末，增加“諸大比丘聞佛所說歡喜奉行”十二字的流通分。此外與《麗藏》本相同的各章，文字上亦有些不同。現今坊間影印唐·大曆十三年懷素草書《四十二章經》，與此本同，似唐代宗時已有此本。房山石經明刻《四十二章經》，明正統五年（公元 1440）德經等刻《四十二章經》及清乾隆印四合璧本，皆與此本同。《明藏》亦收錄此本經文及序。

　　又《寶林傳》（《金藏》殘本）卷一所載《四十二章經》，現存本缺第五章前半各段，但真宗注本新加的十五難和十喻，此本俱有，真宗注本所加的第二章大概亦有，在依據《寶林傳》撰成的《祖堂集》上，見有此章文字，可與旁證。比真宗注本，更大量增加了禪宗思想的字句。如第十一章末說“飯千億三世諸佛，不如飯無念無住無修無證之者”；第十八章改“吾何念念道”為“吾法念無念”等；第十九章改“睹萬物形豐熾念非常”為“睹靈覺即菩提”；第二十三章增“牢獄有散佚之文，乃至投泥自溺故曰凡夫，透得此門出塵羅漢”等句；第三十六章末增“既發菩提無修無證難”一句；第四十一章增“身雖行道，心道不行，心道若行，何用行道”等句。又若干處改為禪宗常用的韻語文，若干處新改的詞句與舊本意義相反，如改舊本“為道務博愛”為“為博愛道必難會”。此外，章節較舊本亦有開合增損，且有不少費解的詞句。經末無流通文而有後記，內容略同經序而較詳。並說“此經梵書一十九葉，即竺法蘭所翻”。在未詳何據之餘，《寶林傳》的記載，從來多有

人懷疑。作《續寶林傳》的惟勁，和依《寶林傳》本作注的守遂，都是南嶽懷讓的後裔，智炬可能亦出於同一法系，而傳本增減之處或即是禪宗中人（也許即是智炬本人）隨己之意，加以修改之。

又宋六和塔本，是杭州六和塔，現存的宋紹興二十九年（公元 1159）石刻。在第五章以上略同眞宗注本，但將注本第一章開爲兩章。其餘內容則與《寶林傳》本幾乎全同，惟第四十一章仍保留了舊本的"牛負重行深泥"一段文。經末無後記而有西蜀武翃的跋。

又明瞭童補注宋·守遂注本，乾隆元年（公元 1736）莊親王府重刻，今收在日本《續藏經》中，它與《寶林傳》本、六和塔本大相同，惟章節之開合偶有出入。若干《寶林傳》本中費解的字句，此本依《麗藏》本予以更正。經末，亦無流通文。明智旭解，清道需《指南》，續法《疏鈔》，金陵刻經處本，皆依此本，故在近世最爲通行。

上述以及各本，仍以《麗藏》本最早。如所說天下有五難，和涼譯《三慧經》複次所說相同，可見其必有所本。又唐初《法苑珠林》卷二十三及後周義楚《釋氏六帖》卷四引本經文亦只五難，餘本多出十五難，可見皆後世所加。《麗藏》本與眞宗注本第五、第二十六、第二十八等章均與《阿含經》文相近，其餘三本則不同。又《麗藏》本與眞宗注本均有'人不爲道亦苦'章，又在"牛行深泥"章前有"摘懸珠"章，梁陶弘景《眞誥》中均曾用其全文，《寶林傳》本等則刪去這些。由此可見《麗藏》本所據，乃南朝以來的舊文，而《寶林傳》本爲晚唐改作。六和塔本、守遂注本與《寶林傳》本同一類型，眞宗注本則是從《麗藏》本演變爲《寶林傳》本過程中間的產品。

有不少人懷疑本經是東晉時的中國人撰述，又因《出三藏記集》說本經爲《道安錄》所不載，故疑此經非漢時譯。但《歷代三寶紀》引《舊錄》明說"本是外國經抄"，《出三藏記集》亦說本經見於《舊錄》。《舊錄》爲晉成帝時（公元 326～342）支敏度所作，約與道安同時，當出於翻譯，而且流行很早，在安世高譯經以前，有如此之一種簡明佛教基本修道的經典，似乎頗爲合理的。正因爲是最早的一部漢譯佛經，文字簡短又包含了佛教修道綱領；所以，直到現在該經仍爲佛教徒重視典籍。至《寶林傳》本一類的經本，給南宗禪法提供了有力的佐證，尤爲宗門所喜用。

清乾隆四十六年（公元 1781）敕依《明藏》本轉譯本經爲滿、蒙、藏三種文字，連同漢譯爲四合璧本印行。日文譯本，有山上曹源譯《四十二章經》，

收於日本《國譯大藏經》經部第十一；高島寬我譯《現代意譯四十二章經》，收於《現代意譯佛教聖典叢書）第六等。公元 1871 年有英人的譯本，公元 1878 年法人又校印了漢、藏、蒙文《四十二章經》。公元 1906 年日本·鈴木大拙又出版英譯本，尚有公元 1947 年倫敦出版的《四十二章經》及其他兩經的合本。

　　本經漢文注解有宋·智圓《注》一卷，《正義》一卷；仁嶽《通源記》二卷，《科》一卷；均佚。現存的有《宋眞宗注》一卷，天禧三年入藏，但現存宋、明大藏經皆無此書，清·光緒三十二年（公元 1906）長沙葉德輝始據日本《縮藏》刻出單行。宋·守遂《注》一卷，收在《注佛祖三經》（即《四十二章經》、《遺教經》、《潙山警策文》）中。明·了童《補注》一卷，即補守遂《注》，每章前有四字標題。明·智旭《解》一卷，較《補注》稍詳。清·道霈《指南》一卷，成於順治二年（公元 1645），僅分章，無標題。清·續法《疏抄》五卷，成於康熙十八年（公元 1679），每章前也有四字標題，與《補注》略異。

第二節　《四十二章經》著錄今釋與眞僞分析

　　關於《四十二章經》的眞僞，牽涉到譯者、譯出地，改對其有所著錄的典籍的可信度等，待考究之處甚多。佛教初來，中土人士視爲異族信仰，或視爲民間神仙方術之一，不予重視，未予詳記。今來考證佛教初傳之年，與初譯經典之眞僞，離今太遠，典籍記載不多，後人揣測附會，與時俱增。徒增記載上的出入，頗令人疑惑。回顧本世紀以來，對《四十二章經》眞僞，所展開之爭論，海內外學者對此所著文者，不勝枚舉，洋灑揮筆，數萬言有之，然觀點未能一致，主要是佐證資料尚缺。證據未充分，諸種推論僅作有限的推論。當中，諸賢對文獻收集、考證、引用和辯析，所付出心血，對史實有一定的貢獻。當代對《四十二章經》的研究，尚有許多懸而未決的問題，期待有更多的文獻或實物出土，提出更接近史實的解釋。

一、《四十二章經》著錄今釋概述

　　近代佛教史學家梁啓超、湯用彤、胡適、陳垣、呂澄、周叔迦、乃至法國伯希和、日本常盤大定等先生，關於後漢佛教史上“永平求法”、“《四十二章經》”、“牟子《理惑論》”眞僞問題的爭論。其代表性論述，可參見梁啓超《漢明求法說辨僞》、《四十二章經辨僞》、《牟子理惑論辨僞》，湯用

彤《永平求法傳說之考證》、《四十二章經考證》，呂澂《四十二章經抄出之年代》，周叔迦《牟子叢殘》等。

今存最古早記錄"永平求法"事的歷史文獻，按舊說當即爲《四十二章經序》和牟子《理惑論》自序。《四十二章經》諸家爭論焦點在"襄楷上疏已引及片斷"和"《安錄》未錄"、"《化胡經》未言及"。《四十二章經》諸家爭論焦點在"襄楷上疏已引及片斷"和"《安錄》未錄"、"《化胡經》未言及"。湯、胡等據前一證判經成於晉之時。

湯先生之過人處，在通巴利語及版本學，其對本經互見於巴利文佛典處，及本經十數版本之考證，可謂極樣，此點正是梁先生之短處，梁先生將今版誤爲古本，而於巴利文佛典未考及，遂作吳晉間南方漢人自撰之說。本經內容既互見於巴利文佛典《阿含》、《法句》處頗多，實在非漢人僞造可想而知。又本經版本可分析爲高麗本、宋眞宗注本、守遂本三系，今存最古本爲北宋初蜀版高麗藏經本，則其迭遭康宋元明改竄又可知，故不得據今存經文來辨其眞僞，故梁說已被推翻。湯先生之疏漏處，在未考及襄楷上疏前，安世高已來洛陽譯經十八年，其譯《增一阿含百六十章》，今佚，可參秦譯本卷六、卷四十一，已有同樣內容，故楷疏不即定引自《四十二章》，又"《安錄》未錄"、"《化胡經》未言及"，湯先生縱然率多解釋，亦是猜測而已。呂先生之長處在詳引《法名》證成本經性質爲經抄，又據"《化胡經》未言及"和"據《祐錄》稱本經最初見於東晉支湣度（唐人避太宗李世民諱，改稱"敏度"）《經論都錄》"，因而劃定本經抄成年代爲兩晉之際（公元306～342）。呂先生之長處在詳引《法名》證成本經性質爲經抄，又據"《化胡經》未言及"和"據《祐錄》稱本經最初見於東晉支愍度（唐人避太宗李世民諱，改稱"敏度"）《經論都錄》"，因而界定本經抄成年代爲兩晉之際（公元306～342）。今按呂說爲是，然呂先生未注意湯先生早考及非惟襄楷上疏，《理惑論》、三國佚名（疑爲支謙）之《法句經序》、東晉郗超《奉法要》俱引及本經片斷經文。故筆者認爲：該經初源正西域人口授，些與後漢讖緯之風盛行適應，及安世高譯經，故漢末已有阿含法句傳抄片斷流行，後又歷經漢晉間人傳引，終於兩晉之際成書。其《經序》又出其後矣，故序中敘及"永平求法"之事本出晉人據《化胡經》演成，不得信爲漢人所記。

《理惑論》陳垣《史諱舉例》引《北山錄》注牟子書，謂該論本名"治惑"，又稱"辨惑"，唐人避高宗李治諱改爲"理惑"，周叔迦《牟子叢殘》考訂確

非僞造頗詳，梁先生判爲晉宋間人僞作，持論多不確實。今按牟子既被《後漢書》，《三國志‧吳志》等，正史證爲漢靈、獻時蒼梧平民，交趾在當時學術避亂南聚之地，則其《理惑》之作，應當是可信之事。該論作者，被混爲章帝時太尉牟融，首見於梁《弘明集》，又其自序記"永平求法"事疑跡甚多，故今存論文恐亦遠非古本。湯先生考《四十二章經序》與《理惑論》，記"永平求法"文字大同小異，但《理惑論》文較整潔，事蹟增多，又《理惑論》中引佛經較少，但引《四十二章經》片斷三次，因而主張《理惑論》記'永平求法'事實本《經序》增改而宋。筆者引述認爲：《理惑論》文之作於漢末，而其《經序》則成於兩晉之際，所以不必如梁先生所論全判《理惑論》屬僞，但亦不可否認《理惑論》中"永平求法'事爲晉宋間人據《經序》所僞添之。

上述"永平求法"，該說南朝前之記載，今存十餘種，其最早記載爲西晉道士王浮所僞造《老子化胡經》。其說，可被造出，實因西晉佛道論爭。在王浮，以求法中插入佛成道泥洹，證成佛遠出於老子之後；在佛徒，不依國主則法事難立，將聖教東來托諸一代明君，正可光大其教。今可推《四十二章經序》本增改《化胡經》而來，其僞跡有六：

一、傅毅，明帝永平中，尙在平陵習章句，章帝建初年中始爲蘭台命史，不能與明帝對答，傅毅既知有佛，佛之輸入自當不始於永平求法。

二、佛，明帝時應作"浮屠"；

三、張騫，本漢武帝時人，前明帝二百年，何能遣其爲使？

四、羽林中郎將，漢代無此官名；

五、秦景，爲"秦景憲"之誤，爲永平前七十年之人，遣爲使亦不可能；

六、永平八年（公元 65 年）明帝下楚王英沼已言及"浮屠"（佛陀）、"伊蒲塞"（優婆塞）、"桑門"（沙門），楚王英祠佛尤早，與明帝同爲光武諸子時即從方士染佛化，西漢哀帝元壽元年（公元前 2 年），月支王使伊存即向景盧口授浮屠經，可見永平求法非佛來之始。而《理惑論》全抄其說。

劉宋範曄《後漢書》是沿其舊說，但末記所遣使名。至南齊王琰《冥祥記》始改遣使爲蔡陪一人，又添迦葉摩騰來白馬寺之說。梁慧皎《高僧傳》添竺法蘭俱至之說。北齊魏收《魏書‧釋老志》抄其說，而北魏僞書《漢法本內傳》更添騰、蘭與道士鬥法之說。諸書除《化胡經》、《漢法本內傳》外，均不記遣使、使還年代，僅謂漢明帝時。隋費長房《歷代三寶記》始承《化

胡經》永平七年（公元 64 年）遣使說，又造出十年（公元 67 年）使還說。甚此，"佛教在漢明帝永平十年（公元 67 年）傳入中國"始成定案。觀其歷代種種僞添之演進過程，"永平求法"說徹底是一僞造，應予徹底推翻。

然湯先生礙於《四十二章經》漢末已成書之說，主張"永平求法"有根據，非虛構，只是眞相難明。揆諸史實，漢明帝只是視佛教爲讖緯方術之一種而已，初固獎勵楚王飯僧，及其因結交方士被控以反罪而自殺，明帝即株連處死，流放千數，終令後此百年，史籍不再有關於佛教在中國傳播之相關記載。假如明帝果眞感夢遣使求法，立白馬寺邀騰、蘭譯《四十二章經》，佛教初即大光，不應漢桓帝並祭佛老、安世高譯經傳之前百年間史無纖載，經無另譯。故明帝於佛教，並非後人傳說那樣神聖。"永平求法"之說其僞可知。

二、《四十二章經》眞僞分析

筆者在進行《四十二章經》眞僞分析時，採取研究方法有二，一則先推理其教義表達詞句及其思想義理，再則以語詞使用的呈現來進行分析。

（一）教義表達詞句及其思想義理

《四十二章經》之內容，如高麗本者，全屬小乘佛教，無常、無我、涅槃寂靜等教義；如守遂本者，則增"見性學道"、"無修無證"等大乘教義。又據高麗本各章內容，多與阿含經及巴利經部相同，可知此經原本類似巴利《經集》之類的"經抄"。高麗本文字質樸，內容雖然簡單，但條理清晰，自成一系，可見原本理當來自印度，更正確的說來自南傳經典的義理。

（二）語詞使用的呈現分析

依據陳垣從史料上考證"佛"、"沙門"等詞，在中土使用年代，而據以論證《四十二章經》中之文體，來進行分析推斷。據較晚《四十二章經》版本，不言浮屠而言佛，推理現存之《四十二章經》中，已將"浮屠"、"浮圖"等早期譯名，後一律正譯爲"佛"，如此應足以證明，現今所見之《四十二章經》，已非漢譯本。根據史料得有以下之判斷標則：（一）後漢至魏中葉，尚純用浮屠。（二）三國末至晉初，浮屠與佛參用。（三）東晉至宋，則純用佛。依此準則，應有以下之斷定：（一）後漢有譯經可信，後漢有《四十二章經》譯本亦或可信。現存之《四十二章經》爲漢譯，則絕對不可信。（二）襄揩所引爲漢譯佚經可信，襄楷所引爲漢譯之《四十二章經》亦或可信。襄

揩所引爲即現存之《四十二章經》，則則絕對不可信⋯⋯三國的譯經除外、若現存漢譯的經，沒有一部不稱佛、不稱沙門，沒有一部稱浮屠，稱桑門。就可以說是沒有一部可信爲漢譯的。假定其中有眞是漢譯的，就可以說是都已經過後世佛徒的竄改，絕不是原來的譯本了。"〔註10〕

　　海外研究此議題者，爲數不少，重要性的本文多已搜羅，然恐掛一漏萬之慮。但從中可窺此經的主要爭論之點，該經的研究，其焦點集中在譯者及經文體裁。梁啓超、黃懺華、呂澂等，從經文體裁推論，此經當在三國兩晉之際，由中國人所撰；湯用彤、理淨法師、劉果宗等肯定此經，當爲漢時已譯出。在肯定此經，非僞造的觀點中，對版本有其不同看法，湯用彤和胡適等認爲有二譯本，原漢譯本已佚，今所見應爲吳支謙之譯本；印順法師、郭朋和陳垣等則認爲譯本本一，現今之流通本，是在漢譯本的基礎上，加以潤飾而成。總言之，無所謂眞僞之爭議，僅有源流不同之論述而已。誠如呂澂所言《四十二章經》源自於漢譯《法句經》，筆者認爲應是源自於巴利文《法句經》、亦是所謂南傳《法句經》。

第三節　《四十二章經》傳譯後看漢譯經典之發展

　　從前述中，由經譯模式雛型建立的瞭解；進而，論述到後來經譯的發展情形。基本上，將從完善譯經組織的十個角色分工，簡述所司其職；接著，中國在整個經譯的發展上，概述其四個發展階段。

一、從《四十二章經》看經譯模式雛型的建立

　　佛教從很古的時代起，已分成許多派別。各派或多或少，有各己的經典。現在流傳下來，概有四類：一則－用巴利文寫成的；二則－用其他中世印度文寫成的；三則－用所謂混合梵文寫成的；四則－用梵文寫成的。此等經典，所屬宗派不同，使用文字不同，成書的時代不同，流傳的地區不同；雖不同之點頗多，但卻有一點是相同的，其中有很多篇章是逐字逐句，所形成的型態頗爲相同的，異同之處，僅在語言特點的表現上。

　　漢譯印度語文的佛經，所遇到極大的困難，雙方語言完全屬於不同系統

─────────────

〔註10〕郭朋《中國佛教史》中第1章第三節關於《四十二章經》，台北，文津出版社，1993年。第8～9頁，第65頁，第1頁。

外，佛教開始傳入中國時，中印的思想文化其差異頗大。相同的情形，在越南同樣發生過。所以，當佛經語言與概念，轉化變成漢文，便發現雙方的直接想法與表現方式南轅北轍時，眞是困難重重。漢譯所面對的三大困難，一則梵文即使形式上屬於優雅的古文，如果要漢譯，便得轉變爲近代淺顯的文章。二則是從內容來說，即使梵文敘述千年以前的微妙狀況，漢譯時一定要能符合現代的世俗民情。三則是在第一結集時，大迦葉率領五百位阿羅漢，經過愼重審議的經典，非由現代的佛學學術人士，僅經若干思慮轉譯而得。總言之，今在理解和解說經典時，使其具有當代性時，現代的詮釋開展，是當今佛教主要的課題之一。

當印度佛教傳至越南時，佛經翻譯過程中，主要是主譯與筆受等兩個角色，此種經譯的機制來說，爲後來形成完善經譯館組織架構前，所謂一種經譯模式雛型的建立。

二、從經譯模式雛型的建立看漢譯經典之發展

漢魏時翻譯佛經，主要是由從印度或西域來的僧人，雖有少量漢僧和居士參加，僅從事抄錄等輔助工作。當時的譯經，較無預定計劃，一些善心人士的支持下來進行的，往往翻譯介紹的學說也不系統。直到南北朝時，譯經規模已擴大，已有政府所負責的譯經組織，有系統性、有選擇性的經譯特定經典。譬如鳩摩羅什所代表的長安逍遙園西明閣，後來南朝梁代有壽光殿和瞻雲館，北魏有汝南王宅等爲例。在當時，漢地僧人爲獲得特定經典的梵文原本，而西行求法。所以，從上述的現象而言，說明當時中國漢地的佛經翻譯，已佛教初傳時期的情形。

譯經組織的完善及其規模，是佛教經譯發展的指標。經譯機構規模的擴大，組織系統與分工完備，使其制度亦隨之更完善。經譯工作中的角色，已由早期雛型的譯主、筆受等兩個角色外，再形分工下，多設有度語、證梵等一串專門職務的角色，各司其職，使經譯的質與量，有了更多的提昇。在宋代贊寧《宋高僧傳》卷三中，述及當時譯場經館中，設官分職共有十多種。書中記載的譯場中，各種職司有：

　　一、譯主──譯場的主持者，宣讀梵文經典原本，講解其意義。該角色，
　　　　多由攜帶經書來華之僧來充任之。
　　二、筆受──錄寫漢文字者。通達華梵語文，將經義理解，予下筆記錄。

三、度語——或稱譯語、傳語。爲口語翻譯。有時需將其梵文原意譯爲漢語。

四、證梵本——對照譯文與梵文原本，以使不失原意。

五、證梵義——釐清梵文原意，以免與本意出現偏差。

六、潤文——潤飾所譯出的文義，潤文者須通內外之學。

七、證義——證實譯文所詮之義。

八、梵唄——在譯事前，梵唄聲讚，舉行宗教儀式。

九、校勘——讎對譯文，確保品質。

十、監護大使——監掌翻譯事務，多由欽命大臣擔任。

第四節　本章小節

漢譯《四十二章經》被認定是中國佛教首經。但近現代受到廣泛的質疑其眞僞。本章已將該經版本的源流考釋、版本的內容比較，作一論述，同時參考相關文獻來佐證。有關該經眞僞之爭議，筆者就兩種推理的準則，來引述論推。一則以教義表達詞句及其思想義理，二則語詞使用的呈現分析。有如同佛教東來路線的模式一般，作一澄清論述。並對《四十二章經》傳流與經譯討論後，就漢譯經典之發展情形，概以有兩個要點闡述，一則經譯模式雛型的建立，另則是漢譯經典機制的建立與發展。

《四十二章經》以上所述，可知此經不僅對中國具有代表性之重要性，然而，對越南而言，同具有歷史上與宗教上的意義，值得一提與探討的是，該經均涉及印度佛教初傳中越之議題。此一議題，可回顧本文第二章中，所探討印度佛教東傳路線的論述，有其密切關聯性與探討性。

第五章 從《法句經》到《四十二章經》的思想及其影響

　　在本章內容所陳述的，主要是將原有的問題意識，經向上溯源與向下推展的構思下，再以較整體的研究章節架構上，有一連貫性的思維下，形成了本章的章節與內容。所以，在本章下筆的思緒上，首先回想秦漢時期與南越國之南傳佛教情形的論述後。接著，就《法句經》之版本及源流與要義及特色、與《四十二章經》之關係；其中，主要是論及其兩經的傳譯過程與所引發言傳譯問題。隨後，是《四十二章經》版本比較及內容分析與爭議論述。並對該經的傳譯，來看漢譯經典之發展，作其論述一二，包括對經譯模式雛型的建立，與從經譯模式雛型的建立看漢譯經典之發展。現在，從《法句經》到《四十二章經》各有論述後，就連結到該兩部經典的思想特點，及其對越南佛教之影響、對中國佛教的影響，予以概述一二。

第一節　《法句經》與《四十二章經》之思想觀點

　　對整個佛教發展來說，《法句經》是眾經之要義，爲學佛的必讀之書和入門之書。基本上，做爲一部入門之書，一則是要易顯其佛學基本教義，再則是要易顯易懂、意簡言賅。該經內容就具此一特點，可從其品目中，概可窺見其大要。其中呈現的偈頌，大多見於早期阿含類佛典，其思想頗具有原始佛教的味道。在此，就該經所呈現的思想，概以論述如下：

一、反映倫理道德和人生智慧，具有普遍性的意義

　　宗教道德與社會道德、自然道德等，均具有統一性與普遍性。因此，在

佛教道德中，有許多經典義理與內容，與一般的社會公德是不相違背，反而是社會公德和普遍道德的來源之一。佛教是最重道德訓誡的宗教之一，《法句經》收有著名的諸佛通戒偈："諸惡莫作，諸善奉行，自淨其意，是諸佛教。"基於業報輪迴觀念，佛教義理中，闡揚善惡報應的相關經文頗多的，在本文中所論的兩經中，同樣的有充分的表現。如《惡行品》中：凶人行虐，沈漸數數，快欲為人，罪報自然；吉人行德，相隨積增，甘心為人，福應自然。

二、對宇宙自然的思考，人生智慧的悟解。

兩經的成書背景，所描述的是佛陀及其弟子，在形而上思考的結晶。是古代印度人民豐富的人生經驗的總結，體現了一個具有深邃思想和深沉性格的民族智慧。所以，換個角度來說，亦是佛教特色的濃縮本。佛家推崇智慧，智慧一方面來自覺悟，即自己的體會悟解，另一方面來自良師益友。就在此一方面，《法句經》收錄的格言最多。有關於交友方面的、關於崇智方面的、關於治學方面的、關於礪志煉意方面的等等。再再凝聚了無數智者，其人生和學習經驗的格言，是智慧的結晶，值得進一步深入挖掘和借鑒。

三、呈現文學意義主要不是表現在內容上，而是表現在形式上。

《法句經》是一部偈頌體的佛經，所謂偈者結語，猶特頌也。《法句經》，作為一部詩體佛經，其表現形式和表述方式，具有文學性，而且表現出獨特的文學品格。《法句經》文學特色之一是凝煉概括。偈頌雖說是可長可短，可敘事可抒情，但一般以短小精煉為上。由於師徒之間口傳心授的需要，偈頌大多簡練順口，易學易記，這也是詩歌的本質特點。正是這種本質特點和佛經傳播鈞內在要求之間的契合，才產生了《法句經》這樣的佛經文學奇葩。倡頌詩不要求敘述完整，也不要求論述充分，而是要求言簡意骸。如《述佛品》了中對佛教的概括"諸惡莫作，諸善奉行，自淨其意，是諸佛教。"只用一偈，便將佛教博大精深的內容，作了恰如其分的概括，言簡意賅，成為千古傳誦的名句。再如《羅漢品》中對羅漢的描述："不怒如地，不動如山，真人無垢，生死世絕。"頗具有很強的概括力和形象性。

第二節　從《法句經》到《四十二章經》對越南佛教之影響

一、使越南佛教之萌芽時期，得以奠定堅固的基礎。

從《法句經》到《四十二章經》的傳譯部份，經其論述後，促使對越南佛教早期發展之史實，在接受印度佛教文化的過程中，就傳法與經譯的部份，較有一初步完整的概念。由於，越南就文化圈而言，是屬漢文化的一員；然而，就地理位置，是屬東南亞的一國；再則，就海上貿易來往，因有廣長的海岸線，吸收外來異質文化，是屬較高的接受度。同時，越南又是東南亞國家，又是全盤受到漢文化薰陶的唯一國家。所以，越南佛教就在兩種文化的撞擊接受與吸收融合下，最初的規模與範圍較小，以後才逐漸擴大。其間，從南傳的《法句經》到《四十二章經》傳譯的發展過程，對越南佛教發展而言，頗具有小而實的極為關鍵的效應。

二、為越南寺院出家眾生活與修行的基礎教本。

《四十二章經》從公元前 2 世紀開始至今，始終在越南是寺院出家眾生活與修行的基礎的教本。究因而言，該經所呈現出，其平易如實的佛教義理，促使一般人民易於接納而信仰。

三、促使往後越南佛教發展有入世傾向的現象。

對越南佛教而言，被認為入世傾向的現象中，《四十二章經》似乎起了某種程度的作用。印度佛教與中國佛教佛，前後經過多種路徑進入越南，在越南歷史上有一段相當長的發展時期。由於，特殊的社會環境與歷史發展狀況，佛教呈現出極其入世的特徵與現象。基本上，僧侶們有漢學的底蘊，亦精通佛學，頗為積極參與（Engaged）政治、外交、教育、文化等及文學等事務的。越南佛教在追求出世的同時，亦表現出頗為積極入世的作為，為當時封建社會制度的建立，有一定的貢獻。其中，越南佛教與文學交融的萌芽與發展中，下推至漢喃文所直接與間接影響到越南的文學思想與文學風氣，上溯到接受印度佛教初傳時，其語言、思想、與義理和文化等，得以經過其接觸、接受、吸收、融合等四個階段過程的演化。在最初兩種文化的接觸上，必然尋求其障礙最低的方式來進行。對於公元十世紀左右，越南禪宗的建立，在原本已有入世特徵的土壤上，其現象更為明顯，尤其以禪僧涉政是為一例。

四、中印佛教發展史上，越南佛教所扮演的是關鍵性的橋樑。

從印度佛教東傳，來到中國得以發揚光大的過程中，在東南亞地區地理與文化的環境下，越南佛教的演化發展，扮演著關鍵中間橋樑的角色。其中，越南佛教發展的前端因素；必然，與印度佛教文化的開始接觸點，有密切的

關係。就《法句經》與《四十二章經》的意義與影響，對該接觸點有其重大貢獻，除值得再進一步研究探討外，再就，傳播理論或生態演化的模式一般，從甲國的文化或宗教，要傳播到乙國深植的話，其影響的過程勢必是徐序漸進的，猶記一種傳播模式的表示，實誠如下的表達形式：

AaAbAcAdAe...nBaBbBc...fCaCbCcCdCeCf...wKaKbKcKd...

（印度…）……（越南…）……（中國……）……（日本……）……。

第三節　從《法句經》到《四十二章經》對中國佛教之影響

本節就從《法句經》到《四十二章經》對中國佛教的影響，在此節題下，僅試以例舉的方式，來概略的陳述一二。

一、對中國佛教系統發展的啟示作用。

對越南佛教而言，其萌芽時期到發展時期的演變過程，已形成一種宗教的發展模式。該模式形成的典範，在後來，印度佛教成功的傳入中國，而後與儒道融合後，自成中國佛教系統，尤其中國禪宗的建立，其思想頗有以出世觀不離入世間。被認為入世傾向的現象中，《四十二章經》似乎起了某種程度的作用。

二、《四十二章經》是中國現存的最早佛經，尤其在中國佛教發展史上，頗具其重要性與探討性。

就其探討性方面，舉出梁啟超對該經的質疑，給後人很大的啟示。梁任公的問題，在於究理依據是支譯本、非高麗本，就急於斷定支譯本是中國人自撰的，而非譯本。其實，換另一角度來說，就時間軸上來看，高麗本是較早的版本，是屬南傳版的。支譯本則是晚較的版本，是屬北傳版的；就空間觀上來看，本文基於上述章節的論述上，認為較早的版本，是從阿育王對外弘揚印度佛教東來時，是由弘法第九組到斯里蘭卡後，以海路出發，由僧人與商人沿香料之路，航行到東南亞的緬甸與泰國等地區登陸，僧人再由陸路到達原弘法第八組金三地一帶，另有僧人續由香料之路或稱海上絲路，經由印尼爪哇到達越南。晚較的版本，是從北傳陸路而來的，經由西域于闐到達中國的。北傳佛教由陸路進入中土的研究，可與南傳佛教由東南亞轉入中土的研究，可就時間觀、空間觀與文物語言等，作一比較分析論述。

三、對人間佛教的啟示作用。

　　《法句經》、《四十二章經》與《阿含經》皆屬佛教早期的經典文獻，較能反映出佛教早期的思想，皆是佛陀的教義思想。佛陀能悟得出離世間，只因佛陀對出離世間有徹底的領悟；換言之，對世間有「如實」的認知。出世的概念，並非要離開所寄的器世間。誠如儒家所言，「未知生，焉知死」。涅槃的概念，是最難理解的，最易起誤解的。涅槃，是佛教早期的思想中，最高解脫的境界。早期經典中，對其銓釋，是頗為如實的。意指不是「不食人間煙火」的境界，而是除去「客塵」而已。太虛大師曰：「人成即佛成」，佛是圓滿的人格。所以，涅槃沒有離開人間，只看人間的人如何看待。

第四節　本章小結

　　在本章的小結，主要是對《法句經》與《四十二章經》各有論述後，就連結到該兩部經典的思想特點，及其對越南佛教之影響、對中國佛教的影響，完成概述後，如何將本章內容與章後結語，作一簡要的敘述。

　　《法句經》是佛典眾經之要義，《四十二章經》是漢譯之首經，有其佛教史與歷史的代表性，同時是學佛的必讀之書和入門之書。兩經的思想，極具有原始佛教的代表性。兩經所呈現的思想，概有三要點：

1. 反映倫理道德和人生智慧，具有普遍性的意義。
2. 對宇宙自然的思考，人生智慧的悟解。
3. 呈現文學意義主要不是表現在內容上，而是表現在形式上。

　　回顧從《法句經》到《四十二章經》對越南佛教之影響，提出四項開放性的議題，盼能有拋磚引玉之回應。

一、使越南佛教之萌芽時期，得以奠定堅固的基礎。

　　兩經在促使越南佛教早期發展上，在接受印度佛教的過程中，就傳法與經譯的部份，會較有一初步完整的概念。越南是屬漢文化圈的一員；就地理位置是屬東南亞；就海上貿易往來，對異質文化有較高的接受度。越南是東南亞全盤漢文化薰陶的唯一國家。在中印兩種文化的撞擊接受與吸收融合下，使越南佛教最初時期，有一較為穩定堅固的基礎。

二、為越南寺院出家眾生活與修行的基礎教本。

　　《四十二章經》始終在越南，是寺院出家眾生活與修行的基礎的教本，亦是一般人民易於接納而信仰。

三、促使往後越南佛教發展有入世傾向的現象。

對越南佛教而言，由於特殊的社會環境與歷史發展狀況，僧侶們有漢學的底蘊，亦精通佛學，積極參與政治、外交、教育、文化等及文學等事務的。在追求出世，亦積極入世，爲當時封建社會制度的建立，有一定的貢獻。對後來在公元十世紀左右，所建立的越南禪宗，在已有入世特徵的土壤上，更爲明顯的入世，以禪僧涉政是爲一例。

四、中印佛教發展史上，越南佛教所扮演的是關鍵性的橋樑。

越南佛教發展的前端因素，與印度佛教的接觸點，就《法句經》與《四十二章經》的意義與影響，對該接觸點有其重大貢獻。其所影響的過程中，有一傳播模式的表達形式：

AaAbAcAdAe...nBaBbBc...fCaCbCcCdCeCf...wKaKbKcKd...

（印度……）……（越南）……（中國）……（日本）……。

有關從《法句經》到《四十二章經》對中國佛教的影響，**概略**的提出三項開放性的議題，盼能有若干的回應。

一、對中國佛教系統發展的啟示作用。

對越南佛教的入世傾向，對印度佛教成功的傳入中國，與儒道融合後，自成中國佛教系統。與後來中國禪宗的建立，其思想頗有以出世間不離入世間。

二、《四十二章經》是中國漢譯的首經，在中國佛教史上，頗具其探討性。

梁啓超對該經的質疑，在於究理依據是支譯本、非高麗本，而斷定是僞經。高麗本是較早的是屬南傳版的，支譯版本是晚較的是屬北傳版的。晚較的版本，是從北傳陸路而來的，經由西域于闐到達中國的。北傳佛教由陸路進入中土的研究，可與南傳佛教由東南亞轉入中土的研究，可就時間觀、空間觀與出土文物與語言研究等，作一比較分析論述。

三、對人間佛教的啟示作用。

兩經皆屬佛教早期的經典文獻，反映出早期思想，皆是佛陀的教義思想。佛陀能悟得出離世間，對出離世間有徹底的領悟。涅槃的概念，是最難理解的，最易起誤解的。涅槃，是佛教早期的思想中，最高解脫的境界，非「不食人間煙火」，除去「客塵」而已。太虛大師曰：「人成即佛成」，佛是圓滿的人格。涅槃沒有離開人間，只看人間的人如何看待。

第六章　結　論

　　本文已將從第一章緒論，依序再論第二章部份，說明秦漢時期與南越國之南傳佛教情形，主要是討論佛教初傳路線的問題，並提出筆者的觀點，認為是先經由海路而非先由陸路，東來越南與中國的論點。同時，對南越國滅後，漢代佛教的發展情形，作一論述。接著，第三章則是探討《法句經》之版本及源流與要義與特色，與《法句經》對《四十二章經》之關係，是以傳譯過程與傳譯問題等方面爲重點。再來是第四章《四十二章經》版本的問題，並對三大版本予以比較，對爭議部份，亦有論點。同時，對《四十二章經》傳譯後看漢譯經典之發展，完成一定的闡述。在第五章則是從《法句經》到《四十二章經》的思想對佛教發展之論述，並已完成其思想觀點、對越南佛教之影響、對中國佛教之影響等論述。

第一節　研究成果

　　現就研究成果上而言，經由上述章節逐一論述後，在最後的結論中，就摘要性的將所探討推理的結果，提出四個要點：

　1. 佛教東來，是海路線，先於陸路線。
　2. 《四十二章經》並非僞經，而是經抄。
　3. 經譯模式的建立雛型，在越南。並作爲漢譯佛經四個時期的先期時期說。
　4. 中印佛教的發展史中，越南佛教的研究，可彌補所缺的中間及其時空。

第二節　尚待研究之議題

由本文論題及論述中，所涉及值得進一步研究的議題，概列如下：

一、印度佛教東傳入中國路徑的研究，探其研究之意義安在。

本文就印度佛教東傳入中國的路徑後，返回研究重點之思考方向，如放在中印佛教史上，其佛法東傳與譯經的過程中，勢必應有一緩衝與轉接的地區或國家，不可能一次到位東來中土的。除在語言文字的轉譯、文化地理的轉合等議題外，該中間地區或國家，是屬印度文化圈、或屬中國文化圈時，在此前提下，是否值得作一比較分析。以上可就空間與事物方面來探討，其實，另一主要方面是時間軸上的，亦就是說，印度佛教東傳入中國的路徑，從西域、雲滇、越南等路線來到中國，都有一定的根據與可能。其實引發的思維探討的面向，在時間上，有早晚；在影響上，有深淺；在範圍上，有大小。

二、原始佛教的語言觀，對其佛教後續發展之影響。

世界四大古文明國，西亞文明——兩河流域（幼發拉底，底格里斯）、埃及文明——尼羅河流域、中國文明——黃河流域、印度文明——印度河流域等。西亞與埃及文明都已經沒落了，現存的中國文明、印度文明中，有共同的宗教——佛教，為何印度原生地的佛教會滅亡，而東傳至中國發展的佛教，能持續發展，並推廣到東北亞國家。是否與宗教初始的語言觀有密切的關係，或許值得反思與研究探討。

三、試論中越佛教發展史研究的必要性與重要性。

從世界佛教發展史的研究角度，印度佛教東傳到中國的過程中，不論小乘或大乘，就以在東南亞、越南發展的期間而言，是中印佛教的啟承轉合的角色。如試論以中越佛教發展史，有其研究的必要性與重要性，應是值得進一步研究的。

大乘：印度－……〉中國－〉韓國、日本
　　　（目前學術界與一般的看法）
小乘：印度－〉越南－〉中國
大乘：印度－〉中國－〉越南
　　　　　　　↘－〉韓國、日本
　　　（可進一步研究的議題）

　　四、試論南越國時期的贏樓，為中越佛教儒釋道會通最早的發祥地。

　　早期中國的三個佛教中心是贏樓、彭城和洛陽，其中贏樓是交趾的中心。大概前一世紀早期，約在漢朝時期所形成的，是第一個佛教中心。贏樓是交州的首都，時為中國的附屬國，處在中國和印度的主要貿易通道上。無可置疑，交趾成為印度佛教文化的先鋒，使者向北順利傳教的理想，停留地和傳播佛教的聚集地，印度僧士停留一段時間傳播佛法，然後才向北傳入中原。

　　交趾文化，在民族的來源，或文化發展的過程，因獨持的地理位置，較易於接觸、接受外來文化。除有儒、道文化之深植影響外，被視為外來西方文化的佛教，亦不例外的。在當時交趾的贏樓，自然成為亞洲最早儒釋道會通的地方。

　　五、現今所倡導的人間佛教，是否亦屬入世的作為。

　　阿育王時期的弘法，使佛教開始成為世界性宗教。阿育王將因果報應的教義，與統治者的切身利益關連起來，來維護其政權。看來，當時的佛教是有利於入世統治。問題是現今所倡導的人間佛教，是否亦屬入世的作為，在古今環境的不同之下，對佛典詮釋的策略，佛法是否應迎合當代解釋的需求向度。所謂法善人惡法亦惡，法惡人善法亦善。

第三節　本文總結

　　在本文撰寫到此，停頓了好幾次，逗著方步來回幾次後，總得要落筆，總結一下，來圓滿此篇「大作」。回想，此次試以學術性的研究，來撰寫一篇學位論文。當腦海中浮現出某種想法時，所謂問題意識吧！試著看能否覺察出此種想法從何而來？或者是，為什麼是這般如此的一種想法，而不是其他？該類問題，正是因為自己無法保證自己對這個世界的認識，是正確無誤的。所以，隨時在歷史學、文學、神話學、美學、人類學、社會學、政治學、生物學等等著作中，多吸收、多消化來蘊育著，自己知識系統的默會功夫。進而，透過語言文字來捕捉宇宙的真理，以及語言文字本身的豐富性和歧義性，試著表明對佛法與世界的認識。其實，從來就不是那麼穩固與可靠的，隨著時間而改變。然而，當下的見地，很微妙地決定了看待世界的方式；同時，很結構地形成的是概念、感覺與行動的基本條件。

　　對「見地」此概念而言，人們很容易在潛意識下，受到宗教、文化、政

治、法律、教育等因素的影響。從而，以特定的模式，來看解與觀釋所處的世界，甚至不惜透過思想、語言和行為，來粉飾、扭曲所遇到的事件，好讓外境順利融既定或慣常的思維模式中。藉以證明自己所持的見地是正確性、前瞻性。如此這般的描述，呈現出的自我（itman），恰是所有佛教修行法門，所要破除的。

　　整個論作的過程中，在覽閱經典的當下，在研究大綱與章節鋪陳的輪迴，在最後的階段時，有時是煎熬的，想是必經粹練的過程。其中，時有的體悟，是一種頗有感受的宗教經驗與學術喜悅。時有的體會，除了本文研究的論題外，而是可以藉由一種參與其中，而得到澄清、回應、滋潤的真實。如詮釋學大師 Gadamer 所說：「我們的各種形式的歷史流傳物，儘管都成了探究的對象，但同時在它們中，真理也得到了講述。……這種對歷史流傳物的經驗，不僅在歷史批判所確定的意義上，是真實的或不真實的；而是它經常居間傳達給我們，必須藉由參與其中才能夠獲得的真理」。

　　三藏浩翰如海的佛教，從印度發軔以來，傳法到南亞、中亞、東亞各地，歷經數千年的演化，在近幾世紀以來，遇上西方世界所提供的知識與教育系統，加上歐美日佛教學者，所呈現的龐大學術專業成果。令人感受到，當今佛教的處境、存續與發展，人間佛教的時代挑戰，究竟是出世或入世、是出世由入世、是不一不異、是俗勝不二。謹就——過去的佛典，現在的詮釋，未來的光明，以三合一體，作為結語。

參考書目

一、經典文獻

1. 《法句經》卷 1，《大正藏》第 04 冊，No.0210。

2. 康僧會譯《舊雜譬喻經》卷一，大正藏，第 0 冊，No.206

3. 《四十二章經解》卷 1，《卍新纂續藏經》第 37 冊，No.0670。

4. 《四十二章經》卷 1，《大正藏》第 17 冊，No.0784。

5. 《大智度論》卷 33，《大正藏》第 25 冊，No.1509。

6. 《大毗婆沙論》卷 1，《大正藏》第 27 冊，No.1545。

7. 《注四十二章經》卷 1，《大正藏》第 39 冊，No.1794。

8. 《俱舍論記》卷 1，《大正藏》第 41 冊，No.1821。

9. 費長房《歷代三寶紀》卷 3，大正藏，第 49 冊，No.2034

10. 西晉安息三藏安法欽譯《阿育王傳》，大正藏，第 50 冊，No.2042

11. 梁扶南三藏僧伽婆羅譯《阿育王經》，大正藏，第 50 冊，No.2043

12. 釋慧皎撰《高僧傳》卷 1，〈康僧會傳〉，大正藏，第 50 冊，No.2059

13. 釋慧皎撰《高僧傳》卷 9，大正藏，第 50 冊，No.2059

14. 僧佑，《出三藏記集》卷 1，大正藏，第 55 冊，No.2145

15. 京師西明寺釋氏撰《大唐內典錄》卷二，大正藏，第 55 冊，No.2149

16. "The Dhammapada Commentary"（Translated by the Department of pali），University of Rangoon, Burma, 1966.

17. 維祇羅等譯《法句經》，《大正新修大藏經》第 4 冊，台北，新文豐出版社，民國 72 年 1 月修訂版。

18. "The Dhammapada"（Khuddaka Nikaya/Suttanta Pitaka），Translated by

Daw Mya Tin, M.A., 1986.

19. 釋明珠（Thích Minh Châu）譯，南傳大藏經《小部經》，胡志明市，越南佛教研究院，1991 年。

20. 《南傳大藏經》，高雄市，妙林出版社，民國 79～87 年。

二、專　書

（一）中文專著

1. 梁啓超著，「四十二章經辯僞」，《佛學研究十八篇》，台北市，臺灣中華，民國 60 年。

2. 蔣維喬著，「關於四十二章經之疑問」，《中國佛教史》，臺景印一版，台北市：國史研究室，民國 61 年。

3. 黃懺華撰，「關於四十二章經翻譯與撰述之疑義」，《中國佛教史》，台北市，臺景印，民國 63 年，初版。

4. 張曼濤主編，《現代佛教學術叢刊（11）》〈四十二章經與牟子理惑論考辨〉，台北市，大乘文化出版社，民國 67 年 6 月

5. 道端良秀著：釋慧嶽譯，「四十二章經」，《佛教與儒家倫理》，台北縣新店鎮，中國佛教文獻編撰社，民國 68 年，三版。

6. 歐陽漸編，「四十二章經鈔」，《在家必讀內典》，台北市：大乘精舍印經會，民國 71 年。

7. 藍吉富主編：梅鼎祚輯，「四十二章經序（後漢）」，《現代佛學大系 8：釋文紀》，台北縣新店市，彌勒出版社，民國 71～73 年，初版。

8. 呂澂著，「四十二章經抄出的年代」，《中國佛學源流略講》，台北市，里仁，民國 74 年。

9. 石峻等編，「四十二章經序」，《中國佛教思想資料選編·第三卷第一冊》，中國北京，中華，1981 年，初版。

10. 胡適著，「《四十二章經》考」《說儒》，台北市，遠流初版，1986。

11. 湯用彤，《漢魏兩晉南北朝佛教史》上冊，中華書局出版，1988 年。

12. 陳慧劍譯注《法句譬喻經今譯》靈山講堂，台北 79 年 5 月 3 版。

13. 漢譯南傳大藏經元亨寺漢譯南傳大藏經編譯委員會編譯《小部經》，高雄市：妙林，民國 79～87 年。

14. 季羨林主編《印度古代文學史》，北京大學出版社，1991 年。

15. 和田晴原著《佛教東傳年代論》收於許章眞譯《西域與佛教文史論集》，臺北市，臺灣學生，民國 78 年。

16. 鎌田茂雄著、關世謙譯，「四十二章經的成立」，《中國佛教史第四卷：南

北朝佛教》，台北市，獅子吼，民 80，初版。

17. 賴永海編著，「中土第一部佛典──《四十二章經》」，《佛典輯要》，台北縣新店市，圓明，民 83，第一版。

18. 韋志林編著，「《四十二章經》為什麼會受到佛學研究者的高度重視？」《佛學文物館 10：典籍篇》，台北縣板橋市：長圓圖書，民 83～84 年。

19. 水野弘元、劉欣如譯，《佛典成立史》，臺北市，東大發行，民 85。

20. 藍吉富主編，《中華佛教百科全書》第十冊。台南，中華佛教百科全書編輯委員會，1994 年元月出版。

21. 姜義華主編，「《四十二章經》考」，《胡適學術文集：中國佛學史》，中國北京，中華，1997 年，初版。

22. 張心澂《偽書通考中考辨四十二章經》，中國上海：上海書店，1998 年。

23. 羽溪了諦著：賀昌群譯，「關於（四十二章經）」，《西域之佛教》，中國北京，商務印書館，1999 年，初版。

24. 釋聖嚴。《隨身經典─四十二章經》。台北市：法鼓文化出版社，1999。

25. 印順，「漢明帝與四十二章經」，《妙雲集·二十二：佛教史地考論》，新竹縣竹北市，正聞，民 89。

26. 黃卓越主編，「四十二章經」。《中國佛教大觀·上＝ A survey of Chinese Buddhism》，中國哈爾濱，2002 年，第二版。

27. 方立天《中國佛教散論》，宗教文化出版社，2003 年。

28. 全佛編輯部主編，「四十二章經」，《佛教的重要經典》，初版，台北市，全佛文化，2004 年。

29.《梵典與華章》，寧夏人民出版社，2004 年。

30. 水野弘元者，釋達和譯《巴利語佛典精選》，台北市，法鼓文化事業股份有限公司，2005 年 1 月。

31. 釋成觀英譯。《佛說四十二章經＝ The sutra of forty-two chapters divulged by the Buddha》，台北市：毘盧，2005 年，初版。

（二）越文專著

1. Thích Mật Thể "Việt nam Phật giáo sử lược" Nhà xuất bản Minh Đức, Sài Gòn,1960. 釋密體，《越南佛教史略》，西貢，明德出版社，1960 年。

2. Trần Văn Giáp,Tuệ Sỹ dịch," Phật giáo Việt Nam từ khởi nguyên đến thế kỷ 13 "Nhà xuất bản Vạn hạnh, 1968. 陳文甲、惠士譯，《越南佛教從起源至 13 世紀》，西貢萬行出版社，1968 年。

3. Lê Mạnh Thát " Nghiên cứu về Mâu Tử "tủ thư đại học Vạn hạnh, 1982. 黎孟托，《牟子之研究》，萬行大學圖書館，1982 年。

4. Nguyễn Tài Thư"Lịch sử Phật giáo Việt Nam"Nhà xuất bản khoa học xã hội,

Hà Nội, 1988. 阮才書,《越南佛教史》,河內,社會科學出版社,1988 年。

5. Thích Minh Châu "Kinh Pháp Cú"Viện Nghiên Cứu Phật GiáoViệt Nam,Thành Phố Hồ Chí Minh, 1991. 釋明珠譯,《法句經》,胡志明市,越南佛教研究院,1991 年。

6. Đào Duy Anh " Việt Nam văn hóa sử cương "Nhà xuất bản thành phố Hồ Chí Minh, 1992. 陶維英《越南文化史綱》,胡志明市出版社,1992 年。

7. Nguyễn Đăng Thục " Lịch sử tư tưởng Việt Nam "Nhà xuất bản thành phố Hồ Chí Minh, 1992. 阮燈熟,《越南思想史》,胡志明市出版社,1992 年。

8. Phan Lạc Tuyên " Lịch sử bang giao Việt Nam và Đông Nam Á "Bộ giáo dục đào tạo thành phố Hồ Chí Minh, 1993. 潘樂宣,《越南與東南亞邦交史》,胡志明市之教育部,1993 年。

9. Minh Chi " Tôn giáo học và tôn giáo vùng Đông Á"trường đại học tổng hợp thành phố Hồ Chí Minh, 1994. 明之,《宗教學與東南亞地區之宗教》,胡志明市縱合大學,1994 年。

10. Minh Chi " Về sự hội nhập của Phật giáo vào nền văn hóa Việt Nam "tạp chí giao 101 điểm, Hoa kỳ, 1995. 明之,《有關佛教融入越南文化》,河內,社會科學出版社,1995 年。

11. Nguyễn Duy Hinh" Tư tưởng Phật giáo Việt Nam "Nhà xuất bản khoa học xã hội, Hà Nội, 1999. 阮維形,《越南佛教思想》,河內,社會科學出版社,1999 年。

12. Nguyễn Phan Quang và Văn Xuân Đàn" Lịch sử Việt Nam từ nguồn gốc đến năm 1884"nhà xuất bản thành phố Hồ Chí Minh, 2000。阮潘光、文春檀《越南從起源至 1884 年的歷史》,胡志明市出版社,2000 年。

13. Lê Mạnh Thát " Tổng tập văn học Phật giáo Việt Nam "Nhà xuất bản thành phố Hồ Chí Minh, 2001. 黎孟托,《越南佛教文學總集》胡志明市出版社,2001 年。

14. Lê Mạnh Thát " Lịch sử Phật giáo Việt Nam"Nhà xuất bản thành phố Hồ Chí Minh, 2006. 黎孟托,《越南佛教史》,胡志明市出版社,2006 年。

15. Nguyễn Lang "Việt Nam Phật giáo sử Luận"Nhà xuất bản văn học, 2008. 阮朗(一行禪師),《越南佛教史論》,河內,文學出版社,2008 年。

16. Thích Trí Quang " Kinh Bốn Mươi Hai Chương" , Nhà xuất bản thành phố Hồ Chí Minh. 釋智光《四十二章經》,胡志明市出版社。

(三)日文專著

1. 丹生实憲《法句経の対照研究：法句経の発展成立史研究》,日本印度学会,1968 年。

2. 水野弘元,《經典：その成立と展開》東京:佼成出版社,平成 2,民國 79 年。

3. 境野黃洋,《支那佛教精史》東京都,國書刊行會,昭和 47,1972 年。

4. 塚本啓祥,《初期佛教教團史の研究》,東京:山喜房佛書林,昭和 41,民國 55 年。

三、期刊論文

1. 任萬生,「說四十二章經」,大學生》1961 年 20 期:頁 19～22。

2. 釋印順,「漢明帝與四十二章經」,《海潮音》1964 年 45 卷 10 期,頁 8～10。

3. 鐘友聯。「四十二章經大意」。《菩提樹》1976 年 286 期,頁 34～35。

4. 方炫琛。「四十二章經研究」。《慧炬》1979 年 175 期:頁 4～7。

5. 樸庵。「四十二章經研究」。《中華文化復興月刊》1983 年 16 卷 3 期,頁 51～55。

6. 張綏、常霞青,「《四十二章經序》和《牟子理惑論》辨偽」,《社會科學》1983 年 4 期,頁 92～93。

7. 蔡惠明,「關於『四十二章經』的考證」,《內明》1988 年 200 期,頁 35～37。

8. 釋隆蓮,「四十二章經」,《中國佛教》1989 年 4 期。

9. 張火慶,「法句經與遺教三經」,《興大中文學報》1990 年 3 期,頁 201～224。

10. 蔡惠明,「有關《四十二章經》的一些問題」,《菩提樹》39 卷 11 期=總 1991 年 468 期,頁 26～27。

11. 蔡惠明,「《四十二章經》研究」,《洛陽佛教》1992 年 2 期。

12. 明湘榮,《鳩摩羅什同支謙、竺法護譯經中語詞的比較》,《古漢語研究》1994 年 02 期

13. 熊壽昌,《漢三國時期武昌佛教文化遺存》,《世界宗教研究》1995 年 04 期。

14. 何志國,『《早期佛教初傳中國南方之路》京都甲目字術討論會綜述』,《四川文物》,1995 年 01 期

15. 理淨,「《四十二章經》眞偽述評──紀念中國漢傳佛教 2000 年」,《法源》1998 年 16 期,頁 56～64。

16. 宋曉梅,《從"格義"方法看印度佛學與中國哲學的早期結合》,《學術季刊》,1998 年 01 期

17. 方廣錩『《浮屠經》考』,《法音》,1998 年 06 期,頁 24～27。

19. 黃俊威,『《弘明集》中的儒佛會通問題──「神滅論」與「神不滅論:作爲討論中心』,華梵大學哲學系,第二次儒佛會通學術研討會論文選輯

（1998 年 12 月 26 日出版），頁 223~241。

20. 劉屹，《浮屠經》小議，《首都師範大學學報》（社會科學版）2002 年 01 期，頁 24～28。

21. 溫玉成，《早期佛教初傳中國南萬乙路一路質疑》，《四川文物》，2002 年，02 期。

22. 殷誠安，『貞白先生本清白──試論胡適《陶弘景的《眞誥》考》及《眞誥》與《四十二章經》的關係』，《中國道教》2002 年 3 期，頁 26～28。

23. 蘭天，「《四十二章經》版本考釋」，《人文雜誌》2003 年 5 期，頁 151～154。

24. 何錫蓉，《從考古遺存引發關于南北兩路佛教初傳問題的思考》，《學術季刊》，1998 年 01 期。

25. 古騏瑛『二十世紀《四十二章經》研究述評』，《宗教學研究》，2006 年 02 期，頁 192～195。

26. 吳勇『試論《牟子理惑論》之眞僞』《宗教學研究》，2007 年 02 期，頁 68～73。

27. 陳文杰《漢譯佛典譯語分析》，《中國人民大學學報》，2008 年 03 期，頁 147～152。

28. 黃俊威，《論中國秦漢朝時期的南越國對南傳佛教傳入漢地的深遠影響》，華梵大學，2008 兩岸第一屆東方人文思學術研討會。

29. 黃敏，王巧生，《早期佛典翻譯中佛教緣起思想的演化》，貴州大學學報（社會科學版），2009 年 01 期。

四、學位論文

1. 護法『《法句經》主種漢譯本之比較研究』，暨『《法句經》與《道德經》比之探討』，成功大學碩士論文，1995 年 6 月。

2. 陳寒《印度來華僧人考略》，西北大學，博士論文，2002 年 4 月。

3. 王毅力『《法句譬喻經》詞語考釋』，南華師範大學，2007 年 5 月。

4. 阮光穎『《四十二章經》的探究』，福建師範大學，碩士論文，2008 年 4 月。

5. 簡基益『《四十二章經》的文獻語義裡研究』南華大學，碩士論文，2009 年 7 月。

五、工具書

1. 水野弘元者《パーリ語辭典》，東京：春秋社，1968。

2. 荻原雲來著《梵漢對議譯佛教辭典：翻譯名義大集》，台北，新文豐出版

社，1976 年。

3. 許鐘榮發行，《中國大百科全書》，台北，錦繡出版公司，1992 年。

4.《佛光大辭典》第三版。

5. 丁福保《佛學大辭典》電子檔。

6. CBETA 電子佛典 2009。

7. 印順法師佛學著作集，Accelon e-book，2000 年。

《六祖壇經》的生死哲學及其養生觀

邱淑美　著

作者簡介

邱淑美，東海大學哲學研究所畢業
現任：國立空中大學講師
　　　一貫道興毅南興講師
　　　一貫道純陽雜誌編輯
　　　臺中市政府法治局秘書室員工
著作：《六祖壇經》的生死哲學及其養生觀

提　　要

　　今日文明與物質的發達，精神文明的落後，以致於人被物役，百病叢生，人倫道德沉淪，人心不古，造成的種種社會亂象，皆因人心迷失了，故慧能大師強調「自性本自清淨」找回自己清淨的本心，就不會有世俗的妄想煩惱。研讀《六祖壇經》體會到，人類的延續是可以無限的，但作為個體存在的自我卻是有限的；當有限的自我面對無限時，往往會產生惶恐不安，人們渴望超越自我卻又難以實現，當人們嚮往永恆又不知所措，《壇經》云：「善知識！智慧觀照，內外明澈，識自本心，若識本心，即本解脫。」慧能大師認為以佛性智慧觀照一切世間萬相，則內心澄明，就能解脫世俗煩惱的束縛，而達心靈境界的自在解脫，而超越精神的永恆。

　　《六祖壇經》對現代人的心靈，可以給人精神得以安慰，讓平凡人走向神聖的過程中，能給人帶來愉悅與希望。禪一向強調「以心傳心」，是人的本心，是自然的生活，可以修心養性、調整人的身心狀況，可以幫助人緩解精神緊張和焦慮的心情，通過回歸自然而放鬆自己，恢復人本來的自信，因而從精神危機中擺脫出來。

　　透過對《六祖壇經》修學，必能邁向身心靈健康的人生。

謝　誌

　　感恩一路走來所有提攜後學的師長，大學的恩師林連聰教授、陳竹義老師，研究所的恩師陳榮波教授，以及一貫道興毅南興王昆德前人、李玉柱副前人、各位點傳師、各位前賢對後學的栽培，尤其是我最敬愛的盧進通點傳師賢伉儷對後學的教導，讓後學面臨生死關卡時能從容以對，更感謝慈濟功德會的林昆銘師兄賢伉儷及何慧英大姐，在後學住院期間，無微不至的照顧，以及臺中市政府法制局秘書室程立民主任提攜之恩，謹以此書獻給所有此生應感恩的前賢大德及我親愛的家人。

序

東海大學教授陳榮波博士

生死哲學與養生觀已成為當代的顯學，廣受大家關注與熱烈討論的焦點。為何它們如此的重要與值得探究呢？因為由於科學的技術之日新月異與人類生活品質之提高，我們開始思索到自己最切身的基本問題。尤其是惠能所講述而其弟子法海所記錄編輯而成的《六祖壇經》一書針砭此類問題提出精闢之解決之道，值得大家去深入研究與學習。

生死學與生死哲學兩者是相異又相即，前者是討論人的生、老、病、死等自然發生現象問題；着重於生命事實的描述 而後者是比前者更進一步地探究人的生命最終極、最深層的形上究竟解脫課題，強調生命的價值觀與生活意義。那麼的說，後者的生死哲學在於論述說明人該如何了脫生死、如何活在當下以及如何養生（即調養生命的意思）等當前重要課題，都在此書中有詳盡的論述，確是難能可貴、深入淺出的老少咸宜之卓越讀物。

作者聰慧敏捷，思路清晰，辯才無礙，而以優異成績考取東海大學在職碩士專班，勤奮好學，積勞成疾，罹患心胸悶痛，後來所幸在台中慈濟醫院接受開刀手術，並在醫院期間認真撰寫論文，對人生的生死哲學有更深刻的體驗，最後以名列前矛的第一高分通過口試，獲得碩士學位。她現在身體痊癒，恢復健康，祝福她有更好的膾炙人口著作出版，以饗讀者。

邱老師現任教於國立空中大學部講師，她所撰寫《六祖壇經的生死哲學與養生觀》碩士論文，內容論述精湛，文筆流暢，易學易懂，由本人推薦給花木蘭出版社，非常感謝貴社願意斥資出版有益於人生的好書，在此銘謝不已！

論理知識與生命見證
賀論文出版代序

　　一位研究生在提交畢業論文之際，醫師竟宣佈「您得了淋巴癌」，這種生命的衝擊，是最直接、最現實，這位研究生能安然地面對自家生命，又能如期提交論文通過學位論文考試，這種胸襟與慧解，正好是這本論文：《六祖壇經》的生死哲學及其養生觀，最好的生命註腳。這位研究生就是我們道場的邱淑美講師，一位虔誠的修行者，也是一位精勤的好學者。

　　本論文將一千多年前六祖惠能禪師生死哲學的特色與實踐工夫，做了深入的研究解析，且將惠能禪師的養生觀，與中華傳統文化，做了親切的比對發明，足見作者的用心。

　　我們深知，《六祖壇經》能被尊崇為「經」，不只是惠能禪師相契於佛陀本懷，其亦兼攝儒道兩家的精華，可說是儒釋道三大教的集精華者、相融通者，這個精華之集，在論理上是相融無礙，在實修上是交光互映，在文化上是歷久彌新。誠如惠能禪師所開示的三皈依，傳統的皈依佛法僧，應當專屬佛教，但惠能禪師卻闡釋成自性覺、自心正、自身淨，性心身能覺正淨才是真皈依，這與儒家所說性心身一貫，已有著異曲同工之妙，也可說是極相契於孔子的吾道一以貫之。而且更令人肅然起敬的是，惠能禪師臨終前一個月即預知時日，並告知大眾交代後事，且為大眾解惑。看到徒眾悲泣，惠能禪師還說：「汝今悲泣，為憂阿誰？若憂吾不知去處，吾自知去處。若吾不知去處，終不須預報與汝。汝等悲泣，蓋為不知吾去處。若知吾去處，即不合悲泣。」這樣生死一如的生命見證，我們可清晰的看到生命的崇高意義與無上

價值。

本論文深入探討《六祖壇經》的生死哲學及其養生觀，爲我們做了詳盡的解析，作者雖不是哲學科班一路學習上來，但其人生時時盈溢哲學慧思，尤其在投入哲學研究當中，卻得了重症，這已超乎哲學科班學習所能得解，幸賴作者修行有方，平常練就的哲學慧思能觀能解，終於自我逆轉，通過重症的困擾，完成學位論文，可說讓這本學位論文，不只是呈豐富充實的論理知識，更是充滿生命實感的生命見證。因同是道場的修行者，我們恭賀淑美講師的論文出版，也歡喜推薦給各方有緣。

一貫道總理事長會李玉柱　序於一貫道總會

2011/8/15

心靈的資糧

　　殊勝因圓，閱讀了本論文，有了更深入的洞察力來看待自己，藉由論文體悟到生命中最重要的是甚麼。也讓自己產生巨大的轉變，提昇生命的價值意義。

　　論文中的第一節，研究動機與目的，文中提到作者親自面臨『生死大事』，醫師宣判得了「淋巴癌」，開始思考生命的意義與價值，如何與時間賽跑。作者治療期間，末學也幾次前往醫醫院探視，其中有幾次深入的心靈分享，總發覺作者懷著謙卑與感恩之心，力行實踐自己的生死哲學，很難想像，這個時代還會有如此瀟洒的人，這其中所含的眞義，都讓我驚奇和感動不已。

　　過去總覺得死亡離我好遙遠，但當閱讀此論文後，才發現自己沒活過。作者提到生、老、病、死，是生命常態，但人生要怎樣才算沒有白活呢？「人即使離開人世，還會有沒做完的事。」如何在生命的終點站，畫下美麗的句點，瀟洒走一回，作者用豐富的生命經驗與智慧，研究『六祖壇經』的生死哲學，體悟人生的目的不是要做完所有的事情，而是讓生命的本質更有尊嚴，才不會枉渡此生。

　　文中作者提到龍樹菩薩的《中論》「不生亦不滅，不常亦不斷，不一亦不異，不來亦不去。」作者談到「因緣」大都由心生，當我們刻意去做時，「煩惱」就會找上門，如果你不從漩渦中走出，將永遠沉淪於反復的痛苦中。這一思維也和禪宗具有提高人性之尊嚴，與充實生活之存在價值，力行以活出個人主體的價質意義，講求生命與死亡的品質尊嚴，相互輝映。

慈濟功德會志工　林錕銘　恭敬合十

推薦序
參透人生　把握當下

程立民

（臺中市政府法制局秘書室主任）

　　很高興能就本局同仁、也是空大優秀講師邱淑美女士的大作「六祖壇經的生死哲學及其養生觀」撰寫序文，在欣喜閱讀本書付梓之際，深感邱老師確能參透《六祖壇經》的精義及智慧，並提出發人深省的寶貴觀感，實為兼具學術背景及貼近人生的好書，本人願分享本書的閱讀心得及看法，並強烈推薦本書的正面價值及意義。

　　在快速工業化的時代，現代人勞碌之餘，往往陷於物質層面的取得，卻在精神層面有所迷失。《六祖壇經》雖為古籍，但是在心靈的安慰及提升上，其實是不分古今的。《壇經》云：「善知識！智慧觀照，內外明徹，識自本心。若識本心，即本解脫。」慧能法師認為以佛性智慧觀照一切世間萬相，則內心澄明，就能解脫世俗煩惱的束縛，而達心靈境界的自在解脫，超越精神的永恆。

　　本書內容概分為六章，首章為緒論，說明撰寫本書之動機以及研究步驟及範圍；第二章敘述《六祖壇經》的思想背景與思想淵源；第三章說明《六祖壇經》的生死哲學內容與架構；第四章分析《六祖壇經》禪學思想中的養生觀；第五章則比較中國傳統儒道兩家的養生觀；第六章結論提出《六祖壇經》的時代意義及其對現代人的影響。這六章的撰寫都是邱老師獨力完成的心血結晶，確能振聾啟瞶，裨益廣大讀者。

　　非常高興有這個機會推薦邱老師這本新書的發行，相信以她的品行、能力及認真態度，未來必能對此領域有更深度的研究，日後也將必能分享社會大眾，增益國人精神層面，為國家社會有所建樹。

目
次

第一章　緒　論

第一節　研究動機與目的

　　生、老、病、死，是釋迦牟尼佛出家的因由，也是人類無法避免的生命過程。無論出生在權勢顯赫的帝王將相家，還是普通的平民百姓，最終都必須走向一個共同的歸宿——死亡。因此，當吾們去探討生命的底蘊之時，首先要面對的問題是：生從何來？死從何去？

　　慧能是中國思想文化史上最有影響的佛教人物之一。禪宗淵源於印度佛教，卻是形成於傳統思想文化之中，是外來佛教在中國這塊土地上生根開花結果，是印度佛教中國化的產物。禪有印度禪和中國禪之分，禪宗也有北宗和南宗之別。慧能開創的禪宗南宗是中國佛教史上流傳最廣、影響最大的禪宗派別，也是中國化最為典型的佛教宗派。中國佛教禪學一方面堅持印度佛教的基本教義，以因果輪迴說來作答，另一方面也從萬法虛幻、因緣而生的觀點出發，發揮了生死無常、自然解脫的觀點。

　　慧能見到弘忍時，便說：「惟求作佛，不求餘物。」〔註 1〕慧能大師繼承佛陀創教的基本精神，重視實踐，強調心的解脫，將佛教的人生觀與中國儒家的人文精神，和老莊玄學的自然主義互相結合；認為，人人都具有清淨的佛性，人人都能解脫成佛。佛性並不是一個主體的客體，也不是靠理論思維去把握的對象，而是靠實踐，來體悟生命的真實義。

〔註 1〕 本文所引用壇經原典乃取自，元・宗寶編，《六祖大師法寶壇經》《卍正藏》
　　　　59 冊，台北：新文豐出版社，民國 69 年 6 月，第 0006 頁上。

　　弘忍大師對門徒說：「世人生死事大〔註2〕，汝等終日只求福田，不求出離生死苦海。」〔註3〕認為，人生如苦海，無邊無際，世人終日只追求福報，卻不知脫離生死輪迴的苦海。

　　禪宗認為，生死事大，欲求出離生死苦海，就不應該對生死作理智的探究，而應該於日常的自然生活中來了悟人生從何來、死向何處去這個既玄又遠的現實問題，應該超越人我、主客的對立而直契生命的本然。

　　雖說生、老、病、死是生命的常態，但絕大多數的人而言，死亡仍然構成一種無所逃於天地之間的恐佈威脅。然而，如果從另一個角度來看，既然無可逃避，何妨勇敢地面對，就如同庫布樂·羅絲（Elizabeth Kubler-Ross）所言，將死亡視爲一項生命的挑戰。對於生命與死亡，雖然我們無法強制加上絕對客觀的價值與意義，但是我們可以力行以活出個人主體的價值意義，同時也可以在其中參究生死的奧秘，講求生命與死亡的品質，並展開生命與死亡的尊嚴。〔註4〕

　　後學就在提畢業論文之際，親自面臨「生死大事」，醫師宣判「妳得了淋巴癌」，此時與死亡第一次近距離的接觸；便開始思考生命的意義、價值，如何與時間賽跑，完成此生未完成的生命課題。面對死亡這門必修的課程，後學如此的驚慌失措，措手不及，進而想探討古聖先哲的生死觀，如何在生命的終點站，畫下美麗的句點，瀟灑走一回。

　　從陳榮波教授的「《六祖檀經》看禪宗的生命的光輝」一書中談到生命的光輝，而找到後學研究《六祖壇經》的生死哲學及其養生觀之動機與目的。

〔註2〕　丁福保原著·蔡運辰彙 編著《丁氏佛學叢書之二十四──六祖壇經箋註》北海出版，民國59年5月初版，第6頁。楞嚴經·三、生死死生、生生死死、如旋火輪。（○天台四教儀、從地獄至非非想天、雖然苦樂不同、未免生而復死、死已還生。故名生死。○天台四教儀、從地年光景、全在刹那。四大幻身、啓能長久。）

〔註3〕　丁福保原著·蔡運辰彙編著，《丁氏佛學叢書之二十四──六祖壇經箋註》北海出版，民國59年5月初版，第6頁。言生死之苦、如大海、無邊際也。○六祖金剛經口訣、凡夫之人、生緣念有。識在業變。習氣薰染、因生愈甚。故既生之後、心着諸妄。忘認四大、以爲我身。妄認六親、以爲我有。忘認聲色、以爲快樂。忘認塵勞、以爲富貴。心目知見、無所不忘。諸忘既起、煩惱萬差。妄念奪眞、眞性遂隱。人我爲主。眞識爲客。三業前引。百業後隨。流浪生死、無有涯際。生盡則滅。滅盡復生。生滅相尋、至隨諸趣。轉輾不知、愈添無明。造諸業罣。遂至塵沙劫盡、不復人身。

〔註4〕　釋慧開著，《儒學生死學與哲學論文集》，臺北市：洪葉文化2004，第184頁。

其中闡明禪宗的生命光輝如下：

　　禪宗的目的在於直接契合於佛的正覺，主要在把我們的覺性發揚光大。我們能夠把覺性充分發輝，則人生的幸福就在你的眼前。我們研究禪宗思想，要把握禪機，護持自性，使生命昇發，否則生命就會枯萎凋謝。聖印法師在其『六祖壇經講話』自序上說：「心性有了覺悟，自然靈明通達，心裏通達就是智慧，智慧透徹就是道德。道德的至上光輝，則是引領人進入純眞完美，至善的境界！」因此，禪宗可說爲眞、善、美的結品：一、從眞方面來說，它是講般若三昧，可說是高度智慧的表現。二、從善的方面來說，它發輝佛陀的「拔苦與樂」之美德，轉三毒（貪、嗔、癡）爲三學（戒、定、慧），可說是道德理想的實踐。三、從美方面來說，它講解脫自在，變化人的氣質，美化人生，可說是藝術美的圓融昇華。總之，禪宗具有「提高人性之尊嚴與充實生活內容」之存在價值，眞是宇宙人生之一大寶藏，值得大家去珍惜！去開採！〔註5〕如何在《六祖壇經》啓發自性，開採生命的眞如，達到眞、善、美的人生境界，是後學努力的目標。在科技日新月異與生物資訊文明的現代人，如何培養對「死亡」與「生命」的思考，是此生重要的生命課題，從中體會人生的價值，進而體會如何尊重生命，由生命的過程體悟生死，透視生命的價值，讓自己的生命活得更有意義、更充實。

第二節　　研究方法及範圍

　　「方法」的英文：「Method」直譯則爲「追蹤著路」亦即是按照一定路向追尋的意思。而所謂「知識」（Knowledge），也就是建基在這「方法」上，藉由「方法」所獲得的一些認識成果。〔註6〕「方法」這個語詞、概念，不僅是作爲獲得「知識」之手段、步驟或途徑 的意義而出現，因爲，就日常的一班意義而言，爲了達成某種任務或工作，甚至是爲了實現人生的理想、乃至想要成就某種特殊的精神人格或心靈境界，只要著眼於其具體的操作或活動過程，無疑都可成立所謂「方法」的意義。

　　《六祖壇經》是慧能說法渡人、一生行誼之記錄。壇指開法、傳禪、授

〔註5〕陳榮波博士著，《禪海之筏》，志文出版社，1993年11月再版，41～42頁。

〔註6〕請參見【德】布魯格編著、項退結編譯，《西洋哲學辭典》，台北：華香園出版社，1992年，增訂第二版，「Methodz方法214」條，頁335～337；「Knowledge認識，知識187」條，頁297～299。

戒的「壇場」。慧能在大梵寺，說「摩訶般若波羅蜜法，授無相戒」弟子記錄
下來，就稱《壇經》，它記載慧能大師的思想及其言行。慧能大師授戒說法的
主要內容，加上他平時回達信眾請益，以及為門徒釋疑解惑的有關談話，由
其弟子筆錄下來，就成了《壇經》的主體部分。由於慧能的弟子眾多，在其
身後，仍有大量資料公諸於世。一般認為《壇經》乃是慧能大師說法，由其
弟子法海集錄再由神會或其弟子補充。但是胡適先生在《荷澤大師神會傳》
中提出了《六祖壇經》是神會所作的新觀點，引起學術界廣泛的討論。

　　《六祖壇經》的版本眾多，有三十多種版本流傳於世，其中有四種代表
性的版本如下：「敦煌本」、「惠晰本」、「契高本」和「宗寶本」。

　　1.「敦煌本」是二十世紀上半葉在敦煌發現的《六祖壇經》手鈔本，全
稱《南宗頓教最上大乘摩訶般若波羅蜜經六祖惠能大師於韶州大梵寺施法壇
經》，是已發現最早的寫本。現存的敦煌本有兩種：一是保存於倫敦大英博物
館、編號為「斯五四七五」的本子，學術界稱之為「敦煌本」；二是保存於中
國敦煌博物館，編號為「敦博０七七」的本子，學術界稱之為「敦博本」或
「敦煌新本」。兩種敦煌本的抄寫，大約都是在唐末至宋初這一段時期，風貌
古樸，因而具有不容替代的文獻價值。

　　2.「惠晰本」是經過僧人惠晰整理過的本子，全稱《韶州曹溪山六祖師
壇經》。此版本共分十一門標題，如下：一、緣起說法門；二、悟法傳衣法門；
三、為十眾說定慧門；四、教授坐禪門；五、說傳香懺悔發願門；六、說一
體三身佛相門；七、說摩訶波若波羅蜜門；八、問答功德及西方相狀門；九、
諸宗難問門；十、南北二宗見性門；十一、教示十僧法門。

　　3.「契高本」是由北宋僧人契高整理修訂的本子，全稱《六祖大師法寶
壇經曹溪原本》。此版本共有十個章目，如下：悟法傳衣第一，釋功德淨土第
二，定慧一體第三，教授坐禪第四，傳香懺悔第五，參請機緣第六，南頓北
漸第七，唐朝徵詔第八，法門對示第九，付囑流通第十。

　　4.「宗寶本」是經元代僧人宗寶整理修訂的版本，全稱《六祖大師法寶
壇經》。宗寶本的主要內容與契高本基本相同，只是品目一律改為兩字，具體
語句有少量的變動。明代以後，宗寶本成為流通最廣、影響最大的《壇經》
版本。

　　慧能《六祖大師法寶壇經》在長期的流傳的過程中，被後人不斷的修訂、
增益、整理或改寫，成為禪宗文化的重要經典。後學在其眾多版本中探討其

相同的部份，進而確實瞭解《壇經》的基本要意，也藉由不同版本內容中更能廣泛的穫取分析慧能大師的主要思想來做爲本文的參考資料。

　　針對眾多不同的版本，對此文獻的考究乃屬考據之範圍。後學撰寫本文並非要研究《壇經》的考據，而是著重於《六祖壇經》的生死哲學及其養生觀的特色，將其精神加以應用影響現代人的生死觀與養生觀，進而提昇生命的意義與品質。因此後學選擇流動最廣也是大家最熟悉的「宗寶本」作爲研究題材，再輔以其它版本來加強對慧能大師思想的瞭解與補充。另外後學也參考有關佛學經典、生命哲學、禪學、生死學、心理學、道家、儒家思想等相關書籍來輔助。希望從慧能大師的思想中找到出離生死之道，瀟灑的面對「生死大事」；再將其禪學思惟應用在現代養生觀，以面對繁忙、緊張、高壓的時代，以求心靈的自在、解脫，達到平靜。

　　本文內容分爲六章、第一章爲緒論，說明撰寫本文之動機以及研究步驟及範圍。第二章敘述《六祖壇經》的與思想背景與思想淵源。再探討《六祖壇經》與其引用經典之要意。第三章　說明《六祖壇經》的生死哲學內容與架構。第四章分析《六祖壇經》禪學思想中的養生觀。第五章　兼與中國傳統儒道兩家養生觀之比較。第六章　結論提出《六祖壇經》的時代意義及其對現代人的影響。

第二章 《六祖壇經》思想背景與思想淵源

第一節 《六祖壇經》的思想背景

　　慧能大師生於唐太宗貞觀十二年（西元 638 年），卒於唐太宗二年（西元 713 年）。有關慧能大師的生平事蹟，以王維〔註1〕所作的〈六祖能禪師碑銘〉一文記載最早。此後在《荷澤神會禪師語錄》、《歷代法寶記》、《曹溪大師別傳》、柳宗元〈賜謚大鑒禪師碑〉以及〈大鑒禪師第二碑〉中，均有介紹慧能的生平、履歷、思想、言行以及傳聞。後學綜合上述資料加以整理，對慧能大師的生平大體明晰。慧能一名，唐代的文獻又可稱惠能。在唐代惠與慧是可通用的。慧能的弟子法海，曾撰有〈六祖大師法寶壇經略序〉其中說：

> 大師名惠能，父盧氏，諱行瑫。唐武德三年九月，左官新州。母李氏先夢庭前白華競發，白鶴雙飛，異香滿室，覺而有娠，遂潔誠齋戒。懷妊六年，師乃生焉，唐貞十二年，戊戌歲二月八日子時也。時毫光騰空，香氣芬馥。黎明，有二僧造謁，謂施之父曰：「夜來生兒，專為安名，可上惠下能也。」父曰：「何名惠能？」僧曰：「惠者，以法惠濟眾生；能者，能作佛事。」言畢而出，不知所之。」

　　另外，《景德傳燈錄》〔註2〕中記載：「第三十三祖惠能大師者，俗

〔註 1〕 王維字摩詰，唐武后（西元 701 年），辛於肅宗上元二年（西元 761 年），河東（永濟）人。從小聰明過人，於開元九年（西元 721 年）中進士。

〔註 2〕 《景德傳燈錄》30 卷，簡稱《傳燈錄》，北宋僧人道原所撰。今亦有人稱《景

> 姓盧氏。其先范陽人，父行瑫，武德中，左宦於南海之新州，遂佔
> 籍焉。三歲喪父，其母守志鞠養。及長，家尤貧，師樵采以給。」
> 一日負薪至市中，聞客讀《金剛經》，悚然問其客曰：「此何法也？
> 得於何人？」客曰：「此名《金剛經》，得於黃梅大師。」師據告其
> 母以為法尋師之意。〔註3〕

據以法海的記載，慧能生來就有異相，與一般人不同，天生就有普渡眾生的
重責大任。慧能大師俗姓盧氏，祖籍范陽，現今的河北省，父親因貶官，舉
家遷來嶺南，即現今的廣東省新興縣。慧能三歲喪父，家境貧困，孤兒寡母
相依為命，靠母親含辛茹苦把他撫養長大。長大後因家境貧困不堪，故撿材
為生，奉養慈母。有天因緣巧合之下，巧遇顧客誦念《金剛經》，當下心開悟
解，萌生求法之意。從顧客口中得知此法來自蘄州黃梅弘忍大師之傳，隨及
告知慈母為法尋師之意，安頓好母親即刻踏上尋法之旅。

> 直抵韶州，遇高行士劉志略，結為交友。尼無盡藏〔註4〕者，即志
> 略之姑也。常讀《涅槃經》〔註5〕，師暫聽之，即為解說其意。尼
> 遂執卷問字，師曰：「字即不識，義即請問。」尼曰：「字尚不識，
> 曷能會義？」師曰：「諸佛妙理，非關文字。」尼驚異之，告鄉里耆
> 艾云：「能是有道之人，宜請供養。」於是居人競來瞻禮。〔註6〕

慧能在韶州遇到劉志略居士，兩人道同志合結為好友。劉居士有位出家為尼
的姑母叫無盡藏，時常誦讀《大涅槃經》。慧能一聽便領悟其精妙的佛理，雖
然女尼懷疑不識字的慧能大師，焉知佛理；但是，慧能告知：「諸佛所說的精

德錄》，「景德」，是宋真宗年號；「傳燈」出自禪宗的譬喻。禪宗認為傳法如
傳燈，以為智慧能減愚痴，猶如燈能照暗，如《壇經·懺悔品》說「一燈能
除千年暗，一智能減萬年愚。」共收1701人，敘述歷代禪師的語錄和品性。
宋·釋道原，《景德傳燈錄》，出版台北：新文豐社，民82年4月一版六刷。
〔註3〕宋·釋道原，《景德傳燈錄》，出版台北：新文豐社，民82年4月一版六刷，卷五，頁80。
〔註4〕無盡藏，佛之功德廣大無邊，蘊藏無盡之義。
〔註5〕《涅槃經》即是《大般涅槃經》，有南北兩種譯本，北本為北京曇無識譯，共四十卷。南本由南朝宋慧嚴、慧觀與謝靈運整理而成，共三十六卷。記載釋迦牟尼佛入涅槃前說法的情況，對大乘義理作總結性的闡述。此經主旨是在發揮如來藏（佛性）的思想，闡述成佛之道。涅槃，指圓寂，後世僧人去世稱涅槃。宋·釋道原，《景德傳燈錄》，台北：新文豐出版社，民82年4月一版六刷，卷五，頁81。
〔註6〕宋·釋道原，《景德傳燈錄》，台北：新文豐出版社，民82年4月一版六刷，卷五，頁81。

妙義理，與文字無關。」由此可見，慧能大師的悟性是超越現象界而進入本
體界的。讓女尼對慧能的德性佩服不已，進而受到眾人的供養，紛紛前來瞻
禮。

> 近有寶林寺舊地，眾議營緝，俾師居之。四眾霧集俄成寶坊。師一
> 日忽自念曰：「我求大法，豈可中道而止？」明日遂行，至昌樂縣西
> 山石室間，遇智遠禪師。師遂請益，遠曰：「觀子神姿爽拔，殆非常
> 人。吾聞西域菩提達摩傳心印於黃梅，汝當往彼參決。」師辭去，
> 直到黃梅之東禪〔註7〕，即唐咸亨二年也。忍大師一見，默而識之。
> 後傳衣法，令隱於懷集、四會之間。〔註8〕

在眾人的護持之下，慧能就在寶林古寺居住了一些日子。有一天惠能忽然覺
省，當初離開慈母是爲了求法，焉可貪圖安逸半途而廢。遂而告別大眾，行
至昌樂縣西安石窟，向智遠禪師參問求法。因爲慧能英姿挺拔，根氣非凡，
非等閒之輩，因此智遠禪師告知慧能應到黃梅東山求心印之法。慧能辭別了
智遠禪師，徑行造訪黃梅東山寺拜見弘忍大師。慧能見弘忍大師後，因其悟
性深厚，作了一偈：「菩提本無樹，明鏡亦非臺。本來無一物，何處惹塵埃？」
〔註9〕弘忍大師見慧能悟性出眾，深得禪心，便當夜密傳心法，授給祖師袈裟，
成爲東山法門第六位傳人。囑咐慧能迅速離開東山，暫時在懷集（今屬廣東）、
四會（廣東粵海）隱居，等待時機成熟，再出來弘揚佛法。

> 至儀鳳元年丙子正月八日，屆南海，遇印宗法師〔註10〕於法性寺
> 〔註11〕講《涅槃經》。師偶止廊廡間，暮夜，風颺刹幡。聞二僧
> 對論，一云幡動，一云風動，往復酬答，未曾契理。師曰：「可容

〔註7〕 湖廣通志七十八黃梅縣，東禪寺在黃梅縣西南一里。五祖傳衣鉢於六祖處。
有六祖簸糠池、墜腰石、及吳道子傳衣圖。宋・釋道原，《景德傳燈錄》，台
北：新文豐出版社，民82年4月一版六刷，卷五，頁81。

〔註8〕 宋・釋道原，《景德傳燈錄》，台北：新文豐出版社，民82年4月一版六刷，
卷五，頁81。

〔註9〕 宗寶，〈六祖壇經〉《卍正藏》第五十九冊，台北：新文豐出版社，民國六十
九年六月，頁0006上。

〔註10〕 《傳燈錄 五》印宗法師 唐代禪僧，吳郡人。咸亨元年至長安，後往黃梅見
五祖弘忍，通《涅槃經》開元年去世。台北：新文豐出版社，民82年4月一
版六刷，卷五，頁81。

〔註11〕 法性寺 唐代寺名，今廣州故西北。三國時，多數學者居此講學，後來施宅爲
寺。東晉至唐代，印度僧人來此傳法者甚多。寺名多次更改，宋後改爲光孝
寺。

俗流輒預高論否？直以風幡非動，動自心耳。」印宗竊聆此語，竦
然異之。翌日，邀師入室，徵風幡之意義。師具以理告，印宗不覺
起立，云：「行者定非常人，師爲誰？」師更無所隱，直敘得法因由。
於是，印宗執弟子之禮，請授禪要。乃告四眾曰：「印宗具足凡夫，
今遇肉身菩薩〔註12〕。」即指坐下盧居士云：「即此是也。」因請出
所傳信衣，悉令瞻禮。至正月十五日，會諸德，爲之剃髮。〔註13〕

儀鳳元年，慧能見時機成熟，於是出來弘法。先到南海，遇印宗法師在法性
寺講《涅槃經》。時有風吹動剎幡，有二僧爲此爭論，一僧說幡動，一僧說風
動。慧能見其未契理，上前說：「不是風動，不是幡動，仁者心動。」〔註14〕
此言一出，大家都感到非常驚訝。印宗法師將慧能請到上席坐下，向他請教
佛經中深奧的義理。印宗見慧能言辭簡明扼要，說理精妙允當，不拘泥於佛
經上文字，而是內心的悟解。即知慧能非等閒之輩，於是對他恭身行禮，說：
「行者非尋常之人，請問授業恩師？」慧能不隱瞞，向印宗披露得法的經過
和原由。印宗得知慧能得了五祖的真傳後，便行弟子之禮，恭請慧能開示禪
法大要。對大眾說：「印宗雖出家授戒，實乃一凡夫，而今在你們面前這位居
士，卻是一位肉身菩薩。」印宗請惠能出示五祖弘忍表信的袈裟，讓大眾瞻
仰和禮拜。正月十五那天，印宗法師爲慧能剃髮。

中宗神龍元年〔註15〕降詔云：「朕請安、秀二師〔註16〕宮中供養，
萬機之暇每究一乘，二師並推讓云：『南方有能禪師，密授忍大師衣
法，可就彼問。今遣內侍薛簡馳詔迎請，願師慈悲，速赴上京。』
師上表辭疾，願終林麓。薛簡曰：「京城禪德皆云：『欲得會道，必
須坐禪習定。若不因禪定而得解脫者，未之有也〔註17〕。』未審師

〔註12〕 肉身菩薩 即生身菩薩，由父母所生之身的凡胎俗骨，修煉成爲具有菩薩道行
與果報的人。
〔註13〕 宋・釋道原，《景德傳燈錄》，台北：新文豐出版社，民82年4月一版六刷，
卷五，頁81。
〔註14〕 宗寶，〈六祖壇經〉《卍正藏》第五十九冊，台北：新文豐出版社，民國六十
九年六月，頁0008下。
〔註15〕 唐中宗元年，西元705年。
〔註16〕 安秀二師 是指慧安、神秀。嵩嶽慧安，初唐著名禪師，武后時徵至京師，待
以國師之禮。神龍二年中宗賜紫袈裟，延入禁中供養。神龍三年，辭歸嵩嶽，
享年一百二十八歲。神秀，武后時被召入京師，於內道場供養，當時被推許
爲「兩京法主，三帝國師」，神龍二年去世。
〔註17〕 宋・釋道原，《景德傳燈錄》，台北：新文豐出版社，民82年4月一版六刷，

所說法如何？」師曰：「道由心悟，豈在坐也？經云：『若見如來，若坐若臥，是行邪道。』〔註18〕何故？無所從來，亦無所去。若無生滅，是如來清淨禪。諸法空寂，是如來清淨坐。究竟無證，豈況坐耶？」〔註19〕

神龍元年唐中宗降詔，遣宮廷內侍薛簡迎請慧能大師進京授法。慧能上表推說有病無法赴京，表達自己志願終老山林。薛簡問京城的禪師說：「如果想要成究佛道，都必須坐禪習定。」慧能大師為他解說：「佛道要靠心悟，不能靠坐而得。經云：『若見如來，若坐若臥，是行邪道。』何故？因為如來沒有來處，沒有去處。無生無滅，這才是如來的清淨禪法；一切諸相空幻寂滅，就是如來清淨坐法。如來法身尚且無法證驗，更何況如來打坐的形相呢？」〔註20〕慧能大師言中之意，是要人們在自性中體悟佛性無生無滅、諸法空寂的境界，只有如此體悟才是真正的坐禪。

簡曰：「弟子回京，主上必問。願師慈悲，指示心要，傳奏兩宮，及京城學道者。譬如一燈燃百千燈〔註21〕，冥者皆明，明明無盡。」師云：「道無明暗，明暗是代謝之義。明明無盡，亦是有盡，相待立名。故《淨名經》云：『法無有比，無相待故。』」簡曰：「明喻智慧，暗喻煩惱。修道之人，儻不以智慧照破煩惱，無始生死，憑何出離？」師曰：「煩惱即是菩提，無二無別。若以智慧照破煩惱

卷五。南嶽禪師，見馬祖坐禪次。師欲接之。故將片磚組庵前石上，磨之復磨。祖曰：作甚麼？師曰：磨磚作鏡。祖曰：磨磚豈得成鏡。師曰：磨磚既不成鏡，作禪豈能成佛。祖曰：如何即是。師曰：如牛駕車，車若不行，打牛即是，打車即是。祖無對。師又問：汝學坐禪，為學作佛，若學坐禪，禪非坐臥：若學坐佛，佛非定相，於無住法，不應取捨：汝若作佛，即是殺佛。若執坐相，非達其理。取自丁福保原著・蔡運辰彙 編著《丁氏佛學叢書之二十四──六祖壇經箋註》北海出版 民國59年5月初版，頁92。

〔註18〕取自丁福保原著・蔡運辰彙 編著《丁氏佛學叢書之二十四──六祖壇經箋註》北海出版 民國59年5月初版 九十二頁《金剛經》云若有人言如來、若來、若去、若坐、若臥。是人不解我所說義。何以故。如來者，無所從來，亦無所去，故名如來。

〔註19〕宋・釋道原，《景德傳燈錄》，台北：新文豐出版社，民82年4月一版六刷，卷五，頁81。

〔註20〕宋・釋道原，《景德傳燈錄》，台北：新文豐出版社，民82年4月一版六刷，卷五，頁81。

〔註21〕姚秦・鳩摩羅什譯《維摩詰所說經・菩薩品》收於《大正藏》第十四冊，台北：新文豐出版社，1983年1月修訂版。云「無盡燈者，譬如一燈燃百千燈，冥者皆明，明終不盡。」

者，此是二乘見解，羊鹿等機。上智大根，悉不如是。」簡約：「如
何是大乘見解？」師曰：「明與無明，凡夫見二，智者了達〔註22〕，
其性無二。無二之性，即是實性。實性者，處凡愚而不減，在聖賢
而不增，住煩惱而不亂，居禪定而不寂。不斷不常，不來不去，不
在中間，及其內外，不生不滅，性相如如〔註23〕。常住不遷，名
之曰道。」〔註24〕

薛簡要慧能傳授禪宗妙法，好奏稟太后與皇上，並告知京城修學佛道之人。
像一燈燃千燈的燈燭，使黑暗變光明，使光明相傳永無止盡。慧能告知：「佛
性無明暗兩端，光明與黑暗是相互替代的。總有熄滅的一天，因為它們相互
依存才有了明與暗。所以《維摩詰經》上說：「佛法不能比擬，因為它是絕對
無待的緣故。」慧能認為佛性不二，在凡不減，在聖不增，這就是真實佛性。
向薛簡講解「煩惱即是菩提」的妙旨，它們相合不二，具有共同的本質，即
是永恆的實性。

簡曰：「師說不生不滅，何異外道？」師曰：「外道所說不生不滅者，
將滅止生，以生顯滅，滅猶不滅，生說無生。我說不生不滅者，本
自無生，今亦無滅，所以不同外道。汝若欲知心要，但一切善惡都
莫思量，自然得入清淨心體，湛然常寂，妙用恆沙。」簡蒙指教，
豁然大悟。禮辭歸闕，表奏師語。有詔謝師，並賜摩納袈裟、絹五
百匹、寶鉢一口。十二月十九日，敕改古寶林為中興寺。三年十一
月十八日，又敕韶州刺史，重加崇飾，賜額為法泉寺，師新州舊居
為國恩寺。〔註25〕

慧能大師再對廷官說法性不生不滅的妙旨，與外道所說的不生不滅是有區別
的。大師說：「外道所說的不生不滅是用死亡來阻斷生命，用生命的存在來顯
示死亡的斷滅。他們的滅就是不滅，求生卻口說不生。我所說法性的不生不

〔註22〕姚秦‧鳩摩羅什譯《維摩詰經‧不二法門品》收於《大正藏》第十四冊，台
北：新文豐出版社，1983年1月修訂版。云：「明、無明為二。無明實性即是
明，明亦不可取，離一切數，於其中平等無二者，是為不二法門。」

〔註23〕性相如如 實性的存在就是真如常住，他不動搖，也不遷化。《金剛經》云：「不
取於相，如如不動。」

〔註24〕宋‧釋道原，《景德傳燈錄》，台北：新文豐出版社，民82年4月一版六刷，
卷五，頁81。

〔註25〕宋‧釋道原，《景德傳燈錄》，台北：新文豐出版社，民82年4月一版六刷，
卷五，頁81。

滅，因為本來沒有生成，也就沒有斷滅。」再傳授禪宗要旨，只要將世俗的善惡都不去思考，自然能進入清淨無染的自心本體。慧能大師的說法得到朝廷降詔褒揚，並賜名慧能舊居寺院為「國恩寺」。後來先天二年，慧能預知壽命將盡，回故居國恩寺，同年八月，慧能去世，享年七十六歲。

慧能一個不識字的的樵夫，又是一位未開化的南國百姓。然而，他經過對宗教與人生問題的省思探究，以及其堅毅不拔的信念與實踐，終於成為禪門祖師。記錄慧能一生的言行的《六祖壇經》，是古代中國人的佛學著作唯一被稱為「經」的一部，對中國佛學影響既深又遠。

從《六祖壇經》中，吾們知道慧能有著卓越的人格與寬厚的胸襟，其思想是精湛深遠的，故而，後學探究慧能大師思想之時，必先瞭解其時代背景。禪的起源，宋‧比丘悟明集，《聯燈會要》卷一載：

> 世尊一日升座，大眾集定，迦葉白槌云：世尊說法竟。世尊便下座。
> 世尊在靈會上，拈花示眾，眾皆默然，唯迦葉破顏微笑。世尊云：「吾有正法眼藏，涅槃妙心，實相無相，微妙法門，不立文字，教外別傳，付囑摩訶迦葉〔註26〕。」妙喜云：「拈起一枝花，風流出當家，若言付心法，天下事如麻。」世尊昔至多子塔前，命摩訶迦葉分座，以僧伽梨圍之，乃告云：「吾有正法眼藏，密付於汝，汝當護持，傳付將來，無令斷絕。」〔註27〕

上述記載，釋迦牟尼佛在靈鷲山對弟子說法，與會者天眾、人眾共聚一堂，盛況空前，靜待佛陀開示妙法。但，佛陀不說一語，只是拿了一朵花展示在眾人面前而已。眾人皆不知佛之大意，唯獨摩訶迦葉對佛陀會心的一笑，領悟佛陀實相無相、不立文字、微妙心法。從此禪宗的「以心印心」、「不立文字」、「教外別傳」的微妙法門就此開展。

禪宗發端於南北朝時代，印度僧人菩提達摩來華傳法。禪宗的理論基礎是如來藏緣起法，認為一切眾生皆有佛性，皆能成佛。只因妄念遮蔽而不顯，若能當下頓除妄念，則能見自本心。禪宗強調「教外別傳，不立文字」，注重從自性修持頓見佛性。據宋‧道原《景德傳燈錄》卷第三載：

〔註26〕摩訶迦葉尊者　即是大迦葉，古印度摩竭陀國人，為佛十大弟子之一。據傳佛在靈山會上，拈花示眾，是時眾人皆默然，唯摩訶迦葉破顏微笑，佛祖遂傳心印。後世推崇為西天初祖。

〔註27〕宋‧比丘悟明集，〈聯燈會要〉卷一，《佛光大藏經》禪藏‧史傳部，高雄縣：佛光出版社，民國八十三年十二月初版，頁13。

第二十八祖菩提達摩者，南天竺國〔註28〕香至王第三子也。姓刹帝利，本名菩提多羅。後遇二十七祖般若多羅，至本國受王供養，知師密跡，因試令與二兄辨所施珠寶，發明心要，既而尊者謂曰：「汝於諸法，已得通量。夫達磨者，通之大義也。宜名達摩。」因改號菩提達摩。〔註29〕

《大梵天王問佛決疑經》載：釋迦牟尼佛當年拈花示眾，不立文字，教外別傳，以心印託付摩訶迦葉，代代相傳，傳至第二十八代菩提達摩，於梁武帝時來華，在北方傳播佛法，開創中國禪宗，後人尊稱爲中國禪宗初祖。達摩傳法側重以心傳心，其別具一格的禪風在中國生根發芽，直到六祖慧能以「無念爲宗，無相爲體，無住爲本」（《六祖壇經・定慧品》），以定慧二學爲正面詮釋，禪宗才在中國眞正形成。達摩東來興起中土禪宗風，唐・道宣《續高僧傳》卷十六云：

菩提達摩，南天竺婆羅門種，神慧疎郎，聞皆曉悟，志存大乘，冥心虛寂，通微徹數，定學高之。悲此邊隅，以法相導，初達宋境南越，末又北度至魏，隨其所止，誨以禪教。〔註30〕

初祖菩提達摩於六朝齊、梁自印度來華，後至洛陽弘揚佛法，並以《楞伽經》四卷授予弟子慧可。初祖菩提達摩「深信眾生同一眞性，客塵障故，令捨僞歸眞」《續高僧傳・菩提達摩傳》。〔註31〕達摩認爲一切眾生「眞性」，眞性就是佛性，所有眾生皆有相同的佛性，只是被煩惱妄念所遮蔽，只要捨離妄想回歸眞性，就能成佛。

二祖慧可傳法於僧璨，慧可認爲「天下有日月、木中有炭火，人中有佛性。」（《楞伽師資記・慧可傳》）凡夫身中本來就有佛性。據《景德傳燈錄》卷三：「是心是佛」、「本迷摩尼謂瓦礫，豁然自覺是眞珠」、「觀身與佛不差別」。慧可認爲人心就是佛心，人人都有成佛的可能。又把「摩尼」和「眞珠」比喻眞性、佛性，眾生執迷不悟眞性與佛性就無法郎現，如此眞珠（佛性）也成了瓦礫。慧可主張「豁然自覺」，深入觀照，他繼承達摩「眾生同一眞性」

〔註28〕南天竺國位於天竺的國家。天竺是印度的古稱，佛教的發祥地。

〔註29〕大唐・道宣《續高僧傳》30卷《卍正藏》第五十九冊 頁0205下，台北：新文豐出版社，民69年4月。

〔註30〕大唐・道宣《續高僧傳》30卷《卍正藏》57冊，頁0205下台北：新文豐出版社，民69年4月。

〔註31〕大唐・道宣《續高僧傳》30卷《卍正藏》57冊，頁0205下台北：新文豐出版社，民69年4月。

的宗旨，闡明肉身與佛並無差，彰顯即身成佛的義理。

　　三祖僧璨傳法於道信，僧璨認為「一心不生，萬法無咎」(《信心銘》)，「心」是呈現宇宙萬物的形上主體，只要捨離妄念，任運心性，不執一物，自然可以合於禪法。更要「不見法、不見身、不見心、乃至心離名字，身等空界，法同幻夢，無得無證，然後謂之解脫。」(《舒州刺史獨孤及制賜謚碑》)這種「任性合道」、「無得無證」的思想對禪宗影響很大。

　　四祖道信得法後，至吉(今西吉安)弘法，嘗勸道俗依《文殊般若經》「一行三昧」坐禪，可見道信的禪法除了依據《楞伽經》之外，還以《般若經》為輔助。道信主張「坐禪守一」，並傳法於弘忍。

　　五祖弘忍得法後即另建道場，名為東山寺，稱為「東山法門」。弘忍認為認為身心本自清淨，眾生心地本自清淨，由於妄念生起，自心無法清淨而流轉生死。他主張「一切萬法不出自心」、「三世諸佛，皆從心性中生」(《最上乘論》)，自心、心性都是指佛性，所有眾生都具足圓滿的佛性。只要守住佛性、本心，自然就可以入涅槃境界。

　　六祖慧能，自從達摩祖師至四祖道信，都以《楞伽經》印心。而弘忍認為《楞伽經》名相繁瑣，容易引起分別、妄想，於是改付《金剛經》。禪宗依菩提達摩「二入」、「四行」的學說而展開其思想。「理入」是藉教悟宗、捨妄歸真、體認本體、寂然無為。「行入」是實踐四行(報怨行、隨緣行、無所求行、稱法行)，磨鍊意志，強調理論和實踐相互結合。慧能繼承此一學說，提倡捨離文字，直指人心，認為眾生自性具足，「一切萬法不離自性」(《壇經·行由品》)，所有智慧皆從自性而生，不從外求，並提出頓悟成佛的思想。以定慧為本，定慧就是「無所住而生其心」《金剛經》，「無所住」是指「定」，「生其心」是指「慧」。六祖慧能從「無所住而生其心」悟出了定慧等學的妙義，禪宗的思想就從此義引申開展而來。

第二節　《六祖壇經》的思想淵源

　　禪宗發端於南北朝，印度僧人菩提達摩來華傳法。倡導以心印心，強調「教外別傳，不立文字」，注重從自性修持去頓見佛性。心性或佛性有自悟、自覺的作用，眾生是迷或悟，是指自己對心性的覺或不覺。心性空寂，沒有形象，但卻能顯發崇高的智慧。眾生的真心覺性都是一樣的，只是因為「迷」「悟」的不同，才有智、愚的差異，所以「見性」就有快慢，而「迷」與「悟」

則是同一心性的兩種境界。

　　從西天初祖菩提達摩為第一代祖師，並以《楞伽經》四卷傳予弟子慧可，慧可傳法於僧璨，僧璨傳法於道信。從達摩初祖到四祖道信皆以《楞伽經》的思想為主，到了五祖弘忍改付《金剛經》。弘忍蕭然靜坐，不出文記，口說玄理，默授與人的作風，開拓中國特有的禪風，對後來的禪宗的發展影響甚大。其弟子，分為南北二支，北支以神秀為第六祖；南支以慧能為第六祖，所謂「南能北秀」。慧能後來在曹溪寶林寺，弘揚「直指人心，見性成佛」的頓悟禪法，開創禪門「南宗」。慧能創立的南宗禪，是中國佛教，是禪宗史上最大的格新。慧能大師把握佛教思想演化的脈絡，順應中國文化的發展，融合儒家、道家思想，提出了一整套新的禪理與禪法，從而開啟禪宗的新紀元。

　　慧能「南宗」重視實踐，不主張遁跡山林，攝心入定的苦行，他說：「佛法在世間，不離世間覺。離世覓菩提，恰如求兔角。」〔註32〕意謂離開人世間到深山枯坐覓道，必然無所得。愚人誤兔之耳為角，必無之物。《楞伽經》卷一云：「但言說妄想，同於兔角。」是說妄想必無所得。也反對早期禪法的繁複多端，有數息觀、不淨觀、因緣觀、念佛觀之五停心觀；有所謂四淨慮、四無量心觀、四無色定之十二門禪；具體入定有六妙法門，修行的階級則有三乘十地之說種種。這些禪法的確立，目的在於人通過各種心理的修練，以抑制斷除世俗欲念及煩惱，漸進地實現與佛心相印的境界。但方法繁雜，又含神秘色彩，難被一般民眾接受。慧能將之徹底化，提倡自心頓悟，認為「迷聞經累劫，悟即剎那間」〔註33〕《壇經·般若品》，可以不讀經、不坐禪，只要能體悟自性，即是心中有佛，舉手投足都是道場，行住坐臥皆是三昧。慧能認為「若起真正般若觀照，一剎那間，妄念俱滅。若識自性，一悟即至佛地。」〔註34〕《壇經·般若品》成佛在於剎那間的一念頓悟。慧能現身說法，聲稱：「我於忍和尚處，一聞言下大悟，頓見真如本性。」〔註35〕《壇經·般

〔註32〕此處及以下所引《壇經·般若品》文字皆出於宗寶本的宋·契高《六祖大師法寶壇經》卷一，收於《卍正藏》59冊中第0011下頁，台北：新文豐出版社，民69年4月。

〔註33〕宋·契高《六祖大師法寶壇經贊》卷一，《卍正藏》59冊，台北：新文豐出版社，民69年4月，頁0012上。

〔註34〕宋·契高《六祖大師法寶壇經贊》卷一，《卍正藏》59冊，台北：新文豐出版社，民69年4月，頁0011上。

〔註35〕宋·契高《六祖大師法寶壇經贊》卷一，《卍正藏》59冊，台北：新文豐出版社，民69年4月，頁0010下。

若品》「頓悟」即頓見真如本性，亦即「上根眾生，忽遇善知識指示，言下領會，不歷於階級地位，頓悟本性」(《古尊宿語錄》卷一)。只要一念相應，領悟本有覺性，不歷階級，不經層次，便是頓悟。慧能要弟子「各自觀心，自見本性」《壇經‧般若品》。「自性自悟，頓悟頓修，亦無漸次，所以不立一切法。」〔註36〕《壇經‧般若品》慧能傳的是頓悟法門。這是禪宗的普及化與打開了一道生動活潑的方便法門。正由於如此，《六祖壇經》在中國佛教及文化史上佔了非常重要的地位，也影響深遠。宋代契嵩〈六祖大師法寶壇經贊〉云：

> 偉乎《壇經》之作也，其本正，其蹟效，其因真，其果不謬。前聖也，後聖也，如此起之，如此示之，如此復之，浩然沛乎，若大川之注也，若虛空之通也，若日月之明也，若形影之無礙也，若鴻漸之有序也。〔註37〕

元代德異在〈六祖大師法寶壇經序〉中亦云：

> 大師始於五羊，終至曹溪，說法三十七年。霑甘露味，入聖超凡者，莫記其數。悟佛心宗，行解相應，為大知識者，明載傳燈。惟南嶽青原，執侍最久，盡得無巴鼻故，出馬祖石頭，機智圓明，玄風大震。乃有臨濟、溈仰、曹洞、雲門、法眼諸公，巍然而出。道德超群、門庭險峻，啟迪英靈衲子，奮志衝關。一門深入，五派同源。歷遍爐錘，規模廣大，原其五家綱要，盡出《壇經》。〔註38〕

《壇經》在佛門中的普及、影響之大、地位之崇高，由上述兩段文章，就可知曉。

第三節　《六祖壇經》與其引用經典之要意

　　《六祖壇經》中所涉及到的佛教經典，有《涅槃經》、《維摩詰經》、《金剛經》、《楞伽經》、《法華經》、《梵網經》、《中論》、《文殊說般若經》、《阿彌

〔註36〕宋‧契高《六祖大師法寶壇經贊》卷一，《卍正藏》59冊，台北：新文豐出版社，民69年4月，頁0010上。

〔註37〕宋‧契高《六祖大師法寶壇經贊》卷一，《卍正藏》59冊，台北：新文豐出版社，民69年4月，頁0003～0004下。

〔註38〕宋‧契高《六祖大師法寶壇經贊》卷一，《卍正藏》59冊，台北：新文豐出版社，民69年4月，頁0001下。

陀經》及《觀無量壽佛經》、《大乘本生心地觀經》等多種。以下後學舉出《六祖壇經》中，其引用經典之要意來加以證明《六祖壇經》中的思想，並非慧能空心自悟，而是淵源有自，及其思想內容的豐富性：

一、《金剛經》中云

> 凡是有相，皆是虛妄。若見諸相非相，即見如來。是故須菩提，諸菩薩摩訶薩，應如是生清淨心。不應住色生心，不應住聲、香、味、觸、法生心，應無所住而生其心。是故須菩提，菩薩應離一切相，發阿耨多羅三藐三菩提心。〔註39〕

《金剛經》之宗旨，在於掃三心（即過去心、現在心、未來心）、去四相（即我相、人相、眾生相、壽者相），這觀念對於《壇經》產生了很大的根本作用。《壇經·行由品》云：弘忍為慧能傳法《金剛經》，至「應無所住而生其心。」慧能便言下大悟，見自本性。慧能提倡「無念為宗，無相為體，無住為本」，皆繼承上述《金剛經》之說法發展而成。《壇經》解釋無念是「於諸境上不染」；解釋無相「於相而離相」；解釋無住是「於諸法上念念不住」；是教世人應洞察世間諸相，使人心念不受世俗束縛，而達到心靈解脫的境界。《壇經》受到《金剛經》影響而引用的句子有：

1. 慧能聞一客誦經：「應無所住而生其心」。慧能一聞經語，心即開悟。遂問：「客誦何經？」客曰：「《金剛經》」。客又云：「大師常勸僧俗，但持《金剛經》，即自見性，直了成佛。」〔註40〕

慧能從客人誦讀《金剛經》：「應無所住而生其心」，即心開悟解。又得知此經是從弘忍大師傳法而來的，只要誦持《金剛經》，就能夠見自身的佛性，了知一切，成就佛道。

2. 《壇經》：「凡所有相，皆是虛妄。」〔註41〕

告訴世人凡所見之相，皆是虛而不實，妄而非真。

〔註39〕姚秦·鳩摩羅什譯《金剛經》《大正藏第八冊》，台北：新文豐出版社，民國六十九年六月，頁749下。

〔註40〕元·宗寶《六祖大師法寶壇經》《卍正藏》59冊，台北：新文豐出版社，民69年4月，頁0005下。《金剛經》即《金剛經般若波羅蜜經》。金剛般若，比喻能夠斬斷一切邪念、到彼岸的智慧。有多種版本，以後以鳩摩羅什譯本最為通行。

〔註41〕元·宗寶《六祖大師法寶壇經》《卍正藏》59冊，台北：新文豐出版社，民69年4月，頁0006下。

《金剛經》載：「佛告須菩提：凡所有相，皆是虛妄。若見諸相非相，
　　即見如來。」〔註42〕

如來所說的身相，就是虛幻的身相。佛告須菩提：「凡所有現相，都是虛妄的，
好比在夢中，你看見山和大地親朋好友，而實際上並沒有。如果見所有現相
就是虛幻相，當知一切虛幻現相雖然有生滅變化，而實際上本來就沒有生滅，
和不生不滅的如來沒有兩樣，那麼，你若見諸相是虛幻相，就見到如來了。
也就是發無上正等正覺心，當可如是住，如是降伏其心。」

　　3. 《壇經》：「祖以袈裟遮圍不令人見。為說《金剛經》。至「應無所住而
生其心」，慧能言下大悟，一切萬法不離自性。」〔註43〕

　　五祖弘忍用袈裟遮住，不讓外人看見，為慧能講說《金剛經》。當五祖講
到「應無所住而生其心」一句，告訴慧能應使自己的心性不拘泥、不留戀於
一切外在之形相，而生其清淨之心。慧能即大徹大悟，體會到一切事物與現
象都不離自性。

《金剛經》載佛曰：「須菩提、諸菩薩摩訶薩，應如是生清淨心，不
　　應住色生心，不應住聲、香、味、觸、法生心，應無所住而生其心。」

〔註44〕

佛曰：「須菩提、諸大菩薩，知道一切都是虛幻的，應當如是生無上正等正覺
的清淨心，不應當住在物質現象上，而想要生無上正等正覺心，一旦住在物
質現象上，那是凡夫的虛妄心。不應當住在聲音、香氣、滋味、細滑、記憶
等現象上而生起凡夫的虛妄心；應當無所住，無上正等正覺心自然現前。」

　　4. 《壇經》：「善知識！「摩訶般若波羅蜜」是梵語，此言大智慧到彼岸。
此須心行，不在口念。口念心不行，如幻如化，如露如電。口念心行，則心
口相應。」〔註45〕

　　慧能告訴眾人，「摩訶般若波羅蜜」是大智慧，可解脫到彼岸。這種佛法

〔註42〕姚秦・鳩摩羅什譯，《金剛經》《大正藏第八冊》頁749上，台北：新文豐出
　　　　版社，民國69年6月。
〔註43〕元・宗寶《六祖大師法寶壇經》，《卍正藏》59冊，台北：新文豐出版社，民
　　　　69年4月，頁0007下。
〔註44〕姚秦・鳩摩羅什譯，《金剛經》《大正藏第八冊》，台北：新文豐出版社，民國
　　　　六十九年六月，頁749下。
〔註45〕元・宗寶《六祖大師法寶壇經》，《卍正藏》59冊，台北：新文豐出版社，民
　　　　69年4月，頁0009上。

必須要誠心修行，不在口頭念誦。若只在口頭，卻不躬自實踐、虔誠修行，那就如幻如化，虛妄不真，如同朝露、閃電，轉眼即逝。若是口念心行，心口相應，就可領悟佛法大意，解脫到彼岸。

> 《金剛經》云：「一切有爲法，如夢幻泡影。如露亦如電，應作如是觀。」〔註46〕

佛云：任何可以證取、可以說明的都是有爲法。有爲法如夢幻泡影，本來就不可取不可說；如同露水，如同閃電。雖然呈現過，瞬間消失，不可取不可說，應作如是觀。

5. 《壇經》：「善知識！若欲入甚深法界及般若三昧者，須修般若行無，持誦《金剛般若經》，即得見性。當知此經功德，無量無邊；經中分明讚歎，莫能具說。此法門是最上乘，爲大智人說，爲上根人說。」〔註47〕

慧能告訴眾人：若要了解佛性中的精深奧妙之義，以及明見自性般若智慧；達到念念不迷而定慧一體的三昧境界，就應當修行般若法門，誦讀、奉持《金剛般若波羅蜜經》，這樣就能夠見得自身的佛性。誦讀《金剛經》的功德是無量無邊的，經中對此讚歎，記載的非常清楚，無法一一說明。般若法門是最上乘的法門，是專爲大智慧的人，爲有優越稟賦、上等根器的人宣說的。

《金剛經》：

（1）「須菩提，一切諸佛，及諸佛阿耨多羅三藐三菩提法，皆從此經出。」〔註48〕

（2）又說：「若善男子善女人於此經中乃至受持四句偈等，爲他人說，而此福德勝前福德。」〔註49〕

（3）又云：「若復有人得聞是經，信心清淨，則生實相，當知是人成就第一希有功德。」〔註50〕

〔註46〕姚秦・鳩摩羅什譯，《金剛經》《大正藏第八冊》0009頁下，台北：新文豐出版社，民國69年6月。

〔註47〕元・宗寶《六祖大師法寶壇經》，《卍正藏》59冊，台北：新文豐出版社，民69年4月，頁0010上。

〔註48〕姚秦・鳩摩羅什譯，《金剛經》《大正藏第八冊》，台北：新文豐出版社，民國69年6月頁751下。

〔註49〕姚秦・鳩摩羅什譯，《金剛經》《大正藏第八冊》，台北：新文豐出版社，民國69年6月頁749下。

〔註50〕姚秦・鳩摩羅什譯，《金剛經》《大正藏第八冊》，台北：新文豐出版社，民國69年6月，頁750上。

（4）又說：「須菩提，當來之世若有善男子善女人，能於此經受持讀誦，則爲如來佛智慧，悉知是人，悉見是人，皆得成就無量無邊功德。」〔註51〕

（5）又說：「是經有不可思議，不可稱量，無邊功德，如來爲發大乘者說，爲最上乘者說。若有人能受持讀誦廣爲人說，如來悉知是人，悉見是人，皆成就不可量不可稱，無有邊不可思議功德。」〔註52〕

佛告世人持誦《金剛經》能得般若智慧，對此經的信受奉行的功德是無量無邊的，是有上根器的人才能得之。慧能亦受此經影響。

二、引用《維摩詰經》

《壇經》中受到《維摩詰經》中「直心是道場」、「心淨爲佛土」的論點，以及「不二法門」闡述的影響十分明顯。後學整理如下：

《壇經·行由品》云：

1. 「佛法是不二之法。」〔註53〕

《維摩詰經·不二法門品》云：

「爾時，維摩詰謂眾菩薩言：諸仁者，云何菩薩入不二法門？各隨所樂說之。」會中有菩薩名法自在，說言：「諸仁者，生、滅爲二。法本不生：今則無滅。得此無生法忍，是爲入不二法門。」德守菩薩曰：「我、我所爲二。因有我故，便有我所；若無有我，則無我所。是爲入不二法門。」不眴菩薩曰：「受、不受爲二。若法不受，則不可得。以不可得故，無取無捨，無做無行。是爲入不二法門。」德頂菩薩曰：「垢、淨爲二。見垢實性，則無淨相，順於滅相。是爲入不二法門。」善眼菩薩曰：「一相、無相爲二。若知一相即是無相，亦不取無相，入於平等，是爲入不二法門。」妙臂菩薩曰：「菩薩心、聲聞心二。觀心相空如幻化者，無菩薩心無聲聞心。是

〔註51〕姚秦·鳩摩羅什譯，《金剛經》《大正藏第八冊》，台北：新文豐出版社，民國69年6月，頁750下。

〔註52〕姚秦·鳩摩羅什譯，《金剛經》《大正藏第八冊》，台北：新文豐出版社，民國69年6月，頁751上。

〔註53〕元·宗寶《六祖大師法寶壇經》，《卍正藏》59冊，台北：新文豐出版社，民國69年4月，頁0008下。

爲入不二法門。」弗沙菩薩曰：「善、不善爲二。若不起善、不善，
入無相際而通達者，是爲入不二法門。」〔註54〕

2. 《壇經・般若品》云：

《淨名經》云：「即時豁然，還得本性。」〔註55〕

《維摩詰經・弟子品》云：

汝等便發阿耨多羅三藐三菩提心，是即出家。〔註56〕

這論說肯定離世或住世間的形式並不重要，強調修行的關鍵在覺悟過程
中的「本心」。

3. 《壇經・般若品》云：

所以佛言：「隨其心淨，則佛土淨。」〔註57〕

4. 《壇經・定慧品》云：

《淨名經》云：「直心是道場，直心是淨土。」〔註58〕

《維摩詰經・佛國品》云：

菩薩隨其直心，則能發行；隨其發行，則得深心；隨其深心，則意
調伏；隨其調伏，則如說行；隨如說行，則能迴向；隨其迴向，則
有方便；隨其方便，則成就眾生；隨成就眾生，則佛土淨；隨佛土
淨，則說法淨；隨說法淨，則智慧淨；隨智慧淨，則其心淨；隨其
心淨，則一切功德淨。是故，寶積！若菩薩欲得淨土，當淨其心；
隨其心淨，則佛土淨。〔註59〕

慧能引述的《維摩詰經》都涉及到「心」。這體現慧能禪宗思想對「本心」
的重要性，也是受《維摩詰經》的影響。

5. 《壇經・定慧品》云：

〔註54〕 姚秦・鳩摩羅什譯，《維摩詰所說經》《大正藏十四冊》，台北：新文豐出版社，
民國 68 年 6 月，頁 550～551。

〔註55〕 元・宗寶《六祖大師法寶壇經》，《卍正藏》59 冊，台北：新文豐出版社，民
國 69 年 4 月，頁 0010 下。

〔註56〕 姚秦・鳩摩羅什譯，《維摩詰所說經》《大正藏十四冊》，台北：新文豐出版社，
民國 68 年 6 月，頁 539。

〔註57〕 元・宗寶《六祖大師法寶壇經》，《卍正藏》59 冊，台北：新文豐出版社，民
國 69 年 4 月，頁 0012 下。

〔註58〕 元・宗寶《六祖大師法寶壇經》，《卍正藏》59 冊台北：新文豐出版社，民 69
年 4 月，頁 0013 下。

〔註59〕 姚秦・鳩摩羅什譯，《維摩詰所說經》《大正藏十四冊》，台北：新文豐出版社，
民國 68 年 6 月，頁 520。

「只如舍利佛宴坐林中，卻被維摩詰訶。」〔註60〕

《維摩詰經・弟子品》云：

佛知其意，即告舍利佛：「汝行詣維摩詰問疾。」舍利佛白佛言：「世尊，我不堪任詣彼問疾。所以者何？憶念我昔，曾於林中宴坐樹下。時維摩詰來謂我言：『唯！舍利佛，不必是坐爲宴坐也。夫宴坐者，不於三界現身意，是爲宴坐；不起滅定而現諸威儀，是爲宴坐；不捨道法而現凡夫事，是爲宴坐。心不住内亦不在外，是爲宴坐；於諸見不動而修行三十七品，是爲宴坐；不斷煩惱而入涅槃，是爲宴坐。若能如是坐者，佛所印可。』時我，世尊，聞說是語，默然而止，不能加報。故我不任詣彼問疾。」〔註61〕

維摩詰認爲，一般修行者所努力實行的方法，只是掌握了佛法的片面而已。他認爲佛法的眞諦在於超越世間和出世間之別、超越喋喋不休的言說宣教，持平等之心、勇敢面對塵染，歸還清淨本心、認識法身的絕對圓滿。由上可知慧能受維摩詰影響之深。

6. 《壇經・定慧品》云：

無住爲本。〔註62〕

《維摩詰經・觀眾生品》

「從無住本，立一切法。」〔註63〕

維摩詰認爲一切隨緣生滅，既然無住，就沒有根本。從無住的基礎上產生一切。慧能亦受此影響。

7. 《壇經・定慧品》云：

故經云：「能善分別諸法相，於第一義而不動。」〔註64〕

《維摩詰經・佛國品》〔註65〕第一意，佛教認爲，世間萬物雖然有各種

〔註60〕 元・宗寶《六祖大師法寶壇經》，《卍正藏》59冊，台北：新文豐出版社，民69年4月，頁0008下。

〔註61〕 姚秦・鳩摩羅什譯，《維摩詰所說經》《大正藏十四冊》，台北：新文豐出版社，民國68年6月，頁539。

〔註62〕 元・宗寶《六祖大師法寶壇經》，《卍正藏》59冊，台北：新文豐出版社，民69年4月，頁0014上。

〔註63〕 姚秦・鳩摩羅什譯，《維摩詰所說經》《大正藏十四冊》，台北：新文豐出版社，民國68年6月，頁520。

〔註64〕 元・宗寶《六祖大師法寶壇經》，《卍正藏》59冊，台北：新文豐出版社，民69年4月，頁0014上。

不同形相狀態，其本質卻是空的。維摩詰要吾門善於分辨萬物的不同形態，要秉持諸法一相的最高眞理毫不動搖。從上舉例得知，《壇經》中，慧能一再的引述《維摩詰經》的言句和觀念。由此可知慧能思想是受《維摩詰經》的影響。

三、引用《中論》

《壇經‧付囑品》中慧能教導弟子「動用三十六對，出沒即離兩邊」〔註66〕、「二道相因，生中道義。」〔註67〕，皆緣出於中道思想。在〈護法品〉中，慧能回答朝廷使者薛簡所問時說：

《壇經‧護法品》

「明與無明，凡夫見二，智者了達，其性無二。無二之性，即是實性。實性者，處凡愚而不減，在賢聖而不增，住煩惱而不亂，居禪定而不寂。不斷不常，不來不去，不在中間，及其內外，不生不滅，性相如如，常住不遷，名之曰道。」〔註68〕

龍樹《中論》之首：

不生亦不滅，不常亦不斷，不一亦不異，不來亦不去。〔註69〕

龍樹的八不緣起說，是藉此表達因緣大都由心生；當我們想刻意去做時，煩惱就會找上門。如果不從這漩渦中走出，將永遠沉淪於反復的痛苦中。慧能亦受此觀念的影響，認爲明與無明、斷與常、來與去、生與滅之類對立的現象，都是實相一體兩面的顯現。它們形相雖然有別，但體性卻是獨一無二的。這一思維則是聖凡不二、煩惱即菩提的命題。

四、引用《文殊說般若波羅蜜經》

《壇經‧定慧品》：

〔註65〕姚秦‧鳩摩羅什譯，《維摩詰所說經》《大正藏十四冊》，台北：新文豐出版社，民國68年6月，頁520。

〔註66〕元‧宗寶《六祖大師法寶壇經》，《卍正藏》59冊，台北：新文豐出版社，民國69年4月，頁0026上。

〔註67〕元‧宗寶《六祖大師法寶壇經》，《卍正藏》59冊，台北：新文豐出版社，民國69年4月，頁0027上。

〔註68〕元‧宗寶《六祖大師法寶壇經》，《卍正藏》59冊，台北：新文豐出版社，民國69年4月，頁0025上。

〔註69〕《中論》，又稱《中觀論》、《正觀論》。四卷。龍樹菩薩造，青目釋，姚秦鳩摩羅什譯。

「一行三昧者，於一切處行、住、坐、臥，常行一直心是也。」〔註70〕

《文殊說般若經》云：

> 佛言：法界一相，繫緣法界，是名一行三昧。若善男子、善女人，欲入一行三昧，當先聞般若波羅蜜，如說修學，然後能入一行三昧。如法界緣，不退不壞，不思議，無礙無相。善男子、善女人，欲入一行三昧，應處空閑，捨諸亂意，不取相貌，繫心一佛，專稱名字，隨佛方所，端身正向，能於一佛，念念相續，即是念中能見過去、未來、現在諸佛。何以故？念一佛功德，無量無邊！亦與無量諸佛功德無二。不思議佛法等無分別，皆乘一如，成最正覺。悉具無量功德，無量辯才，如是入一行三昧者，盡知恆沙諸佛法界無差別相。〔註71〕

《文殊說般若經》說「一行三昧」，以眞如爲觀照對象，並專注於一行的禪定爲坐禪，影響慧能的思想。慧能將不離自性的境界稱爲「一行三昧」。他說直心就是自己的本性，就是眞如佛性。不諂曲、不虛妄，時時展現眞實自在的人之本性，這就是一行三昧，就是定慧一體。

五、引用《法華經》

《壇經》云：

1. 一切草木，有情無情，悉皆蒙潤。〔註72〕《壇經·般若品》

2. 一切處所，一切時中，念念不愚，常行智慧，即是般若行。〔註73〕《壇經·般若品》

3. 諸佛世尊，唯以一大事因緣故出現於世。〔註74〕《壇經·機緣品》

4. 若悟此法，一念心開，是爲佛知見。〔註75〕《壇經·機緣品》

〔註70〕元·宗寶《六祖大師法寶壇經》，《卍正藏》59 冊，台北：新文豐出版社，民69 年 4 月，頁 0014 下。

〔註71〕《文殊師利所說般若波羅蜜經》一卷，梁扶南國三藏僧伽婆羅譯。提及「一行三昧」在二卷下，見於姚秦·鳩摩羅什譯，〈文殊師利所說般若波羅蜜經〉《大正藏第八冊》，台北：新文豐出版社，民國 69 年 6 月，頁 731。

〔註72〕元·宗寶《六祖大師法寶壇經》，《卍正藏》59 冊，台北：新文豐出版社，民69 年 4 月，頁 0010 下。

〔註73〕元·宗寶《六祖大師法寶壇經》，《卍正藏》59 冊，台北：新文豐出版社，民69 年 4 月，頁 0010 下。

〔註74〕元·宗寶《六祖大師法寶壇經》，《卍正藏》59 冊，台北：新文豐出版社，民69 年 4 月，頁 0018 下。

〔註75〕元·宗寶《六祖大師法寶壇經》，《卍正藏》59 冊，台北：新文豐出版社，民69 年 4 月，頁 0018 下。

《壇經》把一切般若智慧都是人本有的佛性中來，心體無滯，即是般若；念念破除愚妄，遵照修行，即是般若行。再說：世上一切生靈，一切草木，一切有情與無情的萬物，都受到雨水的滋潤。世間一切江河的水最後都要流入大海，與廣闊的大海融爲一體。眾生所具有的般若智慧，也具有相同的作用。

《法華經》云：

> 如彼大雲、雨於一切卉木叢林、及諸藥草，如其種性，具足蒙潤，
> 各得生長。〔註76〕

> 諸佛世尊，欲令眾生，開佛知見，使得清淨故，出現於世。〔註77〕

六、引用《楞伽經》

《壇經・般若品》云：

> 說通及心通

《壇經》所說「說通」和「心通」稱爲「宗通」、「說通」〔註78〕，是指教理和証悟。慧能強調個人應從心理體驗和親身的經驗來理解證悟「眞理」，否定經過研習經典穫得的知識，來作爲「慧學」覺悟解脫之效用。這種思想是受到《楞伽經》重「宗通」輕「說通」的影響。

七、引用《梵網菩薩戒經》

《壇經・般若品》云：

> 菩薩戒經云：「我本元自性清淨。〔註79〕

這是引用《梵網菩薩戒經》的思想，主張以清淨心爲本，清淨就是眾生本有的佛性。

〔註76〕姚秦・鳩摩羅什議，〈妙法蓮華經〉卷三，《大正藏第九冊》，台北：新文豐出版社，民國69年6月，第19頁上。

〔註77〕姚秦・鳩摩羅什議，〈妙法蓮華經〉卷三，《大正藏第九冊》，台北：新文豐出版社，民國69年6月，第7頁上。

〔註78〕《楞伽阿跋多羅寶經》卷三：「佛告大慧：『一切聲聞緣納覺菩薩有二種通相及說通。……宗通者，謂緣自得勝相，遠離言說文字妄想，趣無漏界自覺地自相，遠離一切虛覺想降伏一切外道眾魔，緣自覺趣光明揮發，是名宗通相。』」引自《大正藏》第十六冊，頁499中、下。

〔註79〕元・宗寶《六祖大師法寶壇經》，《卍正藏》59冊，台北：新文豐出版社，民69年4月，頁0010下。

八、引用《華嚴經》

《壇經・懺悔品》云：

> 經云：分明言自歸依佛，不言歸依他佛，自佛不歸，無所依處。〔註80〕

這是引用《華嚴經》〈淨行品〉所講的自歸依，指自己歸依了三寶，也祝福一切眾生也能像自己一樣，都歸依三寶，從三寶中得到利益。

九、引用《阿彌陀經》

《壇經・疑問品》云：

> 世尊在舍衛城中說：西方引化，經文明，去此不遠，若論相說，里數有十萬八千。〔註81〕

此處是引用《阿彌陀經》，壇經出現的時代，彌勒淨土的思想在中國已經是非常盛行，彌勒淨土思想是以佛力往生佛國。

十、引用《大乘本生心地觀經》

《壇經・懺悔品》云：

> 「自性眾生無邊誓願度」、「自性煩惱無量誓願斷」、「自性法門無盡誓願學」、「自性佛道無上誓願成。」〔註82〕

這是出於《大乘本生心地觀經》卷七〔註83〕的四弘誓願，是菩薩戒的基礎，發大乘心，求成佛道，這就是菩薩初發心。

〔註80〕 元・宗寶《六祖大師法寶壇經》，《卍正藏》59 冊，台北：新文豐出版社，民69 年 4 月，頁 0016 下。

〔註81〕 元・宗寶《六祖大師法寶壇經》，《卍正藏》59 冊，台北：新文豐出版社，民69 年 4 月，頁 0012。

〔註82〕 元・宗寶《六祖大師法寶壇經》，《卍正藏》59 冊，台北：新文豐出版社，民69 年 4 月，頁 0016 下。

〔註83〕 《大乘本生心地觀經》卷七：「云何為四？一者度一切眾生；二者誓斷一切煩惱；三者誓學一切法門；四者誓證一切佛果。」引自《大正藏》3 冊，頁 325 中。

第三章 《六祖壇經》的生死哲學內容

第一節 《六祖壇經》生死哲學的內容

一、生死哲學的意義

　　自古人類一向重視「死亡」，但過去大都把「死亡」當成民俗、宗教的一部分，沒有正式把它當作一門學科來討論。生死問題的重要，是吾人皆須走這一遭。人是「無逃於天地之間」的有限存有，理當學得「置於死地而後生」的道理，進而「頂天立地」以安身立命。已故的本世紀德國哲學家海德格（Martin Heidegger）在他的名著《存有與時間》（Being and Time）一書中的名言：「人是向死的存在」（being–towards–death）〔註 1〕可以看成「人終必死亡」，表示死亡是在生命之中，而不是在生命之外。生與死是一體兩面，只要我們活一天，也就是邁向死亡一天。

　　死亡不再以激烈和大眾難以理解的方式追尋，對於生死問題的深層關懷在近幾年更是發展成「全人教育」，受到教育部的肯定和支持，擴大了原來的理論與範疇。在生死意義的解析之外，也進而加入了實踐的工夫，完成一套體用合一的架構。這樣的發展促使生死學的研究和其他領域的知識（社會學、護理等）有所交流。在台灣現在對於生死價值的看待，可以從一些地方看出正面的發展，例如：臨終關懷、宗教信仰、本土化的喪葬儀式淨化等，都是

〔註 1〕馬丁・海德格著，陳嘉映、王慶節譯，《存在與時間》，台北：桂冠出版社，1999，頁 332。

在重新省視生命意義時的成果。

　　「生死哲學」（Philosophy of life and death）可說是以一種最狹義、嚴格的角度來談生死學，就「生死學」而言，本來它本身就起源於哲學探討生死觀念的一門學問。這樣的起源慢慢的注入了其他領域的源水活頭使得「生死學」不再是哲學領域的專屬，例如醫學中的臨終關懷、照顧，或者是心理學之中的輔導諮詢，又或是宗教的信仰歸宿等。這些都使得「生死學」不斷的在擴充茁壯。〔註2〕

　　「生死學」是由旅美哲學暨宗教學者傅偉勳博士所倡導，而在台灣本土成長的學術思想，有別於西洋的「死亡學」（thanatology）。目前，生死學的研究範疇，大致有十類：生死哲學、生死宗教、生命教育、生死社會學、生死心理學、生死禮儀、臨終關懷、悲傷輔導、自殺、生死管理等。根據傅偉勳的說法，他是從美國既有的「死亡學」（thanatology）研究成果，進一步配合中國心性體認本位的生死智慧，演發形成「現代生死學」。且依「生死是一體兩面」的基本看法，把死亡問題擴充為「生死問題」。3年後，他又把死亡學定位為「狹義生死學」，從而開創以「愛」的表現貫穿生與死，從死亡學轉到「生命學」的「廣義生死學」探索。〔註3〕

　　佛教認為人生是苦的，追求出離生死苦海是人生一大事，人生問題是禪宗關注的首要問題。當五祖弘忍感到自己生命之火即將熄滅而欲傳法衣與弟子時，曾喚門人進來，《壇經·行由品》云：「世人生死事大，汝等終日只求福田，不求出離生死苦海，自性若迷，福何可救。」〔註4〕在弘忍看來，世人應以超脫生死求解脫為人生大事。解脫，佛教用以表示由人生的煩惱束縛中解脫出來，超脫迷著而獲得自由自在。又可說斷絕生死之因，不再受業報輪迴，慧能的生死哲學思想也是圍繞著擺脫人生痛苦、實現人生的解脫而開展的。解脫生命之苦是實踐的最高理想和終極境界。

二、生死哲學的方法

　　目前是高齡化的社會，生死議題不容忽視或禁忌。「死亡」的關卡是任誰也跑不掉的。在生死哲學之中我們以「理性」的角度來透視個人從出生就走

〔註2〕劉仲容等合著，《生死哲學概論》，台北蘆洲市：空大，民95，頁168。

〔註3〕鈕則誠等合著，《生死學》，台北蘆洲市：空大，民90，頁5。

〔註4〕元·宗寶，《六祖大師法寶壇經》，《卍正藏》59冊，台北：新文豐出版社，民69年4月，頁0005上。

入的生命計時器。我們之所以用「理性」這兩個字，是希望將吾們的主題回歸到傳統哲學的角度，也就是以理性來研究生與死的問題。進一步的分析，將人的生命哲學主題區分成三個階段，也就是出生前、在世生活、死亡這三個時期。這其中在世生活我們以科學和哲學的方式來解析，使用人類理性和經驗事實建構系統。但是在其他兩個階段，出生前與死亡後，科學目前能著力的地方還不多。例如人死亡之後的去處和死後的世界又如何？這都不是科學能檢證的。但是這兩個階段又是生死哲學不能不處理的問題，甚至是重點所在，所以我們必須在哲學的理性基礎上在深入一層。天主教已故羅光總主教曾在談「生命哲學」時指出談生命不涉及宗教根本是不對的，這在中西哲學都是如此。〔註 5〕在此宗教有兩個與人有關的角度，一個是「超性」（超越理性 Supernature）的純粹信仰方式，另一個是理性本身的推論。換言之，就是在人類理性運作之下，作一種形上學的推演和檢驗。基本上我們採取的是第二種方式，也就是以理性神學（或形上學）的方法探究「死亡」的一些問題，以補足科學上目前尚無法完全處理的地方。

中國自古以來就盛行著靈魂不死、因果報應等宗教觀念，中國人從「靈魂不滅」「神不滅」出發去理解佛教的業報輪迴說。慧能將佛教「無我說」中的「無我」解釋為「非身」，即否定血肉之我的永恆，但不否定精神之我的永恆，從而為肯定解脫的主體，慧能的不落兩邊的遮詮法，他的「見性成佛」為其生死哲學的方法。

三、生死哲學的方式

由於生死學是近幾年所興起的一股風氣，所以在許多議題上仍舊有討論的空間。以生死哲學的角度來分析，則方式較為單純，也就是以哲學思考反省生與死的問題。人類既有生死而人類的文化應是不朽。〔註 6〕在生死文化

〔註 5〕劉仲容等合著，《生死哲學概論》，台北蘆洲市：空大，民 95，頁 169。
〔註 6〕參見蘇慧萍《老》《莊》生死關研究 91 年 6 月碩士論文第三頁。持續的死亡危機——縱使它滑進我們潛意識最優深的角落裡，我們一樣知道此危機的存在是文化的基礎。正如 Simmel 所言，死亡的認知猶如一股神力，把生命與生命內涵撬離開來。這股神力允許生命內涵「客觀化」：替生命內涵注射疫苗，好讓他不受生命漂浮短暫所侵害，好讓生命內涵強過生命本身，簡單說就是，生命內涵不朽，生命卻必朽。生命屬於時間，但它的價值卻外在於時間，根據此一道理，文化成就便可以累積。請參看齊格蒙・包曼著，陳正國譯：《生與死的雙奏——人類生命策略的社會學詮釋》（臺北：東大圖書，1997 年 4 月），出版，頁 49。

中，「生死學」雖然是透過學科整合而發展的，但依然落在分門別類的學科中。落在學科中的生死學，實無從反省自身成立的分際，因此就必須由「哲學（的）生死學」（The philosophical biothanatology）來提供反省基礎，換言之，生死學是依哲學生死學而成立，然而後者則又依自身的「生死哲學」而成立。〔註7〕對於生死的問題，我們可以從生物的、心理的、醫學的、經濟的、社會的、價值的、環境的、倫理的、道德的、法律的、宗教的、哲學的…等等不同的角度加以探討；對於生死問題，可以切入的面向及廣泛，從生前到死後的心理、精神的轉化。這些問題的探討，如探索死亡的過程中發生何事？死後又往何處？又我應該如何面對自己的死亡？…等等問題。在問題上牽涉廣闊又層面複雜，是探求生命價值的過程中最難的一環。

釋迦牟尼以其畢生的精力與智慧，探求如何實現人生的解脫，並為人們建構了解脫之境「無上菩提」的獲得，以做為人們的修行的目標，他自己已覺悟了人生而被尊稱為佛陀，佛陀，意即謂覺或覺者。覺，指的是覺悟佛教真理；覺者，就是佛教真理的覺悟者。覺有自覺、覺他和覺行圓滿三義。只有佛才能既「自覺」又「覺他」且「覺行圓滿」。佛教的理想人格是以獲得智慧，證得真理，以慈悲情懷普渡眾生為主要特徵。佛陀本身就體現了真、善、美的統一。

在禪學思想中經常用「慧解脫」來表示以智慧關照而遠離無明解脫，要人們修禪以證智，藉智慧去消除煩惱，斷滅惑業，從而證得大徹大悟的理想境界。同時又用「心解脫」來表示智慧乃人心本自有之，心離貪愛，智慧即得顯現並發揮作用。因而心解脫不離慧解脫，慧解脫也就是心解脫。「慧解脫」或「心解脫」的過程實際上是在主觀認識上實現一種根本性的轉變，是一種內在精神的超越與解脫，清靜的心性獲最高的智慧是人的生命存在的一部分，人通過體悟這種生命存在而使自己的精神變得更加充實和圓滿。〔註8〕就是將人心、佛性與佛教的般若智慧結合在一起，並將終極的解脫理想與人們當下的實際努力相結合，要人在平常的生活中依自性般若之智而從各種困境中解脫出來，獲得精神的昇華和超越。

〔註7〕 蔡瑞霖：《宗教哲學與生死學》（嘉義：南華管理學院，1999年4月），初版，頁256。

〔註8〕 洪修平等著，《中國思想家評傳叢書‧惠能評傳》，南京大學出版社，1998年12月1版，頁263。

四、生死哲學的目標

　　死亡是吾們人生必修的課題，及早做好研究與準備，免得「平時不燒香臨時抱佛腳」，屆時措手不及。面對死亡的預備功課，包括靈性層面的提昇、宗教哲理的探求與思維、生死觀的建立等等。在世間人倫與法律層面，則是預立遺囑，以免身後引起子孫的爭端。具體的功夫則有平日的養生之道，或是宗教修持，以期能預知時至，瀟灑走一回。〔註9〕如慧能大師在圓寂的一個月即已預知時日，並告知大眾、交代後事及為大眾解惑。

　　《壇經‧付囑品》曰：

> 七月一日，集徒眾曰：「吾至八月，欲離世間。汝等有疑，早須相問，為汝破疑，令汝迷盡。吾若去後，無人教汝。」法海等聞，悉皆涕泣。師曰：「汝今悲泣，為憂阿誰？若憂吾不知去處，吾自知去處。若無不知去處，終不預報與汝。汝等悲泣，蓋為不知吾去處。若知吾去處，即不合悲泣。〔註10〕

大部分的弟子聞知大師要圓寂了，悲痛流淚，大師告訴她們說：「你們今日為誰流淚呢？如果妳們是為我的不知往何處去，我又怎能事先告知你們。你們悲傷，該是你們不知我要往何處去，如果妳們知道我的去處，照理你們不應該悲傷才是。須知宇宙萬事萬物的本性，本來就沒有生滅，沒有來去。」慧能大師因識透宇宙真理是不生不滅的，故能識透生死的真如，而達生死解脫。雖然我們都知道生死是自然的歷程，有生必定有死。但是，這並不代表我們已經知道自己的死期。相反的我們誰也無法預測自己的死亡何時會來到。不過，有一點可以確定的，死亡是隨時會降臨到自己身上的。既然如此，我們就不能逃避死亡，而是坦然面對它。藉此了解死後世界為何的問題，也才有機會了解死後生命之存在與否的問題。藉著對死亡的相關問題做反省，常想到死亡的來臨，把今日當作是最後一日，由此視透生命的價值，而活出生命的意義，進而得到生命的解脫為目標。

五、生死哲學的目的

　　死亡的認識是重要的。《法句經》說：「是日已過，命亦隨滅，如少水魚，

〔註9〕釋慧開著，《儒佛生死學與哲學論文集》，臺北市：紅葉文化，2004（民93）初版，第186頁。

〔註10〕元‧宗寶，《六祖大師法寶壇經》，《卍正藏》59冊，台北：新文豐出版社，民69年4月，頁0027上。

斯有何樂。」〔註11〕意謂著生命是無常的，隨時都會消失；如果吾們常認為還有明天，覺得死亡離自己很遠，那麼無形中就會有惰性，誤以為生命還很長久，便忽略死亡隨時會降臨。因此，只要我們不忘記常用死亡的立場來看待生命的問題，就會以更精進的心態，來追求生命的真如。觀想死亡會讓我們內心深處有深刻的感受，了解總有一天事物會失去。使我們放下對事物的執著之心，產生真正的解脫。因為想到死亡，就會督促自己找出生命的意義。透過自我觀照找到自己人生的方向為目的。

　　慧能關注每一個現實之人的解脫，主張人人皆有佛性。他的佛性思想融攝了般若實相說，因而是他突出是即心即佛，強調直了見性，自在解脫。慧能依於人們的當下之心而倡導的解脫是一種無需借助於神力或他力的自我解脫和自在解脫。慧能一生不識文字，生活在社會下層，依靠自力獲得解脫成為其理想的目的。這不僅體現在他的禪學理論中，也表現在他對禪行實踐的要求上。因此，它一方面破除對佛祖等外在權威的迷信和崇拜，強調每個人的自性自渡；另一方面又將解脫理想融化在當下現實的生活之中，把修道求佛貫穿在平常的挑水搬柴、穿衣吃飯之間。在日常的生活實踐中激發自己證悟佛道的靈感就是慧能所說的修行。而證悟佛道實際上也就是在日常的勞作與生活中達到內外無著、來去自由的現實的人。他強調追求獨立、自由和平等的理想境界為其生死哲學的目的。

六、生死哲學的理想境界

　　唐朝永嘉大師在其證道歌中說：「夢裡明明有六趣，覺後空空無大千。」〔註12〕這正說明，對一位明心見性的覺者來說，宇宙萬有皆是緣生緣滅，尚未明心見性的眾生而言，六道生死死生的輪迴是多麼的真實。故佛陀曾說，一切外道無有智慧，只求斷死，不知斷生；甚至妄求長生不死，不知有生必然有滅，長生即是長滅，既求於生，若求不死不可得；正如昇高者必然墮下，若求其不墮，必是不昇；因此，佛陀教弟子證於無生，若證無生，死自止也，生死既無，自然出離六道輪迴。〔註13〕由此可知，佛陀的教化，旨在使人轉

〔註11〕見《法句經卷上》，收在大正藏四冊，559頁上。臺北：新文豐出版社，1983年1月修訂一版。

〔註12〕唐・永嘉大師，《永嘉證道歌》，收在大正藏72冊，第764頁。臺北：新文豐出版社，1983年1月修訂一版。

〔註13〕釋智諭著《緣起法泛談》西蓮出版社，民75年。

迷為覺徹證生死即不生不死。迷者在六道輪迴受分段生死之苦，覺者了知生即無生，死即無死，生死即不生不死。

《壇經・機緣品》：

> 覺曰：「生死事大，無常迅速。」
>
> 師曰：「何不渠取無生，了無速乎？」
>
> 曰：「體即無生，了本無速。」
>
> 師曰：「如是，如是。」〔註14〕

慧能大師認為了脫生死是求取佛道的一件大事。萬事萬物生死無常迅速，若體取無生無死的真理，體認自性即是無生，徹悟明瞭就知本無遲速可言。生死有限，慧命無窮，個人的生命不會因為死亡就不存在，若要了生脫死，掌握未來，則須先把握此生，經由發起菩提心，依菩提心來建立與實踐解脫自他生死的智慧與方法，為人生第一要務。依菩提心來建立與實踐解脫自它生死的智慧與方法，不只要建立個人的解脫生死，更要兼顧其他眾生的解脫生死智慧與方法。除了自己了死外，也要幫助一般眾生，依其根基，如何在生活中建立個人解脫生死智慧與法，或幫助到生命盡頭的人們，在生命成長的最後階段自然安然的接受死亡，進而達到解脫生死，使生命活得有尊嚴，死得有尊嚴，為其生死哲學的理想境界。慧能特別注重每一位個體的自我解脫以及這種解脫在現世當下的實現。慧能認為，佛性在人心中，萬法在自性中，每個人的本性都是圓滿具足的，因而人們都可以不依外力，而靠本身的力量獲得解脫。《壇經・懺悔品》「善知識！於念念中，自見本性清淨，自修、自行、自成佛道。」〔註15〕慧能要吾們在日常生活的每時每刻努力突出自己清淨的本心，體悟我即萬法、我即佛的道理。能明白此理，就能在紛繁的塵世中以「無念」處之，保持人的自然清淨的本性而不生計較執著之心，從而達到心理的平衡和內在境界的提昇。

〔註14〕元・宗寶，《六祖大師法寶壇經》，《卍正藏》59 冊，台北：新文豐出版社，民69 年 4 月，頁 0022 上。

〔註15〕元・宗寶，《六祖大師法寶壇經》，《卍正藏》59 冊，台北：新文豐出版社，民69 年 4 月，頁 0015 上。

第二節　《六祖壇經》生死哲學的方法

一、不二法門

　　慧能其宗旨在於見性（徹見佛性），此種見解不是二分法，而是一種不二法門。佛法是不二之法，主張一切事理平等如一，本質並無差別，佛法是獨立不二、直指心源之法。凡是有二對立的概念，無論善惡、動靜、有無、是非……等，都是相對邊見或偏見，若要顯現真理，必須破除二元對立的關係，此即「不二」或「無二」，是一種「雙邊否定」〔註16〕，表示真理須對相對的兩邊思考都必加以否定。佛法是以不二法門去接引根基不同的眾生。

　　《壇經·行由品》：

> 印宗問：「如何是佛法不二之法？」佛言：善根有二，一者常，二者無常。佛性非常非無常，是故不斷，名為不二。一者善，二者不善。佛性非善非不善，是名不二。蘊之與界，凡夫見二。智者了達，其性無二無二之性，即是佛性。〔註17〕

慧能仍然主張佛性人人皆有，人人皆可成佛。佛性是人的法身，了悟佛性就是報身，實踐佛性，化導眾生就是化身。佛性與此三身之關係是一而三，三而一。〔註18〕善根有兩種形態，一是永恆常住，一是遷流無常的。而佛性沒有常住與無常的區別，所以佛性是不能斷絕的，是為不二法門。開悟佛性是《壇經》生死哲學的方法。

　　《壇經·付囑品》：

> 明與無明，凡夫見二，智者了達，其性無二。無二之性，即是實性。實性者，處凡愚而不減，在聖而不增，住煩惱而不亂，居禪定而不寂。不斷不常，不來不去，不在中間，及其內外，不生不滅，性相如如。常道不遷，名之曰道。〔註19〕

慧能說：明與無明，在普通凡人看來是不同性質的兩種現象，但智者通達佛理，知道佛法不二無所分別，這是真實的佛性。這真實的佛性，在世俗凡人

〔註16〕吳汝鈞，《佛教的概念與方法》，台灣商務書局，1989年，第27頁。

〔註17〕元·宗寶，《六祖大師法寶壇經》，《卍正藏》59冊，台北：新文豐出版社，民69年4月，頁008上。

〔註18〕陳榮波博士著，《禪海之筏》，志文出版社，1993年11月再版，218頁。

〔註19〕元·宗寶，《六祖大師法寶壇經》，《卍正藏》59冊，台北：新文豐出版社，民69年4月，頁0025下。

身上並不減少，在聖哲賢人身上也不增加，處煩惱中並不會混亂，處在禪定境界中也並不寂滅，真如常存，不遷不化。我們稱其名為道，也就是吾們的真如佛性。慧能大師從佛性無二，是永恆的實性，進而解脫「煩惱即是菩提」的生死哲學觀。

《維摩詰經・不二法門品》云：

> 生死、涅槃為二。若見生死性，則無生死，無縛無解，不生不滅。
> 如是解者，是為入不二法門。〔註20〕

維摩詰說：生死與涅槃，二者相互依憑對立。如果認識到生死的本性為空，也就脫離了生死而進入涅槃，不被束縛也沒有解脫，生命不燃燒也不熄滅。理解到此點，就能領悟了生脫死的不二法門。

《維摩詰經・不二法門品》云：

> 暗與明無二。無暗、無明，則無有二。所以者何？如入滅受想定，
> 無暗、無明，一切法相亦復如是。於其中平等入者，是為入不二法
> 門。〔註21〕

維摩詰認為無明與智慧，二者相互依憑對立。如果認識到無明的本性為空，也就無所謂清淨，因而依從寂滅本性。泯滅種種兩相對立的事理，俾使不起偏執心，而達自在解脫的生死境界。「不二」是慧能不執兩邊的中道思想。

《壇經・行由品》云：

> 不思善，不思惡〔註22〕，正與麼時那個是明上座本來面目〔註23〕？
>
> 〔註24〕

〔註20〕姚秦・鳩摩羅什譯，《金剛經》《大正藏第三十八冊》，台北：新文豐出版社，民國 69 年 6 月。

〔註21〕姚秦・鳩摩羅什譯《金剛經》《大正藏第三十八冊》，台北：新文豐出版社，民國 69 年 6 月。

〔註22〕丁福保原著・蔡運辰彙編著，《丁氏佛學叢書之二十四──六祖壇經箋註》，北海出版，民國 59 年 5 月初版，頁 17。不思善不思惡是絕善惡之思想也。○傳心法要下、問如何是出三界。師云：善惡都莫思量。當處便出三界。

〔註23〕同上註。本來面目、猶言自己本分也。○傳習錄。不思善不思惡時、認本來面目。○修心訣、諸法如夢、亦如幻化。故妄念本寂、塵境本空。諸法皆空之處、靈知不昧。即此空寂靈知之心、是汝本來面目。亦是諸佛、歷代祖師、天下善知識、密密相傳底法印也。若悟此心、真所謂不踐階梯、徑登佛地。步步超三界。歸家頓絕疑。

〔註24〕元・宗寶，《六祖大師法寶壇經》，《卍正藏》59 冊，台北：新文豐出版社，民國 69 年 4 月，頁 0008 上。

當吾門自性清淨無染時，就是我們的本心。所謂「不二」就是不執於兩邊（即邊見）的中道思想，後來發展爲具體而明晰無諍的不二法門。

《壇經・行由品》云：

> 「指授即無，惟論見性，不論禪定、解脫。」宗曰：「何不論禪定、解脫？」慧能曰：「爲是二法，不是佛法。佛法是不二之法。」宗又問：「如何是佛法不二之法？」

慧能曰「法師講」《涅槃經》，明佛性是佛法不二之法。如高貴德王菩薩〔註25〕白佛言：犯四重禁〔註26〕、作五逆罪〔註27〕、及一闡提〔註28〕等，當斷佛性否？佛言：善根有二，一者常，二者無常。佛性非常非無常，是故不斷，名爲不二。一者善，二者不善。佛性非善非不善，是名不二。蘊之與界，凡夫見二。智者了達，其性無二無二之性，即是佛性。」〔註29〕佛法是不二之法，主張一切事理平等如一，本質並無差別，又喻該法是獨立無二、直指心源之意。

《大般涅槃經》卷二一載釋迦牟尼論曰：

> 如來涅槃非有非無，非有爲非無爲，非有漏非無漏，非色非不色，非名非不名，非相非不相，非有非不有，非物非不物，非因非果，非待非不待，非明非暗，非出非不出，非常非不常，非斷非不斷，非始非終，非過去非未來非現在，非陰非不陰，非入非不入，非界非不界，非十二因緣非不十二因緣，如是等法甚深微密。

所論即佛法不二之理。慧能生死哲學觀，要吾們打破生死執著的妄見，以徹見本來面目，以見佛性，體悟生死無常，看破生死。

《壇經・付囑品》

> 「無二之性，即是佛性。」又云：「若有人問汝義，問有將無對，問無將有對，問凡以聖對，問聖以凡對。二道相因，生中道義。」〔註30〕

〔註25〕《大般涅槃經》第二一～二六卷爲〈光明遍照高貴菩薩品〉高貴德王菩薩、爲光明遍高貴德王菩薩。新文豐出版社，民國69年6月。

〔註26〕四重罪又名四重罪。僧人違反戒律的四種罪過：一淫，二盜，三殺，四妄語。

〔註27〕五逆罪：一殺父，二殺母，三殺阿羅漢，四惡意傷及佛身，五離間眾生、敗壞法事。

〔註28〕一闡提：指不信佛法之人。

〔註29〕元・宗寶，《六祖大師法寶壇經》，《卍正藏》59冊，台北：新文豐出版社，民69年4月，頁0008下。

〔註30〕元・宗寶，《六祖大師法寶壇經》，《卍正藏》59冊，台北：新文豐出版社，民69年4月，頁0027上。

慧能要我們以佛教義理，在二因相對之因緣轉化中，持中道之義。所以若有人問佛教義理，他問「有」你使用「無」作答，他問「無」你用「有」作回答，他問「凡」你就用「聖」，他問「聖」你就用「凡」作回答。這種互相對立又互爲因緣的關係中，就會產生不落兩邊的中道教義。「不二」法門的「中道」觀落實到吾們的生命，以達生命的自在解脫，而至圓滿的生死觀。

《壇經・付囑品》云：

> 簡曰：「師說不生不滅，何異外道！」〔註31〕師曰：「外道所說不生不滅者，將滅止生，以生顯滅，滅猶不滅，生說不生。我所說不生不滅者，本自無生，今亦不滅，所以不同外道如若欲知心要，但一切善惡都莫思量，自然得入清淨心體。湛然常寂，妙用恆沙。」〔註32〕

眞實的佛性是不生不滅的。外道所說的不生不滅是用死亡來阻斷生命，用生命的存在來顯示死亡的斷滅。他們的滅就是不滅，他們求生卻口說不求生。慧能所說法性的不生不滅，本來就沒有生成，也就沒有斷滅，所以不同於各種外道的說法。若要得到佛性法要，只要將世俗的善惡都不思量，自然就能進入清淨無染的自心本體。佛性的清澈寂靜，它的妙用如同恆河沙數無窮無盡，達到不生不滅就能體悟生命的本然，體悟超然的生死哲學觀。

二、三科法門

《壇經・付囑品》云：

> 三科法門者，陰、界、入也。陰是五陰，色、受、想、行、識也。入是十二入，外六塵色、聲、色、香、味、觸、法，內六門眼、耳、鼻、頭、身、意是也。界是十八界，六塵、六門、六識是也。自性能含萬法，名含藏識。若起思量，即是轉識。生六識，出六門，見六塵，如是一十八界，皆從自性起用。自性若邪起十八邪。自性若正，起十八正。若用即眾生用，善用即佛用。用由何等？由自性有。
>
> 〔註33〕

〔註31〕佛教外的其他宗教、教別。佛經說有外道六師，從中分出九十六種外道。
〔註32〕元・宗寶，《六祖大師法寶壇經》，《卍正藏》59冊，台北：新文豐出版社，民69年4月，頁0026上。
〔註33〕元・宗寶，《六祖大師法寶壇經》，《卍正藏》59冊，台北：新文豐出版社，民69年4月，頁0026上。

慧能教導弟子說法須先舉三科法門，即五陰、十二入、十八界。目的要破除世人的「我執」。三科法門是從內在心識與外在事物互相聯繫，將萬事萬物分為三科，即五蘊、十二處、十八界。其目的要吾門說明萬物皆屬虛幻，以破我執。所謂三科法門，就是陰、界、入三個科目。陰是五陰，就是色陰、受因、想因、行陰。入是十二入，包括身外六塵，即色、聲、香、味、觸、法六種境相，身內的六根即眼、耳、鼻、舌、身、意六種器官及功能。界是十八界，是六塵、六根、六識的因緣和合會集而成。吾人的自我本性能包藏萬法，曰含藏識。若自我心中生起思量，就是轉識。心中產生六種感覺意識，走出六根之門，相遇六種境相，這些總共十八界，都是從自己本性的生發作用。若吾人自性受到邪念障蔽，就會生起十八種邪見；若自性明徹端正，就會生起十八種正見自性邪惡，表現出來的就是世俗眾生的作用。自性慈善，就是佛的表現，這些作用都是由自我本性所決定的。慧能所說的「三科法門」，是指陰、界、入。這是為教化眾生而立的科目，要求人們從這三個方面來觀察自我與自我所面對的客觀世界，幫助人們破除「我執」以了悟「無我」之理。所以，慧能要吾門從三科法門中悟得超越生死的哲學觀。

三、三十六對法

慧能提出三十六對法，其目的在闡明中道義理。龍樹《中論》提出「不生亦不滅，不常亦不斷，不一亦不異，不來亦不出」，又說：「眾生緣生法，我說即無，亦為是假名，亦是中道義。」這種不執著對立兩端，以認識與對待緣起現象，即是中道。

《壇經‧付囑品》云：

> 外境無情五對，天與地對，日與月對，明與暗對，陰與陽對，水與火對。此是五對也。法相語言十二對：語與法對，有與無對，有色與無色對，有相與無相對，有漏與無漏對，色與空對，動與靜對，清與濁對，凡與聖對，僧與俗對，老與少對，大與小對。此是十二對也。自性起用十九對：長與短對，邪與正對，癡與慧對，愚與智對，亂與定對，慈與毒對，戒與非對，直與曲對，實與虛對，險與平對，煩惱與菩提對，常與無常對，悲與害對，喜與瞋對，捨與慳對，進與退對，生與滅對，法身與色身對，化身與報身對，此是十九對也。師言：此三十六對法，若解用，即道貫一切經法，出入即

離兩邊。〔註34〕

慧爲十大弟子對舉的方法，是指「外境無情五對」，「法相語言十二對」，「自性起用十九對」。慧能以三十六種對應的關係，來說明中道的圓融思想。若懂得運用，就可以貫穿一切佛法經典，就可以脫離兩邊的邊見。禪宗 說法主要是要吾人破除心中的我執，一有我執，心中就會疙瘩。所以，禪師們是用「已楔出楔，解黏去縛」的反面方式去接引學人，希望他們能夠超越空有而眞契於佛的無上證等正覺。〔註35〕慧能將三十六對法分爲三類：

第一類、外境無情對有五：天與地對，日與月對，暗與明對，陰與陽對，水與火對。這五對都屬於自然現象，是外在於人而存在的無情之物。

第二類、言與語對、法與相對有十二：有爲無爲對，有色無色對，有相無相對，有漏無漏對，色與空對，動與靜對，清與濁對，凡與聖對，僧語俗對，老與少對，長與短對，高與下對。這十二對中有屬於語言上的辯證概念，也有屬於佛教名相的對立範疇。

第三類、自性啓用對有十九對：長與短對，邪與正對，癡與慧對，愚與智對，亂與定對，慈與毒對，戒與非對，直與曲對，實與虛對，險與平對，煩惱與菩提對，常與無常對，悲與害對，喜與瞋對，捨與慳對，進與退對，生與滅對，法身與色身對，化身與報身對。慧能認爲這些都是「自性」而起的作用。

以上言語法相十二對，外境無情五對，自性啓用十九對，共合成三十六對。印順法師認爲「三十六對……這是經中所沒有的分類法。這三大類，大概是依器界有情（儒凡聖、僧俗、老小等）法，及引取三世間而立的。『三十六對法，解用通一切經』。一切不離文字，也就是一切無非無相依相因的對待法。所以『出語盡雙』，『出外於相離相，入內於空離空』，『出沒即離兩邊』，而能『不失本宗』。」〔註36〕慧能認爲，此三十六對法，解用通一切經，出沒即離兩邊。破除一切執著視爲佛法根本。它的全部禪學理論和禪行要求，也都是基於此而提出來的。〔註37〕慧能要求吾們超越事物與現象表面上存在的

〔註34〕元·宗寶，《六祖大師法寶壇經》，《卍正藏》59 冊，台北：新文豐出版社，民69 年 4 月，頁 0026 下。

〔註35〕陳榮波博士著，《禪海之筏》，志文出版社，1993 年 11 月再版，頁 196。

〔註36〕印順著，《中國禪宗史》，正聞出版社，2003 年 8 月十五版，頁 222。

〔註37〕洪修平等著，《中國思想家評傳叢書·惠能評傳》，南京大學出版社，1998 年12 月 1 版，頁 321。

差別與對立，以一種非有非無的方法來啓發修行者打開自己的慧眼，把握人所面對世界的眞諦。

《壇經‧付囑品》云：

> 自性動用，共人言語，外於相離相，內於空離空。〔註38〕

要遵守中道的宣講教義不落兩邊，在吾人的日常生活中如實修行。對外在事物不執著其相狀，對內在之心念則不執著於空無。《金剛經》云：「離一切相，如如不動。」將三十六對法落實在我們日常生活中，自性本心就會光明無礙，遠離煩惱無明，超越生死無明的生死觀。

四、非生非死

慧能大師認爲只要斷除惡行邪念，則西方淨土即在眼前，《壇經‧付囑品》云：「隨其心淨，即佛土淨。」隨著心地的清淨，佛土相應也清淨。吾人心性本淨，不生不滅，彌陀淨土是阿彌陀佛在因地時，爲克服自他的生死緣起的，可見淨土的建立與生死的克服有密切的關係。在淨土中，人是沒有種種憂悲苦惱的，如《彌陀經》言「舍利佛！彼土何故名爲極樂？其國土眾生，吾有眾苦，但受諸樂，故名極樂。」〔註39〕此與《般若心經》言：「度一切苦厄。」有異曲同工之處。在佛國淨土中，人的壽命是無限的，沒有生也沒有死即非生非死，如《彌陀經》言：「又舍利佛！彼佛壽命，及其人民，無量無邊阿僧祇劫，故名彌陀。」《佛說阿彌陀經要解》云：「心性照而常寂，故爲壽命，今徹證心性無量之體，故壽命無量也。」〔註40〕顯示出每個有情眾生的生命本來就是無量壽，無量壽也就是沒有生沒有死。如《般若波羅密心經》云：「不生不滅。」個人如能如阿彌陀佛發起願了脫自他生死的心徹證本來清淨、不生不滅的心性，即可成就淨土。〔註41〕如《維摩詰經》云：「心淨則國土淨。」就此而論，所謂「極樂」、「淨土」、「度一切苦厄」、「無量壽」及「不生不滅」等，皆可視爲每個有情眾生的自性的展現，故悟得自性就能成就淨土，即是

〔註38〕元‧宗寶，《六祖大師法寶壇經》，《卍正藏》59 冊，台北：新文豐出版社，民 69 年 4 月，頁 0026 下。

〔註39〕姚秦，龜茲三藏，鳩摩羅什譯，《佛說阿彌陀經》，佛教大藏經第 4 冊 985 頁，（大正藏 12 冊 346 頁，新文豐出版社。）

〔註40〕明‧蕅益大師，《佛說阿彌陀經要解》，佛教大藏經 20 冊 616 頁，佛教出版社（大正藏 8 冊 848 頁新文豐出版社。）

〔註41〕參見林綺雲等著《生死學》出版，台北市：洪葉文化，2000【民 89】，第 169 頁。

達到心淨、無量壽、不生不滅而徹底的了脫生死，離苦得樂，悟得自性清淨
為其生死哲學的方法，而達非生非死的生死觀。

第三節 《六祖壇經》生死哲學的特色

　　慧能向弘忍大師所承的「自性本自清淨」的偈和在法性寺所發的「仁者
心動」的妙語，都是以慧解為本，是妙悟般若實相義，會通涅槃佛性說，在
離言歸相的基礎上直指眾生當下之心性。慧能認為通過般若禪觀而證悟諸法
實相之理，從眾生心的「無念」、「本覺」中來尋求覺悟成佛之道，是構成慧
能禪學理論的重要特色。

一、見性成佛

　　慧能以「見性成佛」為宗旨開展禪法，將諸法「真如」，視為「性」或「自
性」這個概念、語詞為核心涵意。從十二因緣說、蘊界處說，存有者的存在
本身就是一件雜染的事，所以只有佛性存有才是真實的存有，佛性的存有是
關於佛心的追問了，佛心原來是說修持者的入佛境界，心是功夫修行中的人
存有者的活動主體，佛心是以佛境界為標的的修行活動的主體狀態，所以應
該一方面是證悟的境界，是一個暫存的意識為其意義的狀態。而另一方面是
世界的客觀實相狀態，所以說佛身是心身 一義，心以境而為界，證悟的佛心
即佛身之本身，心身一義，則境界即是主體的本體，一是客觀的實然。

　　《壇經·般若品》曰：

　　　善知識，凡夫即佛〔註42〕，煩惱即菩提〔註43〕。前念迷即是凡夫，

　　　後念悟即佛，前念著境即煩惱，後念離境即菩提。〔註44〕

慧能認為凡夫大眾皆俱有佛性，世俗的煩惱便蘊涵著菩提智慧。如果前一念
落入癡迷，就是凡夫；而後一覺悟，就是佛。前一念執著於世間境相，那就

〔註42〕丁福保原著·蔡運辰彙編著，《六祖壇經箋註》，北海出版，民國59年5月初
　　　　版，頁27。（血脈論、若識得施為運動靈覺之性。即諸佛心。前佛後佛、只言
　　　　傳心。更無別法。若識此法。凡夫一字不知亦見佛。）

〔註43〕丁福保原著·蔡運辰彙編著，《六祖壇經箋註》，北海出版，民國59年5月初
　　　　版，頁27。唯識述記一本、煩是擾義、惱是亂義。擾亂有情、故名煩惱。（○
　　　　智度論七、煩惱者，能令心煩、能作惱故、名為煩惱。又四十四、菩提秦言
　　　　無上智慧。）

〔註44〕元·宗寶《六祖大師法寶壇經》《卍正藏》59冊台北：新文豐出版社：民69
　　　　年4月，頁0010上。

是煩惱；後一念超越世間相，那就是覺悟了。「見性」六祖慧能開創了具有獨特風格的中國禪宗，綻放永恆無盡的智慧火花，其內容可在此經的字理行間中表現無遺。無可諱言的，中國禪宗肯定人人皆有一顆晶瑩清澈的自性（覺性或佛性）。人只要時時刻刻去護持它，把它澄清到圓滿的境界，就可以「見性成佛」。能「見性」就能當自己的主人，就能超越生死，生命就能自在解脫。成佛，是大乘佛教的最高理想，無論這個最高理想是否可能在現實生活中實現，但它卻十分明確表達了人們渴望從現實生活中的種種束縛解脫出來，為了幫助人們實現最高的理想，慧能提供許多不同的修行方法，如何從修行中證得智慧，覺悟真理，從而解脫成佛，是吾人生命的目標。慧能認為在一瞬間徹悟人生的本質，洞察宇宙的實相，與萬法的本體冥然結合。這是一種從心靈深處的豁然開悟，是超越時空、不可說的精神的昇華，通過禪行以達到禪悟的境界，通過修禪而獲得開悟。慧能認為只要人回歸到自己的內心世界，從人的生命主體的能動因素「心性」、「覺性」上尋求解脫之道。從心理層面的改變，觀念的轉換，人的精神面貌會產生昇華與飛躍，是解脫煩惱的根本精神。所以，「見性成佛」是慧能「生死哲學」思想的特色。

二、自性般若

慧能以般若來會通佛性，最重要的的特點就是以般若智慧來解說人性佛心，以般若的無相來化解人們對真性佛性的執著。從自性上來體現般若之智，起證般若觀照，因而證悟眾生心靈的本來面目或生命的本源。這裡的般若與佛性的會通，是以般若融攝了佛性，以性空會通了妙有。慧能說：

《壇經·般若品》曰：

> 善知識！何名「般若」？「般若」者，唐言「智慧」也。一切處所，一切時終，念念不愚，常行智慧，即是般若行。一念愚即般若絕，一念智即般若生。世人愚迷，不見般若，口說般若。心中常愚，常自言我修般若。念念說空，不識真空。般若無形相，智慧心即是。……前念迷即凡夫，後念悟及佛。〔註45〕

慧能以般若性空的思想和非有非無的中道觀，他把眾生與佛、人心與佛性，在當下現實的人聯結起來，而聯結的世人當下的現實之心。「心」是慧能佛性論的核心概念，集中了慧能以空融有、空有相攝的生死哲學思想的特色。

〔註45〕元·宗寶，《六祖大師法寶壇經》，《卍正藏》59冊，台北：新文豐出版社，民69年4月，頁0009下。

《壇經・付囑品》曰：

「自性若悟，眾生是佛；自性若迷，佛是眾生。」〔註46〕

若能悟得自身的佛性，眾生就能成佛；若是遮蔽了自身本性，佛也是眾生。慧能「生死哲學」思想「自性」的體悟、證得超越生死苦海而達解脫、涅槃的境界。禪宗的基本論點是從「自性」出發。此基點是開展一切生命的原動力。「自性」原本就是可以用來表稱事物之性質的一個語詞；亦即它不必然含有某種價值意味。〔註47〕然而，僅當「自性見」習常被指爲事一種「實體見」之時，慧能使用「自性」這一詞，復又表示諸如：「萬法在自性」、「自性含萬法」、「自性能生萬法」等等的義涵。

《壇經・行由品》云：

一切萬法不離自性。……何期自性本自清淨，何期自性本不生滅，

何期自性本自具足，何期自性本無動搖，何期能生萬法。〔註48〕

一切萬法不離自性，一切事物與現象都不離佛性。佛性是清淨無染，無有世俗之妄想與煩惱。佛性無形無相，因而不動不移。佛性對萬物爲一如，對妄見則爲眞如，佛性能化生萬物。

《壇經・般若品》：

智慧觀照，內外明徹識自本心。若識本心，即本解脫。若得解脫，

即是般若三昧。般若三昧，即是無念。何明無念？知見一切法，心

不染著，是爲無念。用即遍一切處，亦不著一切處，但淨本心，使

六識出六門，於六塵中無染無雜。來去自由，通用無滯，即是般若

三昧，自在解脫，名無念行。〔註49〕

用般若智慧觀照萬物，就會感到內外一片澄明，認識到一切都來自本有佛性。

〔註46〕元・宗寶，《六祖大師法寶壇經》，《卍正藏》59 冊，台北：新文豐出版社，民69 年 4 月，頁 0029 上。

〔註47〕如印順法師（1906～2005A.D.）說：「……《般若經》中處處說本性空，也處處說自性空，意意也大致相同。自性空，本是勝譯自性空，如說：『自性空故，自性離故，自性吾生故』。這是以空、離來表識字性：自性空並非沒有自性。由於『假名無實』，『虛妄無實』與空的空虛義相關聯，而自性空有了吾世俗自性的意義，……勝意的自性空，漸漸化爲世俗的無自性空……」（請參見印順：《空之探究》，臺北：正聞出版社，1992 年出版，頁 184。）

〔註48〕元・宗寶，《六祖大師法寶壇經》，《卍正藏》59 冊，台北：新文豐出版社，民69 年 4 月，頁 007 下。

〔註49〕元・宗寶，《六祖大師法寶壇經》，《卍正藏》59 冊，台北：新文豐出版社，民69 年 4 月，頁 0011 下。

若認識到自己的本心，就是對世俗煩惱的解脫，也就是定慧一體的般若三昧，定慧一體的般若三昧，就是無念。何謂無念呢？認知世界的一切事物與境相，內心不沾染、不執著，這就是無念。般若智慧遍及一切處所，而又不著任何處所。只是清境自己的心地，使六識從眼、耳、鼻、舌、身、意等六門中產生作用，卻又不受六塵污染，來去自如，周流萬物而無所滯，這是佛性智慧與禪定境界統一的般若三昧。一切自由自在，無所束縛，這是無念修行法門。此修行法門，亦可出離，達到彼岸，成就佛果。

《壇經‧般若品》曰：

> 何名「波羅蜜」？此是西國語，唐言「到彼岸」，解義「離生滅」。
> 著境生滅起，如水有波浪，即明爲此岸。離境無生滅，如水常通流，
> 即名爲彼岸。故號波羅蜜。〔註50〕

何謂「波羅蜜」？是西方語，是能脫離生滅、解脫生死到彼岸。若執著世俗欲念的追求，則落入生死苦海中。五蘊煩惱皆因此而起，有如水的波浪，阻礙渡越，這就是此岸。卷一載釋迦牟尼說法偈云：「凡夫無智慧，藏識如巨海。業相猶波浪，依彼譬類通。」〔註51〕如能超越世俗境相，則能了卻生死，無種種煩惱，如水平流而不起波浪，故可渡至彼岸。所以叫「波羅蜜」。

般若的特性是離言歸相，破除心執，以致會觀照諸法性空的實相。通過禪修的修心觀靜，思維修習以徹見人與事的本體，證得無上菩提。般若與佛性在修心解脫的禪學中成爲重要的溝通點。修禪也就是修心。這種「修」實際上是立足於一種精神的轉變、心性的「本覺」。修習禪定的根本目的就是爲了開發本心的智慧，促使自心的覺悟。禪定若無智慧，即非真禪；智慧若離禪觀，亦非真智。因此，禪智雙運、定慧爲本是慧能生死哲學的特色之一。

三、自修自悟自成佛道

慧能大師在《壇經》中最明顯的般若思想是他的開悟詩：

〔註50〕元‧宗寶，《六祖大師法寶壇經》，《卍正藏》59 冊，台北：新文豐出版社，民 69 年 4 月，頁 0011 下。

〔註51〕《楞伽阿跋多羅寶經》卷三：「佛告大慧：『一切聲聞緣納覺菩薩有二種通相及說通。……宗通者，謂緣自得勝相，遠離言說文字妄想，趣無漏界自覺地自相，遠離一切虛覺想降伏一切外道眾魔，緣自覺趣光明暈發，是名宗通相。』」引自《大正藏》第十六冊頁 499 中、下新文豐出版社，民國 69 年 6 月。

《壇經・行由品》：

　　菩提本無樹，明鏡亦非臺。本來無一物，何處惹塵埃。〔註52〕

由上詩即可看出慧能的思想分別藏著般若空觀與佛性思想。神秀在偈中的
《壇經・行由品》：「身是菩提樹，心如明鏡臺。時時勤拂拭，勿使惹塵埃。」
〔註53〕神秀認為人的本心、本性有如菩提樹與明鏡台，修行者必須常常拂
拭，以防吾人清淨之本性受到汙染。神秀的有淨與不淨是二元對立的思想，
故有淨與不淨的對立。慧能則認為世上一切的萬有並無實性，都是因緣和聚
合所產生的，沒有所謂的菩提樹與明鏡台，修行者不能執著外相，慧能跳脫
了二元對立的框架，呈現般若思想。

《壇經・定慧品》云：

　　善知識！我此法門，以定慧為本。大眾勿迷，言定慧別。定慧一體，

　　不是二。……自悟修行，不在於諍。若諍先後，即同迷人。不斷勝

　　負，卻生我法，不離四相。〔註54〕

慧能大師認為修行最重要的是自悟，並非口頭上的爭辯。修行不應去分別「法」
的先後、高下、深淺，修行最重要的是在自悟。如果修行者不能自悟，只是
在言語上爭論那一部經典才是最上乘的佛法，如此修行之人已迷失人的本
性，因為他仍有四相的執著，尚未了知世上一切事物都只是因緣和合，因緣
一散，一切事物也就滅了。慧能認為修行者對「法」亦不可執著，他又說：

《壇經・機緣品》云：

　　師曰：「汝觀自本心，末著外法相。法無四乘，人心自有等差……萬

　　法盡通，萬法俱備，一切不染，離諸法相，一無所得，名最上乘。」

　　〔註55〕

慧能認為修行最難突破的無非是對佛法的執著與莊嚴的崇拜，修行者對外在
事物的突破並不困難，反而是在佛法及佛相上掙脫不了。所以慧能認為修行
者應當以般若智慧觀照自性，使自性遠離法相的執著，不要貪念佛法，佛像，

〔註52〕元・宗寶，《六祖大師法寶壇經》，《卍正藏》59冊，台北：新文豐出版社，民
　　　　69年4月，頁0007下。
〔註53〕元・宗寶，《六祖大師法寶壇經》，《卍正藏》59冊，台北：新文豐出版社，民
　　　　69年4月，頁0006下。
〔註54〕元・宗寶，《六祖大師法寶壇經》，《卍正藏》59冊，台北：新文豐出版社，民
　　　　69年4月，頁0013下。
〔註55〕元・宗寶，《六祖大師法寶壇經》，《卍正藏》59冊，台北：新文豐出版社，民
　　　　69年4月，頁0006下。

要相信自身就有個與佛無別的真如法相。外在的佛相、佛法都是因佛陀的一大事因緣所說、所顯，修行者在徹悟佛法的同時，也要拋開佛法的文字義，最重要的是不能執著有所謂的至高無上的佛法之存在，如此才是最上乘法。由此可以發現慧能的般若空觀是要教吾人遠離四相與法相的執著，這和佛陀在《金剛經》中告訴須菩提所說的話一樣，佛陀說：「須菩提！若菩薩，有人相、我相、眾生相、壽者相，即非菩薩。」〔註56〕佛陀用般若空破除菩薩的我執，慧能同樣教弟子用般若空觀掃蕩弟子們的法相執，帶弟子們進入自修自悟自成佛道的境地。慧能用「自在解脫」來表示解脫境，充分體現了他要人們在現實的行住坐臥的日常生活中去體悟自家生命的本然，在具體的生活中去顯現完美的人格與人性，解脫不離世間的自修自悟自成佛道的生死哲學之特色。慧能更強調要求在實踐中來體證，《壇經‧坐禪品》云：「於念念中，自見本性清淨，自修、自行、自成佛道。」〔註57〕強調眾生應解脫建立在自心的修行上，從而顯現他的禪學本色。

第四節　《六祖壇經》生死哲學的實踐功夫

一、定慧等學

在菩薩道上，明心見性，斷惑證真，不是憑藉知識學問即可達成，而是透過實踐與修正才能成就。而具體的實踐功夫，則是從「身、口、意」三業與「眼、耳、鼻、舌、身、意」六根下手，修習「戒、定、慧」三學。戒是戒除惡習，此乃修身的基本功夫，於內攝護六根，不受外境污染，轉化不良習氣；於外不侵犯他人，慈悲一切眾生，，如此則能控制情緒，身心輕安，令煩惱不易起現行。「定」梵文 Samadhi 的意譯，亦譯「等持」音譯「三摩地、「三昧」。」定是教義名詞，謂心專注一境而不散亂的精神狀態，佛教以此作為取得確定之認識作出確定之判斷的心理條件。「定」常與「禪」合稱為「禪定」，禪定又比定的意涵更深一些，因為禪有「靜慮」、「思維修」的意思，「定」只是心注一處，須再加上「禪」就有心注於思維處之意思。修心之禪定功夫，內聚心力，能降服妄想與焦慮，止息煩惱。求放心，遠離散亂與懈怠，心止

〔註56〕姚秦‧鳩摩羅什譯，〈金剛經〉《大正藏》第八冊，台北：新文豐出版社，民1983年1月修訂一版，頁749。

〔註57〕元‧宗寶，《六祖大師法寶壇經》，《卍正藏》59冊，台北：新文豐出版社，民69年4月，頁0014下。

於一境，能身心作主。「慧」是修慧之功夫，能觀照自心，運用觀力，能勘破煩惱。觀照自心，開發智慧，通達因果，抉擇真妄，能令身心解脫自在。修習禪定一般來說，外在採取打坐的方式，又稱坐禪，內心要觀想佛教的義理或是佛的莊嚴。透過禪定觀想時，可以得到甚深無量的各種妙智慧。

禪宗初祖達摩非常重視坐禪，他透過壁觀，修持二入中的「理入」。達摩祖師云：「夫入道多途，要而言之，不出二種：一是理入，二是行入。理入者，謂藉教悟宗，深信含生凡聖，同一真性，但為客塵妄覆，不能顯了。若僞歸真，凝住壁觀，自他凡聖等一，堅住不移，更不隨於文教，此即與理冥符，無有分別，寂然無為，名之理入。」〔註58〕壁觀可解釋為坐禪時面對牆壁，坐禪者面對單調的牆壁，比較不會心生散亂，並且容易入定；或可解釋成心與外物完全隔離，禪坐者可以一心觀照，凝神入定，由此可穫得與聖人相同的妙智慧，進而入覺悟的境界。四祖道信也教人坐禪，《傳法寶紀·道信傳》云：「每勸諸門人：『努力勸坐，坐為根本，能坐三五年，得一口食塞飢瘡，即閉門坐，莫讀經，莫共人語』。」〔註59〕由此可知道信非常重視坐禪，畢境道信的禪法亦傳承達摩祖師的禪法，坐禪之時觀想的正是達摩所說的「佛性」、「理」，透過觀想能使般若智慧生發、佛性顯現。五祖宏忍說「但了然守本真心，妄念雲盡，慧日即現。」〔註60〕神秀更是主張坐禪時要「觀心看淨」，認為「一念淨心，頓超佛地。」他說：「其開法大略，則專念以息想，極力以攝心。其入也，品均凡聖；其到也，行無前後。趣定之前，萬緣盡閉；發慧之后，一切皆如。」〔註61〕神秀主張透過坐禪專心以平息心中的執著、妄想，摒除一切情欲與對世間的凡聖、前後等二元對立的執著。以上達摩、道信、弘忍與神秀的例子可以看出，都把禪坐當成生發智慧的法門。但是慧能對「定慧」卻有不同的看法，他提出「定慧等」的思想。

《壇經·定慧品》云：

大眾勿迷，言定慧別。定慧一體，不是二。定是慧體，慧是定用。

〔註58〕宋·釋道原，《景德傳燈錄》，卷30大正藏第51冊，頁458。台北：新文豐出版社，民82年4月一版六刷。

〔註59〕唐·杜胐 集《傳法寶紀》一卷，收錄於《大正藏》第八十五冊，台北：新文豐出版社，民1983年1月修訂一版，頁149。

〔註60〕《最上乘論》卷一《大正藏》第48冊，頁378。台北：新文豐出版社，民82年4月一版六刷。

〔註61〕《佛祖歷代通載》卷十二、《大正藏》第49冊，頁586。台北：新文豐出版社，民82年4月一版六刷。

即慧之時，定在慧，即定之時，慧在定，若識此義，即是定慧等學。……

定慧猶如何等，猶如燈光。有燈即光，無燈即暗；燈是光之體，光
是燈之用。名雖有二，體本同一。〔註62〕

慧能要修學之人要以定慧爲本，大眾不應執迷於傳統的「定慧有別的禪法。
定與慧的本體是不二的，定是慧之體，慧是定之用，發慧之時定在慧中，修
定之時慧亦在定中。學道之人不要私心作意，妄自評論先有定才有慧或是先
有慧才能入定，把定與慧看成各自不同的個體。如果有此見解的人，是不合
定慧一體的概念，認爲佛法有兩種現象，好比有人口說善言，心中卻無善意，
此時定慧只是虛名，定慧並沒有相等，若能心口一致存有善意，定慧就會相
等了，如此修習定慧就能達到解脫。」

定與慧好比燈與光的關係，有燈就有光明的存在，沒有燈就會存在黑暗
之中。所以燈是光明的本體，而光明是燈的顯用。燈與光雖是兩個不同的稱
呼，但是體用如一，定與慧的關係也和燈與光的關係一樣，定慧是一體的。「三
學」作爲吾人生活實踐與心靈淨化之必修課目，也是《六祖壇經》生死哲學
的必修課程。慧能主張佛性內存，經過自己主體思量反省，就必須有一套工
夫，此即禪定，禪定包含了定慧兩者，定是指主體的境界，慧是主體所發顯
的作用，定慧是兩者體用關係，故慧能主張定慧一體。定與慧是一體之兩面，
兩者息息相關，不可偏廢。這是說明禪定是般若智本體，般若智的本體，般
若智（慧）是禪定的顯現。採用循序漸進的自然方式，才能夠做到「外離相，
內不亂」的禪定功夫。〔註63〕

「定」即是經由固定坐姿，調整呼吸，到達一心專注而精神不散亂的境
地；「慧」是在禪定的基礎上穫得悟解，以及通達事理的智慧。慧能從《金剛
經》「應無所住而生其心」的經文，悟出了「定」「慧」的「生死哲學」觀點，
《壇經·定慧品》云：「我此法門，以定慧爲本。」〔註64〕定慧即「無所住而
生其心」，「無所住」是指「定」；「生其心」是指「慧」。禪定與智慧是一體的，
不可分割爲二。禪定是智慧的本體，智慧是禪定的妙用。當我們顯發智慧的
時後，禪定就已經包涵在其智慧之中；當我們修習禪修習禪定的時後，智慧

〔註62〕元·宗寶《六祖大師法寶壇經》，《卍正藏》59 冊，台北：新文豐出版社，民
　　　　69 年 4 月，頁 0013 上。

〔註63〕陳榮波博士著，《禪海之筏》，志文出版社，1993 年 11 月再版，頁 36。

〔註64〕元·宗寶，《六祖大師法寶壇經》，《卍正藏》59 冊，台北：新文豐出版社，民
　　　　69 年 4 月，頁 0013 上。

就已經含攝在禪定之中。

《壇經・定慧品》云：

> 諸學道人，莫言先定發慧，先定發慧，各別。作此見者，法有二相。
> 口說善語，心中不善：空有定慧，定慧不等。若心中俱善，內外一
> 如，定慧即等。〔註65〕

慧能說：不要認為，先有禪定才能顯發智慧，也不要認為先要有智慧才能修
習禪定，如果有這種想法，就執著分別妄見了。要是有這種妄見，就已經把
「定」「慧」割裂為二了。這就好象一個人嘴巴講好聽的話，心理卻懷有不善
的念頭，空有「定」「慧」的虛名，「定」「慧」無法同時並用。〔註66〕假使心
口相應，表理如一，那就是「定」「慧」平等相即了。慧能認為定慧二者不能
分開。止息妄念，則心性明郎，寂而常照，照而常寂，故曰定慧一體，止觀
不二。以此「定慧」為本懷，作為吾人人生經驗的起點，以達究竟圓滿的人
生境界，而對生死的精神超克。

二、「無相戒」、「無相懺悔」、「無相三歸依戒」

慧能以「無相戒」為授受的儀軌。無相戒的授受，在其他佛教經典中未
經記載。因為佛性實相無相，所以無相戒就是佛性戒，是從本源上授戒。慧
能所授的無相戒，是從自性上授戒，以使授戒者永遠不離自性而達到解脫的
一種創新的戒法。「戒」是梵文 Sila 的意譯；音譯「尸羅」，意為「慣行」，轉
為「行為」、「習慣」、「道德」、「虔敬」，等，為戒律名詞。廣義說，善惡習慣
皆可稱戒，如善習稱為善戒，惡習稱為惡戒。但佛教通常當作善戒、淨戒使
用，特指為出家和尚和非出家的信徒制定的戒律，用以防非止惡。佛教的戒
律可分為戒相與戒體，戒相是指外在表現的持戒相狀，戒體是指受戒時內心
所產生的一種防非止惡的力量，並成為一種堅強的意志。戒法又有二百五十
戒、三百四十八戒、具足戒、八戒、十戒等等。佛教認為修行者經由戒律的
持守，使自己不墮三惡道，進而獲得無生法忍、實相般若的境界。而慧能對
於戒律的看法，他傳給學人的不是五戒、八戒……等等，而是要學人持無相
戒，又稱佛性戒、自性戒，因為人的心念會影響行為的好壞。

〔註65〕 元・宗寶，《六祖大師法寶壇經》，《卍正藏》59 冊，台北：新文豐出版社，民
　　　　 69 年 4 月，頁 0013 上。
〔註66〕 引自劉貴傑、李開濟編著《佛學概論》 臺北蘆洲：空大，民 90 初版，頁 349。

《壇經·懺悔品》云：

> 一燈能除千年闇，一智能滅萬年愚。莫思向前，已過不可得。常思
> 於後，念念圓明，自見本性。善惡雖殊，本性無二。無二之性，名
> 爲實性。於實性中，不染善惡，此名圓滿報身佛。自性起一念惡，
> 滅萬劫善因。自性起一念善，得恆沙惡盡，直至無上菩提。念念自
> 見，不失本念，名爲報身。何名千百億化身？若不思萬法，性本如
> 空，一念思量，名爲變化。思量惡事，化爲地獄；思量善事，化爲
> 天堂。毒害化爲龍蛇，慈悲化爲菩薩。智慧化爲上界，愚癡化爲下
> 方。自性變化甚多，迷人不能省覺，念念起惡，常行惡道。回一念
> 善，智慧即生，此明自性化身佛。〔註67〕

慧能認爲修行者要守好自己的念頭，念頭在思量惡法，當下就在地獄；念頭
思量善法當下就在天堂。因爲吾人的念頭如果是善的，就會產生智慧，，智
慧生發就能除心中的無明，就如同點一盞燈便能照亮千年已久的暗房。反之，
惡念一起，即是修持千年的善行也當下消失。一念善起，即是累積千年的惡
行也將滅卻。慧能認爲吾人的外在行爲的善惡取決於當下一念，因此念頭的
修持是非常重要的；而外在戒律的行持無法完全控制內在念頭生滅，所以慧
能特別強調心念的守護。但心念的守護並非從外相可知。於是他把心念的戒
行稱爲「無相戒」，再傳授「無相懺悔」與「無相三歸依戒」。

（一）無相戒

《壇經·懺悔品》云：

> 善知識！既歸依自三寶竟，各各志心，吾與說一體三身自性佛，令
> 如等見三身，了悟自性。總隨我道：「於自色身歸依清淨法身佛，於
> 自色身歸依圓滿報身佛，於自色身歸依千百億化身佛。」〔註68〕

慧能認爲自在法性人皆有之，因此要去體見本體，它存在自性中的三身佛，
並且虔誠歸依。人的自性中有著清淨法身佛、圓滿報身佛與無數化身佛，要
歸依自性中的三身佛自悟自修自身功德，才是眞歸依。「一體三身自性佛」意
謂佛之三身，即法身、報身、化身，都存在於自性之中。佛教認爲佛有三種

〔註67〕元·宗寶，《六祖大師法寶壇經》，《卍正藏》59 冊，台北：新文豐出版社，民
　　　 69 年 4 月，頁 0026 下。
〔註68〕元·宗寶，《六祖大師法寶壇經》，《卍正藏》59 冊，台北：新文豐出版社，民
　　　 69 年 4 月，頁 0016 上。

身：「法身」指自性清淨、不生不滅，成就一切功德之身；「報身」指以法身為因，經過修習而獲得的佛果之身；「化身」指佛、菩薩度化眾生時所變化的種種形相之身。慧能以自性解脫三身佛，強調歸依三身佛就是歸依自性。其實慧能主張的歸依三身佛，指的是自性的三種特質：清淨、轉化與圓滿。

《壇經·懺悔品》云：

> 世人性本清淨，萬法從自性生。思想一切惡事，即生惡行；思量一切善事，即生善行。如是諸法自在自性中。如天常清，日月常明，為浮雲蓋覆，上明下暗。忽遇風吹雲散，上下俱明，萬相皆現。世人性常浮游，如彼天雲。善知識！智如日，慧如月，智慧常明。於外著境，被自念浮雲蓋覆，自性不得明郎。若遇善知識，聞得正法，自除迷妄，內外明徹，於自性中萬法皆現。見性之人，亦復如是。
> 此名清淨法身佛。〔註69〕

慧能認為自性本來就是清淨的，而萬法也是從是從自性而生，自性的清淨就如同日月一樣的永遠明亮，但有時因雲霧覆蓋，使得上明下暗，下不能見到上的光明，不過如果遇到大風一吹拂，烏雲散盡，日月的光明又能頓見了。慧能在此說明自性的本來清淨，以自性為戒的「生死哲學」基楚，必能有安然自在的生死觀。

自性的另一個特質為「轉化」，《壇經·懺悔品》云：「若不思萬法，性本如空，一念思量，名為變化。」〔註70〕慧能認為吾人有思考能力，不可能不去思考，如果不去思考就會陷入斷滅的境界。但是思考又有善惡變化，思量惡法，當下就化為地獄，思量善法，則當下就成為天堂。善法與惡法全在吾人一念之間，這些都是自性的變化。若一件事情能從善的角度去看，則惡法就能轉化成善法，反之善法就會或成為惡法。慧能肯定能轉化，即使是念念相續的妄念也可以轉化成正法正念。「轉化」使吾人有豁達「生死哲學」觀。

自性又另一個特質是「圓滿」，

《壇經·懺悔品》云：

> 莫思向前，已過不可得。常思於後，念念圓明，自見本性。善惡雖殊，本性無二。無二之性，名為實性。於實性中，不染善惡，此名

〔註69〕元·宗寶，《六祖大師法寶壇經》，《卍正藏》59冊，台北：新文豐出版社，民69年4月，頁0016下。

〔註70〕元·宗寶，《六祖大師法寶壇經》，《卍正藏》59冊，台北：新文豐出版社，民69年4月，頁0016下。

> 圓滿報身佛。自性起一念惡，滅萬劫善因。自性起一念善，得恆沙
> 惡盡，直至無上菩提。念念自見，不失本念，名爲報身。〔註71〕

慧能認爲修行者若能不要常常想過往的種種，能多思量以後的行爲，而且在每一念中都能念念光明，必能體悟到自性圓滿的生死觀。修行者如果一念惡，千年來所累積的善因也會消滅；如果一念善，千百萬劫以來的惡業也會盡淨。雖然人的念頭會隨著善惡環境而有分別，但是善與惡本出於眞如門，心的生滅能轉心入眞如，惡也有轉善的可能，如此是以自性爲界的思想。

　　慧能的無相戒顯然在戒體和戒相兩方面都有其獨創性，在戒體方面，慧能從自性清靜出發，強調依持本心，識心見性，覺悟成佛，把持戒與自心的開悟結合。在戒相方面，慧能以實相無相的般若思想來破除對各種形式戒條之執著，主張當下之心的念念無著，從自心啓般若觀照即是持戒。慧能的「無相戒」強調「戒」以心爲本，這與他的「即心即佛」的禪學思想的特點是相連一起的，是繼承傳統佛教戒法與發展，從自心的修持而達「生死哲學」的實踐功夫。

（二）無相懺悔戒

　　慧能要行「無相懺悔」，以滅三世罪障。

《壇經‧懺悔品》云：

> 今與汝受無相懺悔，滅三世罪，令得三業清淨。善知識！各隨我語。
> 一時道：弟子，從前念、今念及後念，念念不被愚迷染，從前所有
> 惡業愚迷等罪，悉皆懺悔，願一時消滅，永不覆起。弟子等，從前
> 念、今念及後念，念念不被憍誑染，從前所有惡業憍誑等罪，悉皆
> 懺悔，願一時消滅，永不覆起。弟子等，從前念、今念及後念，念
> 念不被嫉妒染，從前所有惡業嫉妒等罪，悉皆懺悔，願一時消滅，
> 永不覆起。〔註72〕

慧能要吾人將過去、現在及未來都須止住，將貪、瞋、癡、愚、妒都消滅。「無相懺悔」就是要請求寬恕從前所犯的全部過失，又決心永遠斷除此後的罪過。所以「無相懺悔」對修行者是非常重要的懺悔功夫，如果不懺悔，即使肯定

〔註71〕元‧宗寶，《六祖大師法寶壇經》，《卍正藏》59 冊，台北：新文豐出版社，民
　　　　69 年 4 月，頁 0016 下。
〔註72〕元‧宗寶，《六祖大師法寶壇經》，《卍正藏》59 冊，台北：新文豐出版社，民
　　　　69 年 4 月，頁 0015 上。

自性戒，也很難自修行起作用的。因爲每個人無始以來都帶有「業」，「業」有好有壞，好的能幫助修行，壞的就會阻礙修行者的發心，或是發心之後又會產生許多的執著與障礙。例如梁武帝在怖施上發了很大的心，但是卻被功德相所迷，此乃是「業」所引起的，要消除「業」就必須懺悔，經由懺悔，「業」才會消除。慧能要吾們經由自性的懺悔以滅罪緣。

《壇經‧懺悔品》云：

> 迷人修福不修道，只言修道便是福。布施供養福無邊，心中三惡元來造。擬將修福欲滅罪，後世得福罪還在。但向心中除罪緣，各自性中眞懺悔。忽悟大乘眞懺悔，除邪行正即無罪。〔註73〕

慧能告訴其弟子不明正法的人，只知修福不知修道，以爲修福就是修道，這種人儘管布施齋僧福田無邊際，但本性上的三毒貪、瞋、痴卻然在造罪。想用布施求福來消除罪業，雖然此生能享受所種的福報，但無始劫的罪緣乃在。只要從清除罪業的根由，那就是自性中眞正的懺悔。頓時悟得大乘眞懺悔法，除去邪念履行正道就能無罪。慧能認爲，只有於相離相才能識心見性，因此，懺悔也應以「無相爲體」，以自心爲本。「無相懺悔」不注重外在的形式，而是注重內心的體悟，因而慧能突破傳統佛教誦經咒、念懺悔文等等定式，強調自己在平時的言行進行深刻的反省，從而認識到一切惡行均受妄念雜心所汙染，要除去妄心雜念需依本然的清淨心，永斷惡業。

（三）無相三歸依戒

《壇經‧懺悔品》云：

> 善知識授與無相三歸依戒。善知識！歸依覺兩足尊；歸依正，離欲尊；歸依淨，眾中尊。從今日去，稱覺爲師，更不用歸依邪魔外道。以自性三寶常自證明。勸善知識，歸依自性三寶。佛者，覺也；法者，正也；僧者，淨也。自性歸依覺，邪迷不生，少欲知足，能離財色，名兩足尊。自性歸依正，念念無邪。以無邪見故，即無人我，貢高、貪愛、執著，名離欲尊。自心歸依淨，一切塵勞、愛欲境界，自性皆不染著，名眾中尊。若修此行，是自歸依。〔註74〕

〔註73〕 元‧宗寶，《六祖大師法寶壇經》，《卍正藏》59 冊，台北：新文豐出版社，民69 年 4 月，頁 0017 上。

〔註74〕 元‧宗寶，《六祖大師法寶壇經》，《卍正藏》59 冊，台北：新文豐出版社，民69 年 4 月，頁 0016 上。

慧能認爲「無相三歸依戒」就是從自性中領悟三寶，佛就是覺，法就是正道，僧就是清淨。唯有歸依自性三寶，才能證得佛果。自心歸依覺，就不會產生邪見迷悟，就能成爲福慧雙足、功德圓滿的人間至尊。自心歸依正法，則念念不會有邪念，就能成爲離欲染煩惱的至尊。自心歸依淨，一切塵勞妄念即是存在自性，自性也不會因此而染著就能成爲受到眾人崇敬的至尊。慧能告訴其弟子要歸依三寶，是不要吾們去追求外在的三寶，畢竟外在三寶是有形的有限的，讓人容易產生執著。因此，慧能將外相三寶化爲自性三寶，使吾們自性歸依覺、正、淨。依此修行自性清淨無染、少欲知足，煩惱盡淨，慧能將「無相三歸依戒」完全落實在人的自心自性上，把向外求解脫的心轉化成向內自心的証悟，從而走上內在的超越之路，實踐超脫輪迴的「生死哲學」觀。

三、公案禪機的啓發

公案是用來啓發修行人作爲明心見性的題材，以便直契於佛心，洞察人生之究境。例如五燈會元、景德傳燈錄、宗敬錄，請益錄、古尊宿語錄、虛堂集等等皆是一般通行的公案禪籍。何謂公案？它本是「公府的案牘，所以剖斷是非」，現引申爲「祖師門應機垂示所用的語言和動作，所以剖斷迷悟」。〔註75〕禪宗認爲人皆有禪機。何謂「機」？《易經・繫辭》下傳第五章：「幾（同機）者，動之微，吉之先見者也。」莊子說：「物皆出於機。」〈至樂篇〉所謂「機」是一切萬物生命的開始。「禪機」就是我們人的原動力「自性」。三者所談的「機」雖然本質上皆有差異，但也都是在啓發吾們生命本源的認識；參禪在於把我們的自性發揚光大，時時刻刻護持，不受到外物之驅使，其所顯現的結果一定是純正的、至善的。禪是要求解捆綁生命活動的煩惱、繫縛，是爲一種崇尚自由的智慧實踐的學問，是生命哲學的實踐功夫。慧能大師常以公案來做啓發，後學在此提出三個公案以做說明：

第一則公案是引自

《壇經・機緣品》：

僧法海，韶州曲江人也。初參祖師，問曰：「即心即佛，願垂指諭。」
師曰：「前念不生即心，後念不滅即佛。成一切相即心，離一切相即
佛。吾若據說窮劫不盡。聽吾偈曰：即心明慧，及佛乃定。定慧等

〔註75〕陳榮波博士著，《禪海之筏》，志文出版社，1993 年 11 月再版，頁 228。

持，意中清淨。悟此法門，猶如習性。用本無生，雙修是正。〔註76〕」
僧人法海是韶州曲江人。來參見慧能大師，問即心即佛之理。慧能大師教導
法海，即心即佛就是要在自性中定慧雙修，超然脫離物相，不受物相汙染，
而禮拜自心之佛。「前念不生即心，後念不生即佛。」造就萬般物相的即是心，
超然脫離一切相即佛。能夠時時處於不取著內、外境界或事相是一種智慧的
實踐。

第二則公案是引自

《壇經・機緣品》：

> 有僧舉臥輪禪師偈云：「臥輪有伎倆，能斷百思想。對境心不起，菩
> 提日日長。」詩文之曰：「此偈未明心地，若依而行之，是加繫縛。」
> 因示一偈云：「慧能沒伎倆，不斷百思想。對境心數起，菩提作麼長！」
> 〔註77〕

我們的日常生活中，人的感覺或知覺官能觸動對內、外境，而產生分別認識
的作用。然而心靈的識別活動，本質上是剎那生滅的，並不會衍生煩惱而繫
縛身心。慧能認為，引生煩惱以致於成為身心繫縛，主要是緣於識別作用產
生後，人心面對所識對象，進而投以「自我意志」以自我為主而取、捨活動
所造成的。一旦吾人意志取、捨心識有對象，那麼，基於心靈活動「念念相
續」的存在實況，只要無人不能當下自覺、照察心念「本性空寂」而證見「真
如自性」，自然而然就會落入身心受制於煩惱繫縛之中。慧能提出面對外境，
若是斷絕一切心念，亦是增加了新的繫縛。所以，臥輪禪師說：「臥輪有伎倆，
能斷百思想。對境心不起，菩提日日長。」慧能認為「此偈未明心地，若依
而行之，是加繫縛。」正是基於對

　　煩惱繫縛所由來的體認，慧能提出用以對治或解脫生命之煩惱繫縛的「無
念」修行，於是便落在促使自我本質表現為取、捨的「自我意志」之活動上，
不再隨著所識境相起現的生命哲學的實踐功夫。

第三則公案是引自《壇經・頓漸品》

> 師曰：「如師若為示眾？」對曰：「常指誨大眾，住心觀淨，常坐不臥。」

〔註76〕元・宗寶，《六祖大師法寶壇經》，《卍正藏》59 冊，台北：新文豐出版社，民
　　　　69 年 4 月，頁 0017 下。
〔註77〕元・宗寶，《六祖大師法寶壇經》，《卍正藏》59 冊，台北：新文豐出版社，民
　　　　69 年 4 月，頁 0022 下。

師曰：「住心觀淨，是病非禪。常坐拘身，於理何益？聽吾偈曰：「生
　　來坐不臥，死去臥不坐。一具臭骨頭，何爲立功課？」」〔註78〕

慧能認爲枯坐觀心是病態，非禪之眞意，只有體悟自性，才能無滯無礙，獲
得眞正的佛法。「自性」（梵語：svabhava）或「本性」（梵語：prakrti），慧能
觀察、反省吾人生命存在的生命性徵，而總結爲「人」是一種「念念不住」、
「念念相續，無有斷絕」的存有者。這種「人」之存有本質的發現，正爲解
脫成佛所以可能，以及修行功夫之爲必要的基礎觀念。「住心觀淨，是病非禪。」
體悟自性，才能無滯無礙，「自性」是要吾人求解脫煩惱的智慧之實踐中，建
立超越凡常的具體意義。慧能認爲吾人在主觀上、不起面對一切境相或取、
或捨的心念，當下就能處於般若智慧運作的狀態之中，而不離人心「念念不
住」的存有本質。因而「自性」具有存在的意義，是必須依修行者的實踐活
動而成就，而加以正顯和展現；假使離開修行者的實踐功夫狀態，即無具有
眞實生命的「自性」可言。因此，從修行中體悟自性是對治煩惱或解脫繫縛
的「生命哲學」實踐功夫。

〔註78〕元・宗寶，《六祖大師法寶壇經》，《卍正藏》59 冊，台北：新文豐出版社，民
　　　　69 年 4 月，頁 0023 上。

第四章　禪學思想中的養生觀

第一節　養生的定義

一、何爲養生

何謂「養生」？就從字面上的意義說，所謂的「生」是指生命，包括「形」與「神」兩方來說。當吾人生命結束之時，其狀況「五臟皆虛，神氣皆去，形骸獨居而終。」〔註1〕形體與精神是生命構成的兩大要素。明瞭養生之道，便能「形與神俱，而盡終其天年，度百歲乃去。」〔註2〕所謂「養」在許慎的《說文解字》提到「養，供養也，從食，羊聲。」〔註3〕「養生」就是供給或滿足生活所需的基本條件，使吾人生命得以延續。「養生」一詞，原出《管子》，又見於《莊子・內篇・養生主》，乃護養、保養生命，以達長壽的意思。《莊子・內篇・養生主》：「文惠君曰：『善哉吾聞庖丁之言，得養生焉。』」〔註4〕文惠君透過庖丁解牛所遵循之道，人須做到「依乎天理」、「因其固然」、「以無厚入有閒」的功夫，就能明白養生之道，在於能順應自然之理，避免自己受到傷害，《莊子・內篇・養生主》「緣督以爲經，可以保身，可以全生，可

〔註1〕 宋・史崧校正并音譯，《靈樞・天年》，王雲五四部叢刊初編子部（82），上海：商務印書館，1936年，頁134。
〔註2〕 《素問・上古天眞論》。
〔註3〕 許慎著，段玉裁注《說文解字》台北，黎明文化事業有限公司，1966年，第222頁。
〔註4〕 晉・郭象註，唐 成玄英疏《南華眞經疏》台北：譯文印書館1992年，第69頁。

以養親，可以盡年。」〔註5〕在人類的發展歷史中，經過無數漫長的歲月，健康長壽仍是人們一直嚮往與追求的願望，無論是原始人類的茹毛飲血，或是現代人津津樂道的各種保健食品，其目地都不外乎是為了盡可能地延長個體的生存時間和提高生命的本質。

「養生」是中國自古以來流傳已久的學說，是中華文化的寶藏。各種養生方術是透過調身、調息、調心等方法來修練人的精、氣、神三元，進而達到強身建體、防病怯病、延年益壽、開發吾人生命的潛能。中華民族的養生文化始於上古先民為了抵禦嚴酷的自然環境，增強體力，防治疾病之需求。養生是傳統文化的一個有機部份。在中國的歷史與文化佔有重要的地位，經過長期的發展與演變，對中國的政治、經濟、哲學、倫理道德、文學藝術、醫藥學、養生學、社會風俗等各方面都產生了重大的作用。在《呂氏春秋·節喪》中，養生就是不危害生命，說：「知生也者，不以害生，養生之謂也。」又說：「人之性壽，物者拍之，故不得壽。」〔註6〕可以預見，伴隨誤著社會物質文明的提高，人們對健康長壽的願望與要求也是與日俱增。古往今來，盡管人們賴以生存的自然條件和社會環境存在有極大的差異，但對健康長壽的要求卻是一致的。這正是人類自身對健康長壽的本能性的一種選擇，如此才形成中國養生文化的特色。

養生，又稱養性、攝生、道生、怡養等，即保健之謂。養生的內容，不但見於古醫籍中，凡文史哲和儒釋道經典多有論述。養生學專著，現存約有三百餘種，數千卷。老子「道法自然」，莊子「怡淡虛無」，孔子「自強不息」，荀子「制天命而用之」，子華子「流水不腐，戶樞不蠹」，等養生觀，促進中國傳統養生學的形成和發展。曹魏稽康的《養生論》、東晉葛洪的《抱朴子》、齊梁陶弘景的《養生延命錄》、唐代司馬承禎的《天應子》、宋代蒲虔貫的《保生要錄》、元代邱處機的《攝生消息論》、明代高濂的《遵生八箋》、清代汪昂的《勿藥元詮》等養生學名著，都是從食衣住行等日常生活的各方面，論述了養生的原則和方法，尤其記載了具有民族特色的、行之有效的多種導引術，展示了養生學豐富多彩的內容。〔註7〕

〔註5〕晉·郭象註，唐·成玄英疏《南華真經疏》台北：譯文印書館1992年，第67頁。

〔註6〕戰國·呂不韋，《呂氏春秋·本生》，台北：中華，民國68年4版。

〔註7〕見《中國傳統養生學精粹》陳可冀·周文泉主編，臺灣初版，臺北市：台灣商務，1991【民80】第42頁。

相對於世界其他地區的養生文化而言，華夏民族的養生理論與養生實踐由於有著古代哲學和中醫基本理論爲底蘊，所以顯的博大精深。它匯集了我國歷代勞動人民防病健身的眾多方法，融合了儒、釋、道及諸子百家的學術精華，堪稱一棵充滿勃勃生機濃厚東方神秘色彩的智慧之樹。〔註8〕在古代諸家的養生觀中，道教的養生注重修煉，儒家的養生注重頤養，佛教的養生重視悟性，民間養生注重實用，武術養生重視技擊。現代醫學的養生著重臨床，以及預防醫學。鑒於中國養生文化本身一方面蘊含了深奧的人體科學和古代哲學理論，另一方面它又是頗具實用性的大眾文化現象。

二、爲何要養生

養生，通俗的說，就是生命的保養；或說，生命的自我管理、養護。在科學文明的時代，現代人物質豐沛，文明病侵襲我們的身心靈，所以今天有越來越人重視養生的問題，這裡面蘊含著既簡單、又深刻的道理。

（一）生存是一切作爲的前提

《呂氏春秋·貴生》云：「聖人深慮天下，莫貴於生。」〔註9〕聖人深思熟慮天下的事，認爲沒有任何東西比人的生命更寶貴。這是爲什麼呢？

首先，從人自身來說，生命的存在與延續，是人自身一切欲求、須要產生和實現爲前提。人的耳朵雖然想聽悠揚的樂音，眼睛雖然想看艷麗的色彩，鼻子雖然想嗅芳香的氣味，嘴巴雖然想吃可口的酒食，皮膚雖然想接觸舒適的物品，四肢雖然想隨心所欲的活動，但是，如果生命不能存在、延續，那麼這一切都無從談起。人有七情六慾，但若生命不存在，則任何「情」、「欲」也都無從產生。所以，人自身生命的存在和延續，是人自身的一切欲求、需要產生和實現的前提，因而是人自身的第一欲求、第一需要。

其次，從自身以外來說，人的生命的存在和延續，是人的一切理想、願望和行動、作爲產生和實現的前提。人在有生之年，總有物質和精神的追求，即我們所說的理想、願望，實現自己的理想、願望須從事物質的精神活動。不管人們的理想、願望多麼美妙、宏偉，也不管人們爲實現其理想、願望所以從事的活動多麼威武雄壯、驚天動地，但都必須有個不可缺少的前提，就

〔註 8〕引自劉松來，《養生與中國文化》，江西高校出版社，1995 年 5 月第一版第 2 次印刷，第 1 頁。

〔註 9〕戰國·呂不韋，《呂氏春秋·貴生》，台北：中華，民國 68 年 4 版。

是自身身命的存在和延續。沒有這個前提,再美好的理想、願望,再驚天動地的壯舉,也無法產生,更無法實現。

總而言之,無論從自身內或自身外來說,人的自身生命的存在和延續,是不可虛與缺少的前提。如果沒了這個前提,那麼人們的一切欲求、需要、理想、願望以及行動、作為,都將不具有任何意義。於是,重己、貴己,重生、貴生的思想便產生了,並隨著人類社會的發展而不斷擴散、發展。自古以來,人們把生命看得比天子還尊貴,比天下還重要。例如,《呂氏春秋‧貴生》云:「今我生知我有,而利我也大矣。論其貴賤,爵為天子,不足以比焉;論其輕重,富有天下,不可以意之;論其安危,一曙失之,終身不復得。」又云:「天下,重物也,而不以期害生,又況於他物乎?」由此可知天下雖然寶貴,但聖人不因他而損害自己的生命。所以存在是一切作為的前提。

(二)健康、長壽是人人追求的目標

追求健康、長壽的養生之道,是「重己、貴己」,「重生、貴生」的思想所導致的邏輯產物。換言之,人們重己、貴己,重生、貴生,必然要追求健康、長壽必然地探求累積和創造養生之道。孫思邈在《千金要方》說:「天地之性,惟人為貴,人之可貴,莫貴於生。」〔註10〕生命之于人只有一次,失而不能復得,因此,普天之下,沒有一個人不重視其生命,不追求健康、長壽。但是健康長壽的追求,並非在其主觀範圍內就能完全解決或奏效的事,他是要受到客觀條件,尤其是科技水平、社會生產力水平和社會文明程度的制約。科技水平所決定的醫療水平,在危害人類健康的許多因素、疾病缺乏科學認識和根治辦法的狀況下,人們的健康、長壽是沒有保障的。在社會生產力對危害人類的自然災害缺乏抗禦的能力,給人們提供的物質文化的生活條件又相對缺乏的情況下,人們對於追求健康長壽同樣也是缺法保障。有此可知,追求健康長壽有下列因素:

1. 身體的素質,包括先天和後天的。一個人的先天素質如何固然對其健康、長壽有重大的影響,但更重要的是後天的保養。

2. 主觀的努力,包括意向、態度和方法等。有正面積極的觀念,才會有健康的身體。

3. 科技水平以及醫療預防保健的水平。他關係著人們是否能及時、順利地戰勝危害健康、長壽的疾病和傷殘。

〔註10〕唐‧孫思邈,《備急千金要方》,台北:新銳出版社,1994 年 5 月。

4. 社會生產力水平以及由此決定的物質文化生活條件。他直接關係著人們能否在多大程度上獲得健康、長壽所必需的物質文化生活保障。

所以，追求健康、長壽，就涉及養生問題的探討。

第二節　《六祖壇經》禪學思想中的養生觀

有了人類，也就有了預防保健活動；即使在不知用火的時期，也存在避害趨利的自發活動。正如《素問‧移經變氣論》所指出的：「往谷之人……動作以避寒，陰居以避暑。」歲月悠悠，生命種族在不斷翻習繁衍，與大自然病害的鬥爭也始終未能停歇。人們不斷的探索、嘗試、總結、淺灌、滋養著醫學的治療疾病和養生學的預防疾病，為人類卻病延年、健康長壽有著卓越的貢獻。隨著歷史的發展，歷經河套人、山頂洞人時代、仰紹文化、龍山文化時期，到了殷商時代（公元前十四紀左右）已出現最初的甲骨文，從出土文字看，其中有狀如洗澡的「浴」字，形同洗臉的「沫」字，展現出當時人們個人的衛生習慣。

春秋戰國時期，隨著社會生產進一步發展，學術界出現了百家爭鳴的局面。當時對養生影響最大的是儒、老、莊諸子及陰陽家等。儒家除了在禮節制度、飲食起居方面給養生以影響外，其所提倡的「仁」、「中庸」等思想也深刻地影響後世養生理論。老莊道家一派，由於以「根深固抵，常生久視」為目的，對養生影響更為直接。他們崇尚自然，要求返璞歸真，清靜無為；以靜為主，靜以養神而《老子‧十五章》「以動徐生」。《莊子‧刻意》篇：「吹響呼吸，吐故納新，熊經鳥申，為壽而已矣。」的呼吸導引養生法。西漢初，趁老莊而來的黃老學說盛行，揉合陰陽、神仙方士之術，在東漢時形成了道教。漢武帝時罷黜百家，獨尊儒術，改造儒家，使之神祕化而成為一種宗教儀式，漢明帝時，佛學東漸，皈依者日眾，出現儒、釋、道三教鼎立的局面。三教的差異比較在後面章節後學另有闡述。

在古代人們常常以「心」來指其主觀的精神，因此，從精神上的根本轉變和超越，被視為是心的解脫，「心」也就成了解脫的主體。《舍利弗阿毗曇論》卷二十七記載說：「若心不解脫，人非解脫相應。……若心解脫，人解脫相應。」〔註11〕禪宗和慧能皆強調心的解脫為生命的一大課題。他們所說的修心和心的解脫，就是說經由修心而達心的開悟解脫之境界。《壇經》心的解

〔註11〕《舍利弗阿毗曇論》卷二十七，《大正藏》第28冊，台北：新文豐出版社1983年1月修訂一版，頁698中。

脫是要人們把握當下之心，強調解脫是任心自運，是「內外不住，來去自如」〔註12〕的一種境界。心的解脫是成佛的終極理想，也是《六祖壇經》禪學思想中的養生觀。

一、心平氣和

從佛家的養生觀點來說，佛家主張「無生」，以有生爲空幻，縱使延年益壽，終難免一死，形體總是要壞的。因此特別注重精神的超脫，而不在乎形體的存無；釋家重視戒律，其五戒（不殺生、不偷盜、不邪淫、不妄語、不飲酒食肉），十誡（不殺生、不偷盜、不邪淫、不妄語、不飲酒、不塗飾香料、不歌舞、不眠高廣華麗坐床、不食非時食、不蓄金銀寶）等戒律，主張無欲無求的養生觀。禪宗的「五緣」有（持戒清淨、一食具足、閒居境處、息諸緣務、得善知識），「呵五欲」有（色、聲、香、味、觸），「棄五蘊」有（貪欲、瞋恚、睡眠、掉悔、疑），「調五事」有（調食、調眠、調身、調息、調心），「行五法」有（欲、精進、念、巧慧、一心）等對身心的修養和養生都是有很大的幫助的，禪宗的禪學思想對現代養生觀是不可或缺的一環。

《壇經》禪學思想的養生觀，對於繁忙的現代人有著深刻的影響，從身心靈的喜悅，從清淨心的體悟，從修行上去除無明，情緒中喜怒哀樂的平衡而達心平氣和的養生觀。

《壇經·般若品》云：

> 善知識！世界虛空，能含萬物色象。日月星宿、山河大地，泉源溪澗，草木叢林，惡人善人，惡法善法，天堂地獄，一切大海，須彌諸山，總在空中。是人性空，亦復如是。善知識！自性能含萬法是大，萬法在諸人性中。若見一切人，惡之與善，盡皆不取不捨，亦不染著，心如虛空，名之爲「大」，故曰「摩訶」。〔註13〕

「摩訶」是佛性的境界，它容量廣大，能包含萬物，而又不染不著，心如虛空，故名爲「大」。人的自身本有佛性能包容萬物，萬事萬物都存在於自身的佛性中。若能對世界上的人，無論它是善的還是惡的，都能做到不偏愛、不捨棄，也不執著，不粘心，心如虛空般包容一切，心就會如止水平靜無礙，

〔註12〕元·宗寶《六祖大師法寶壇經》，《卍正藏》59 冊，台北：新文豐出版社，民69 年 4 月，頁 0010 下。

〔註13〕元·宗寶，《六祖大師法寶壇經》，《卍正藏》59 冊，台北：新文豐出版社，民69 年 4 月，頁 0009 上。

達到心平氣和的養生境界。

二、心通無礙

　　慧能大師以修禪定為主，創下頓悟法門，對於諸種煩惱的負面情緒要減少、消除和淨滅。認為必須通過修行，最後才能達到無煩惱般若境界。凡人都有煩惱的，煩惱會忽然生起，時而減少或消滅，要消除煩惱須追求心靈的安詳、自在。曾漆發說：「安詳是突破業障以後的心靈感受，安詳乃是完美人格的總體現，人體修煉的總體成果；若有絲毫執著，動輒得咎。安詳是去除心垢以後的心靈感受，沒有牽掛、恐懼、緊張、仇恨、忌妒等等黑暗想念。安詳是擺脫六根六塵纏縛以後的心態。」〔註14〕由此可知心的安詳自在對於解脫煩惱是必要的修行課程，又如慧能大師說：

　　　　《壇經・般若品》云：

　　　　　若開悟頓教，不執外修，但於自心常起正見。煩惱塵勞，常不能染，
　　　　　即是見性。善知識！內外不住，去來自由。能除執心，通達無礙。
　　　　　能修此行，與《般若經》本無差別。〔註15〕

慧能認為心覺悟，不執於外在的修行，而是心中經常興起佛的正見，那麼世俗的種種煩惱都就不會沾染自己的心地，那也就見到自己的佛性了。既能斬斷內心的煩惱，又不留戀於外在的物相，精神就可以自由自在，如此便能破除虛妄固執之心，通達一切圓融，無滯無礙，通達心通無礙的養生境界。慧能當下解脫之心並非是模糊的觀念，也不是抽象的概念，而是存在現實中的生活之體驗，是吾人生命解脫的根本。由「去來自由，心體無滯，即是般若。」〔註16〕慧能禪學的養生觀，實際上是從自我在精神上完全超脫，是人性在自我體悟中的充分實現，是自心擺脫內外的一切束縛的自然顯現，也就是心靈的自我解脫以達心通無礙的自如境界。

三、心靈自在

　　　　《壇經・般若品》云：

〔註14〕曾漆發，《安詳禪概述》，《中華禪學》，1990年第12期，頁110。
〔註15〕元・宗寶，《六祖大師法寶壇經》，《卍正藏》59冊，台北：新文豐出版社，民
　　　　69年4月，頁0010下。
〔註16〕元・宗寶，《六祖大師法寶壇經》，《卍正藏》59冊，台北：新文豐出版社，民
　　　　69年4月，頁008下。

> 心量廣大，猶如虛空。無有邊畔，亦無方圓大小，亦無青黃赤白，亦無上下長短。亦無瞋無喜，無是無非，無善無惡，無有頭尾。諸佛剎土，盡同虛空。世人妙性本空，無有一法可得。自性真空亦復如是。〔註17〕

慧能認為世俗凡人以心度量外境為心量，佛以離所緣而現量見一切為心量。人的心體容量範圍廣大，有如虛空一樣。它是無邊無際的，無方無圓，沒有大小差異，沒有清、黃、赤、白顏色的不同，也沒有上下、長短的區分。也沒有瞋怒與歡喜，沒有是與非，沒有善與惡，沒有頭與尾。諸佛淨土，都如虛空知性。是人本具有如佛性般的虛空之性，所以沒有任何一法可以執著的，人的自性真空，不染一物，若能如此，煩惱淨盡，即能達心靈自在的養生境地。

慧能又認為，人之所以為人就在於他念念不斷，念念相續，煩惱就不斷。人的心念如果能自然流運，不滯不著，這即是「無念」，也是「正念」，正念是由「正如自性起念」。慧能所要求的「無念」是於念而無念，無念而常念的正念，正念是超越真妄的「本念」也就是本心之念，本然之念，即是人們自家生命的顯現。據此，慧能便要求「念念自見，不失本念」〔註18〕。這樣的無念即見性，見性即得解脫，即得解脫，心靈自在，為其養生觀。

四、以心印心

世尊所傳 之法是「以心印心」的無上甚深微妙心法，在靈鷲山會上所示現的「拈花微笑」。當時釋加牟尼佛在靈鷲山會中，大梵天王獻上金色的波羅花，世尊就拿著一朵波羅花示眾，眾弟子們皆不知其意，唯有大弟子大迦葉破顏微笑，世尊說：「吾有正法眼藏，涅槃妙心，實相無相，微妙法門，不立文字，教外別傳，附囑摩訶迦葉。」以心印心、以心傳心的「心法」，禪宗就是以此為歸依，歷代祖師傳承衣缽之外，也傳承釋尊所傳的「心法」。自古「衣缽易奪，心法難得」。

《壇經‧行由品》云：

> 昔達摩大師初來此土，人未之信，故傳此衣，以為信體，代代相承。

〔註17〕元‧宗寶，《六祖大師法寶壇經》，《卍正藏》59 冊，台北：新文豐出版社，民69 年 4 月，頁 0010 下。

〔註18〕元‧宗寶，《六祖大師法寶壇經》，《卍正藏》59 冊，台北：新文豐出版社，民69 年 4 月，頁 0016 下。

法則以心傳心，皆令自悟自解。自古佛佛惟傳本體，師師密付本心。〔註19〕

佛法之授受是以心印心相傳。禪宗祖師繼承，內傳法印，以契證心；外傳迦裟，以昭信體。諸佛的傳承，只傳法身本體。佛有三身，相於應身而言是法身，法身爲佛之眞身，法性之本體。歷代祖師繼立時，傳授的是對佛性的悟解，即「以心傳心」。禪之本意不立文字，故曰心印。

《壇經·機緣品》云：

> 僧法海，韶州曲江人，初參祖師，問曰：「即心即佛，願垂指諭。」
> 師曰：「前念不生即心，後念不滅即佛。成一切相即心，離一切相即佛。吾若具說，窮劫不盡。聽吾偈曰：即心名慧，即佛乃定。定慧等持意中清淨。悟此法門，由汝習性，用本無生，雙修是正。〔註20〕

慧能大師開導法海，即心即佛就是要在自性中定慧雙修，超然脫離物相，而禮拜自心之佛。陳榮波博士認爲，禪宗修行的終極目標在於悟，在於體證。無悟處，即無禪可言。此種悟力是從人的清瑩明澈之心體而來的。〔註21〕

《壇經·機緣品》云：

> 善知識！心量廣大，遍周法界用即了了分明應用便知一切。一切即一，一即一切。去來自由，心體無滯，即是般若。善知識！一切般若智，皆從自性而生，不從外入。莫錯用意，名爲眞性自用。〔註22〕

慧能認爲禪宗的精神在於體悟佛性，而不在於枯心空坐、斷絕心念。心量廣大，無所不及，周遍於宇宙萬事萬物。心的發用，世間萬相便了了分明；適應外在境相的變化，心體便得知一切。《楞嚴經》卷一云：「由心生故，種種法生。由法生故，種種心生。」「諸法所生，唯心所現。一切因果，世界微塵，因心成體。」若能了知心外無境，境外無心，心境無二，一即一心，心即一切，更無掛礙。一切般若之智，皆從本有的佛性而來，不是從外界獲得的。不要錯用了心，自身的佛性眞如，自家受用。禪宗是講「以心傳心」，特重心法的印證。

〔註19〕元·宗寶，《六祖大師法寶壇經》，《卍正藏》59 冊，台北：新文豐出版社，民69 年 4 月，頁 0007 下。

〔註20〕元·宗寶，《六祖大師法寶壇經》，《卍正藏》59 冊，台北：新文豐出版社，民69 年 4 月，頁 0017 下。

〔註21〕陳榮波博士著，《禪海之筏》，志文出版社，1993 年 11 月再版第，頁 225。

〔註22〕元·宗寶，《六祖大師法寶壇經》，《卍正藏》59 冊，台北：新文豐出版社，民69 年 4 月，頁 0008 下。

　　永嘉大師自述他的修道歷程：「吾早年來積學問，亦曾討疏尋經論，分別名相不知休，入海算沙徒自困，卻被如來苦訶責，數他珍寶有何益，從來蹭蹬覺虛行，多年枉作風塵客。」（證道歌）這一段話指出永嘉大師經由六祖心印之後的肺腑之言，強調心印在修道上的重要性。〔註 23〕慧能認爲佛性有如虛空，因爲祇有虛空才能容納萬法。也只有虛空才能不著任何物體現相，不受因緣所累，甚至連空本身亦不可執，直達佛的最高境界。慧能將禪修是爲修行者內心的一種體驗，因此，他從「自性般若」出發，起自性般若觀照是「不假文字」〔註 24〕的，只要能識自本心，見自本性，去除執心、妄心，就能成就佛道。「以心印心」爲其禪學思想的養生觀。

第三節　《六祖壇經》養生觀的特色

一、頓悟成佛

　　「禪」一字，梵語爲 Dhana，中譯爲思修惟，或譯爲靜慮或禪定。慧能的「頓悟法」是影響後世佛教最深的禪學思想，而他的其他思想都以「頓悟」爲最終意涵。例如「三無」的思想，是透過「念而無念」、「於相而離相」、「不住一切法」當中，使吾人的心念回復到純然的境界、去迷返悟，頓悟己的佛性；又如慧能強調「禪非坐」的思想，是在反對透過坐禪可以成佛，因爲「三世諸佛、十二部經，在人性中本自俱足。」〔註 25〕修行是不假文字方法與形式的，只要吾們能頓悟自性，當下就能進入佛的境界。由此可知，慧能將成佛視爲「自性覺悟」，自性若覺即能成就佛道。

　　《維摩經》云：

　　　富樓那！此比丘久發大乘心中忘此意，如何以小乘法而教導？之我觀
　　　小乘智慧微淺，猶如盲人，不能分別一切眾生根之利鈍。時維摩詰即
　　　入三昧，令此比丘自識宿命，曾於五百佛所植眾德本，迴向阿耨多羅
　　　三藐三菩提，即什豁然，還得本心，於是諸比丘稽首禮維摩詰足。時
　　　維摩詰因爲說法，於阿耨多羅三藐三菩提不復退轉。〔註 26〕

〔註 23〕陳榮波博士著，《禪海之筏》，志文出版社，1993 年 11 月再版第，頁 227。
〔註 24〕元・宗寶，《六祖大師法寶壇經》，《卍正藏》59 冊，台北：新文豐出版社，民 69 年 4 月，頁 0010 上。
〔註 25〕元・宗寶，《六祖大師法寶壇經》，《卍正藏》59 冊，台北：新文豐出版社，民 69 年 4 月，頁 0010 下。
〔註 26〕《大正藏》14 冊《維摩詰所說經》卷一台北：新文豐出版社，1983 年 1 月修

維摩詰告訴富樓那、比丘等，人因累世輪迴，卻忘卻了自己是大乘根機之人，
而大器根機之人何能用小乘法來引領呢？接著維摩詰就為這些比丘們說法令
他們能自識自己的宿命因緣，體證自己的本性，眾比丘在維摩詰的開示下當
下頓悟，明瞭自己原來亦有一顆與佛無別的菩提心，並且立即發心立願，誓
將成就無上正等正覺永不退轉菩提心。又一則在《維摩經》中提到魔女受到
維摩詰的感化，體認到「欲樂」不如「法樂」，可證法身慧命並非只有佛陀獨
有，只要能頓悟人人本有，即使是魔女亦能經由修行而進入佛國淨土，成就
佛果。〔註27〕另外，南北朝的竺道生亦提出頓悟法。

《肇論疏》云：

> 竺道生法師大頓悟云，大稱頓者，明理不可分，悟語極照。以不二
> 之悟，符不分之理。理智恚釋，謂之頓悟。〔註28〕

《大般涅槃經集》云：

> 夫真理自然，悟亦冥符。真則無差，悟起容易？不易之體，為湛然
> 常照，但從迷乖之，事未在我耳。〔註29〕

竺道生之大頓悟是因其主張「理不可分」，既然理不可分，而且法性理體又是
湛然常照，這樣一來，悟則全悟，不應有階次。他認為十住之內是不足以悟
道的，因十住之內都還是大夢之境，必須要修到十住的「金剛心」才能豁然
大悟，進而把一切的塵勞妄思消除，而證得菩提，超脫輪迴，出離生死苦海。

　　慧能的頓悟法門受到竺道生的影響，將頓悟與成佛互相連繫，將頓悟當
作是成佛最終、最根本的方法，更把頓悟的實現歸因於當下的每一個心念，
悟則是佛，迷則是眾生。

《壇經・般若品》云：

> 善知識，菩提般若之智，世人本自有之，只緣心迷，不能自悟，須
> 假大善知識示導見性。當知愚人、智人，佛性本無差別。只緣迷悟
> 不同，所以有愚、有智。〔註30〕

〔註27〕　訂一版，頁541。
〔註27〕　《維摩詰所說經》《大正藏》14冊卷一台北：新文豐出版社，1983年1月修
　　　　　訂一版，頁543。
〔註28〕　《肇論梳》中所引的道生語、見《卍續藏》第150冊，頁858。
〔註29〕　《大般涅槃集解》卷一《大正藏》37冊台北：新文豐出版社，1983年1月修
　　　　　訂一版，頁380。
〔註30〕　元・宗寶，《六祖大師法寶壇經》，《卍正藏》59冊，台北：新文豐出版社，民
　　　　　69年4月，頁0009上。

《壇經‧般若品》云：

> 一切經書因人說有。緣其中人中，有愚有智。愚爲小人，智爲大人。
> 愚者問於智人，智者與愚人說法。愚人忽然悟解心開，即與智人無
> 別。善知識！不悟即佛是眾生，一念悟時眾生是佛。〔註31〕

慧能認爲一切萬法皆因人而立，一切佛性皆在自性之中，故不悟則佛是眾生，
頓悟則眾生是佛。一切佛經都是爲了向人們講說佛法而立的，而非佛法本身。
佛法本在人心中，只可領悟，不可言說。《楞伽經》卷二云：「言教爲假名，
彼亦無有相。」以佛法比喻爲天上之明月，以文字解說比喻爲指月之手指，《楞
伽經》卷二云：「如愚見指月，觀指不觀月。計著名字者，不見我眞實。」是
說吾人不可誤認文字爲佛法。慧能的修行是不分階次，一悟即到佛地，即使
是大善知識亦不可依賴，因大善知識只是示導見性的方便法而已，提醒本有
自性之存在而已，開悟還是要靠自己，假若本性迷失，有大善知識的指點也
是徒勞無功，解脫的關鍵在自己本身悟與不悟，而不在外力的干涉。慧能的
頓悟之法亦無需像竺道生所言，要修到十地菩薩才能頓悟成佛，只要當下一
悟便至佛地。慧能將佛與眾生的差別，決定於吾人一念之間的迷悟。慧能的
頓漸之法，並非教法之外另有漸法，會有頓漸之分是因爲，人的根器問題。

《壇經‧般若品》云：

> 善知識！小根之人，聞此頓教，猶如草木根性小者，若被大雨，悉皆
> 自倒，不能增長。小根之人，亦復如是。元有般若之智，與大智人更
> 無差別，因何聞法不自開悟？緣邪見障重，煩惱根深。猶如大雲覆蓋
> 於日，不得風吹，日光不現。般若之智亦無大小，爲一切眾生自心迷
> 悟不同。迷心外見，修行覓佛。未悟自性，即是小根。〔註32〕

小根小器之人，自性邪心妄見，執迷心較重，煩惱心多無法悟得本性如同大
雨一下草木根性小的土地時，這些小草會被淹沒而無法成長。大雨就像是正
法，小根之人聽聞頓教法時，不像悟道之人能從中吸取養份，反而被淹死。
爲了根器小之人因無法承受無上頓教法，因此要求大善知識教導他們，等他
們邪見煩惱去除後，一聽聞頓法便會生起無量的法喜，當下便能悟道，通達
自在，進而達到解脫的境界。由此可知，慧能的禪法並無頓漸之分，只有迷、

〔註31〕 元‧宗寶，《六祖大師法寶壇經》，《卍正藏》59 冊，台北：新文豐出版社，民
　　　　69 年 4 月，頁 0011 上。
〔註32〕 元‧宗寶，《六祖大師法寶壇經》，《卍正藏》59 冊，台北：新文豐出版社，民
　　　　69 年 4 月，頁 0010 下。

悟問題。神會是慧能的嫡系子弟,對頓悟有其看法:

《神會語錄》云:

> 發心有頓見,迷悟有有遲疾。若迷即累劫,悟即須史。此義難知,
> 為汝先以作事喻,後明斯義,或可因此而得悟解。譬如一鋊之絲,
> 其數無量,若合為一繩,置於木上,利劍一斬,一時俱斷。絲數雖
> 多,不勝一劍。發菩提心,亦復如是。〔註33〕

由上文可知神會思想完全繼承慧能。神會說明慧能的頓悟法與成佛的關係。
一般眾生的煩惱無邊無盡,就如同一團數不盡的絲線一樣。如果能將絲線綑
成一束,再用寶劍一斬,這絲線亦將一下斬斷,無邊無盡的煩惱亦轉為清淨
的菩提。這煩惱與菩提的轉化就在人的一念之間,眾生若能一悟,頓悟到無
生法理,煩惱盡淨,就能悟得自己的心性與佛無差別。慧能的成佛之道亦是
如此。神會又說:

《神會語錄》云:

> 眾生見性成佛道。龍女須頓發菩提心,便成正覺。又令眾生入佛知見,
> 若不許頓悟者,如來即合遍說五乘;今既不說五乘,唯言眾生入佛知
> 見,約斯經義,只顯頓門,唯一念相應,實更不由階漸。〔註34〕

神會說:眾生只要能頓悟見性就能成佛,龍女在一瞬間覺悟成就了無上菩提,
進而成為正等正覺。神會認為這是佛所說的道理,如果佛陀不認同頓悟法,那
佛陀將會把五乘法當作至上法。但是佛並未將五乘法當作最終法,只要眾生能
入佛知見。依此可知佛陀只顯頓悟法門,成佛皆在一念之相應,確實不用階段
次序。神會再次將成佛與頓悟法門聯繫在一起,將漸法排除在在成佛法門之外,
慧能大師的頓悟法為其修行的最終之法。慧能的頓悟是要求人們當下的實踐之
心,所謂「悟」是自心任運,念念不起執著,自心本性自然顯現;「悟」必為頓
悟,它就在人們當下一念之中得以實現。慧能的頓悟不假漸修,融修於悟之中,
頓修頓悟,頓悟頓修,這是慧能頓悟成佛養生觀的特色之一。

二、識心見性

慧能所言的心都是以人們當下的心為依持,識心見性是指識自心的自我

〔註33〕邢東風釋譯,《神會語錄》,臺北:佛光山宗務委員會印行,1996年8月出版,
頁149。

〔註34〕邢東風釋譯,《神會語錄》,臺北:佛光山宗務委員會印行,1996年8月出版,
頁107。

觀照，是人們自心的自在任運，既沒有一個心可以識，也沒有一個性可以見，
只有在內外無著之中才能顯現本自俱足一切無相無念無住的本然，因此，慧
能反對觀心看佛，強調眾生與佛的本來不二，凡聖的別只在迷悟之不同，而
迷悟又只是有念與無念之別，慧能說：

《壇經‧機緣品》云：

　　善知識！智慧觀照，內外明徹，識自本心。若是本心，即本解脫。
〔註35〕

　　若無塵勞，智慧常現，不離自性。悟此法者，即是無念、無憶、無
　　著，不起誑妄，用自真如性，以智慧觀照。於一切法，不取不捨，
　　即是見性成佛道。〔註36〕

慧能認為眾生自心圓滿俱足，自性常起正見，即是見性。識心、見性與開悟、
解脫具有相同的意義。識心見性是於「念念無著」之中實現的，慧能的「識
心見性」具有修行法、解脫境的特色，同時，它又不離現實的生活。要求任
心自運，內外無著，行「無念行」。這裡所說的「無念」，並非要人百物不思，
一念斷絕，等同木石，因為那樣也就無所謂的解脫了。慧能主張的無念，無
的是妄念，即「不於法上生念」。至於正念，是「念念不斷」的。「一念斷即
死」還能談何解脫呢？慧能說：

《壇經‧機緣品》云：

　　善知識，於諸境上心不染，曰無念。於自念上，常離諸境，不於境
　　上生心。若只百物不思，念盡除卻，一念絕即死，別處受生。〔註37〕

由此可知慧能注重現實之人的解脫。這裡的「別處受生」主要的不是在表達
「形神相離」、「輪迴轉生」的思想，而是在突顯當下解脫之事。人之所以為
人就在於他念念不斷，念念相續。人的心念自然流轉，不滯不著，這樣既是
「無念」，也是「正念」，正念是「真如自性起」。慧能又說：

《壇經‧定慧品》云：

　　善之識！無者無何事，念者念何物？無者無二相，無諸塵勞之心，

〔註35〕元‧宗寶，《六祖大師法寶壇經》，《卍正藏》59冊，台北：新文豐出版社，民
　　　　69年4月，頁0011上。

〔註36〕元‧宗寶，《六祖大師法寶壇經》，《卍正藏》59冊，台北：新文豐出版社，民
　　　　69年4月，頁0010上。

〔註37〕元‧宗寶，《六祖大師法寶壇經》，《卍正藏》59冊，台北：新文豐出版社，民
　　　　69年4月，頁0014上。

> 念者念眞如本性。眞如即是念之體，念即是眞如之用。眞如自性起
> 念，非眼、耳、鼻、舌能念。眞如有性，所以起念。眞如若無，眼、
> 耳、色、聲當時即壞。善知識！眞如自性起念，六根雖有見聞覺之，
> 不染萬境，而眞性常自在。〔註38〕

也就是說，自然任運的無念之念就是體，無念之念的自然任運就是用，眞如
的體用就是無念之念本身，兩者「亦無差別」。因此，慧能所要求的「無念」
是於念而無念，無念而常念的正念，正念是超越眞妄的「本念」也就是「本
心之念，本然之念」，實即人們自家生命的顯現。據此，慧能便要求《壇經·
定慧品》云：「念念自見，不失本念。」〔註39〕這樣的「無念」也就是見性成
佛道了。這樣，修行法與解脫境在「無念」就合而爲一了。所以，「識心見性」
是慧能養生觀的特色。

三、即心即佛自在解脫

在中國古代思想中，往往把具有主觀精神活動是爲人與他物相區別的一
個標誌，而主觀精神又常被歸結爲「心」、「心神」或「心念」。這樣，慧能把
心與性都統一到人們的當下之心，實際上也就是把佛拉向普通的人。因此慧
能說：

《壇經·附囑品》云：

> 自性若悟，眾生是佛；自性若迷，佛是眾生。自性平等，眾生是佛；
> 自性邪險，佛是眾生。汝等心若險曲，即佛在眾生中；一念平直，
> 即是眾生成佛。我心自有佛，自佛是眞佛。自若無佛心，何處求眞
> 佛？〔註40〕

慧能的「即心即佛」把佛性拉回到人的自身，因而他所說的解脫也就是人心
的自在任運，是人於當下生存中自性的覺悟，而不是傳統佛教所謂的「出世
解脫」。慧能的解脫是以當下的「自在解脫」爲其重要的特徵。慧能的即心即
佛、自在解脫，本質上是一種自成佛道的自我解脫之法，強調事依靠自力，
要人們靠自信與自力去實現自我的拯救與解脫。慧能一方面強調「萬法在自

〔註38〕元·宗寶，《六祖大師法寶壇經》，《卍正藏》59 冊，台北：新文豐出版社，民
　　　　69 年 4 月，頁 0014 下。
〔註39〕元·宗寶，《六祖大師法寶壇經》，《卍正藏》59 冊，台北：新文豐出版社，民
　　　　69 年 4 月，頁 0016 下。
〔註40〕元·宗寶，《六祖大師法寶壇經》，《卍正藏》59 冊，台北：新文豐出版社，民
　　　　69 年 4 月，頁 0029 上。

性」要人放棄對外在於自我的一切東西（哪怕是佛、是道）的追求，另一方面又突出自心的覺悟，強調依靠自心來實現自我的解脫，而這種解脫是不離凡夫身、不離世間的。融和宗教的信仰於現實生活中，將超越的情懷委於當下，把解脫的主動權放到各人的手上，這成爲慧能養生觀的一大特色。

第四節　《六祖壇經》禪學思想對現代養生觀的應用

一、無念爲宗、無相爲體、無住爲本

　　中國佛教醫學，就離不開禪宗。禪宗是中國化佛教，它多方面吸收了儒、道兩家的思想，同時反過來影響著儒道兩家的發展。從中國養生醫學的觀點看，人的身心是一個整體。就個人說求得自我心身內外的和諧是健康的第一要義。人會生病往往是因爲「我執」引起的，而導致身心失調，因而百病叢生。禪除了對人類社會有其重要意義（如哲學上的、文學上的、信仰上的等等）之外，在「養生」問題上，破除「執著」實是最應重視。人要保養其身心，就要調節好自己的生理和心理兩個方面。如何調節好自己的身心，禪宗並不要求你去故意做甚麼，而是在日常生活中能自自然然、平平常常地生活。「春看百花秋看月，夏有涼風冬有雪，若無閒事掛心頭，便是人間好時節。」所以，慧能大師要我們在日常生活中要無所執於相、念、住，而得自在解脫。慧能說：

《壇經・定慧品》云：

　　善知識！我此法門，從上以來，先立無念爲宗，無相爲體，無住爲本。〔註41〕

「無相」是說對一切現象不要去執著，也就是離相，因爲一般人往往執著現象以爲實體，這是「取相著相」障得自性，如雲霧覆蓋天空一樣，如果能「於相離相」則可頓見性體本來清淨。認識到萬相無相，是清心養生的本體。何名無相？「無相者於相而離相」。這裡有二層意思：第一，「凡是有相，皆是虛妄」，這是對萬法的眞實性加以否定。萬法既不眞實，故不可執著。第二，實相無相，性本清淨。這是以破邪顯正，以無相之實向來表示無相之心。在破除萬相的虛幻後，慧能即將心性突顯出來，作爲解脫的依據。

〔註41〕元・宗寶，《六祖大師法寶壇經》，《卍正藏》59 冊，台北：新文豐出版社，民69 年 4 月，頁 0014 下。

　　「無住」是說人的自性本來是念念不住，前念、今念、後念是相繼不斷的，如果一但停止在某一事物上，那麼就不能念念不住而是念念即住了，這樣「心」就被束縛住了，「心不住法即流通，住即被縛。」如果能對一切事物念念不住，過而不留，這樣身心就不會被束縛。

　　「無念」不是百物不思，念盡除卻，不是對任何事物都不思量，而是在接觸事物時，心不受外境的影響，「不於境上生心」。「念」是心的作用，心所對的是境，一般人在境上起念，如境美好，那麼就在境上起念，而有貪；如境不好，那麼就在境上起念，而有瞋。因此一般人的「念」是依境而起，隨境變遷，這樣的「念」是「妄念」，經常為境所役使，而不得自在。如果能「於諸境上心不染」，這樣就可以不受外境干擾，雖處塵世，卻可無染無雜，來去自如，自性常清淨，心性平和而百病不入。因此，禪宗的養生最重要是從養性上作培養。

　　因此，「三無」的禪學想應用到現代養生觀有下面兩點：第一，慧能禪法之基礎的「心」，既非真心，又非妄心，而是念念不、念念無住的當下現實之心；它又可說是真心（無念、無住即真），又是妄心（起念、有著即妄），又兼真妄而有之。作為真心，它是解脫的主體；作為妄心，它是繫縛的根源。迷悟凡聖，就在自己的一念之中。第二，慧能禪的思想所關注的是每個人的自我解脫，它並不是探究萬法的來源，也不是尋求萬法的本體。但是，在慧能對人的解脫的論述中，表現出它獨特的本體論思想，這就是它超越了傳統的本末、體用之二分對立，把當下一念的對立泯滅，而形成其唯當下現實之心的本體論思想，把「當下現實之心」應用到現代養生觀中。

二、動靜不二　性自清淨

　　吳汝鈞教授說：「禪的本質在於一個動靜的心靈，這心靈或主體性恆時在作用中，在對世間作不取不捨的妙用。因此禪是無所謂靜態的，即是這禪心恆時在起動，恆時在動態中。」〔註42〕在養生方面住心坐禪的重要，

　　《壇經‧坐禪品》云：

　　　　此門坐禪，元不看心，亦不看淨，亦不是不動。若言看心，心原是
　　　　妄。知心如患，故無所看也。若言看心，心原是妄。知心如患，故
　　　　無所看也。若言看淨，人性本淨，由妄念故，蓋覆真如。但無妄想，

―――――――――

〔註42〕吳汝鈞著，《游戲三昧：禪的實踐與終極關懷》初版，臺北市：臺灣學生，民
　　　　82，頁 164。

性自清淨。〔註43〕

慧能大師要吾們只要能自見清淨本心，自修自行即是真正坐禪的境界。坐禪既不執著於看心，也不執著於看淨，也不是要常坐不動。如果又執著看心，心原本就是虛妄不實。知道心屬虛妄也就無所著了。

《壇經・坐禪品》云：

> 起心看淨，卻生淨妄。妄無所處所，看者是妄。淨無形相，卻立淨
> 相，言是工夫。作此見者，障自本性，卻被淨縛。〔註44〕

若是一味的追求清靜，就會生出虛妄不實的清妄境界。虛妄不實，故無處所。既無處所而又追求觀想，是為妄想。淨是無形無相，不去不來，如果事先立下看淨之心，反而障蔽本性，而生煩惱心。

《壇經・坐禪品》云：

> 善知識！若修不動者，但見一切人時，不見人之是非、善惡、過患，
> 即是自性不動。〔註45〕

慧能大師認為自性的修持，不僅不見人之是非、善惡、過患，更要求口不議論他人之是非，而且心中泯滅世俗是非、善惡、罪福的區別，視為同一不二。認識到一切皆因緣和合，俱屬虛幻，方能增進定力，自性不動。心能動靜不二，亦能增進養生之道。將其「動靜不二，自性清淨」的禪學思想應用到現代養生觀。

三、自在神通　游戲三昧

《壇經・頓漸品》云：

> 若悟自性，亦不立菩提涅槃，亦不立解脫知見。無一法可得，方能
> 建立萬法。若解此意，亦名佛身，亦名菩提涅槃，亦名解除知見。
> 見性之人，立亦得，不立亦得，去來自由，無滯無礙，應用隨作，
> 應語隨答，普見化身。不離自性，即得自在神通，游戲三昧，是名
> 見性。〔註46〕

〔註43〕元・宗寶，《六祖大師法寶壇經》，《卍正藏》59 冊，台北：新文豐出版社，民
　　　　69 年 4 月，頁 0014 下。

〔註44〕元・宗寶，《六祖大師法寶壇經》，《卍正藏》59 冊，台北：新文豐出版社，民
　　　　69 年 4 月，頁 0014 下。

〔註45〕元・宗寶，《六祖大師法寶壇經》，《卍正藏》59 冊，台北：新文豐出版社，民
　　　　69 年 4 月，頁 0014 下。

〔註46〕元・宗寶，《六祖大師法寶壇經》，《卍正藏》59 冊，台北：新文豐出版社，民

慧能認為若是覺悟之人，必能達到涅槃解脫的境界。必再修證菩提涅槃，不必再修證解脫知見。身外無法，在自性中來去自由，沒有阻礙，依據形勢而隨機動作，依據語言環境而隨口應答，處處表現都是化身佛。只要不離自身佛性，自在欣悅，無所滯礙，就能自在變化，游戲於禪定的境界中，這即見性，亦是養生之道。所謂游戲三昧，是禪者或覺悟者以三昧為基礎，在世間自在無礙地進行種種教化、點化、轉化的工夫，對於不同情境、條件的眾生，皆能自在地拈弄，以適切的手法或方便去回應，使他們都得益，最後得覺悟。禪者運用種種方便法門，總是那樣揮灑自如，得心應手，了無滯礙，仿如游戲，完全沒有侷束的感覺。〔註47〕

　　禪的游戲，必須以三昧為基礎，否則意志不易把持得住，易流於蕩漾；三昧是梵語的音譯，意為禪定。這本是一種使意志集中起來，不向外散發的修行。在三昧的修習中，修行者所關心的，是如何強化自己的意志，使如金剛石般堅住，不對外起分別意識，不與外界作主客對立，不為外在的感官世界所吸引、誘惑。在整個修習過程中，意志的純化是最重要的功課。在方法上，這功課需要在清淨和寂靜的的環境中進行，因而它予人的靜態感也不能免。這是心靈的凝定階段。這階段過後，純化的工夫完成了，心靈便可從凝定的狀態中躍起，在世間起種種作用，教化眾生。〔註48〕見性之人並不離開行、住、坐、臥，視、聽、言、動，它只是一個心靈自由、自由自在的人而已。慧能「自在神通，游戲三昧」的禪學思想，應用於現代的養生觀亦是有所助益的。

四、住心觀淨　是病非禪

　　坐禪觀心是傳統佛教的修行方法之一，但慧能對坐禪提出他獨特的看法。禪宗以禪命宗，卻並不以坐禪入定為功夫。自菩提達摩來華傳禪，此系的禪法一直比較注重「隨緣而行」，但也並沒有完全排斥坐禪調息等傳統的習禪形式，五祖弘忍大師對「坐禪」都還是身體力行的，道信和弘忍在組織方便法門時，都還給「坐禪」留了一席之地。但到慧能時，卻明確提出了禪非坐臥，反對執著坐禪。慧能根據離相無念即為識心見性、頓悟成佛的思想，

　　　　69 年 4 月，頁 0023 下～0024 上。
〔註47〕吳汝鈞著，《游戲三昧：禪的實踐與終極關懷》初版　臺北市：臺灣學生，民
　　　　82，頁第 164。
〔註48〕吳汝鈞著，《游戲三昧：禪的實踐與終極關懷》初版，臺北市：臺灣學生，民
　　　　82，頁 164。

把修禪融於日常的行住坐臥之中，並對「禪定」作了新的解釋。他說。

《壇經・坐禪品》云：

> 善知識！何名坐禪？此法門中，無障無礙，外於一切善惡境界心念不起，名爲坐；內見自性不動，名爲禪。善知識！何名禪定？外離相爲禪，內不亂爲定。外若著相，內心即亂。外若離相，心即不亂。本性自淨自定，只爲見境思境即亂。若見諸境心不亂者，是眞定也。
>
> 善知識！外離相即禪，內不亂即定。外禪內定，是爲禪定。〔註49〕

這就是說，只要於境界上不起念，自性自定，就是禪定了。如果執著於「坐禪」追求入定，那是障自本性，與道違背，是障道因緣。根據這種思想，慧能多次駁斥了神秀北宗「住心觀靜，常坐不臥。」〔註50〕慧能要「念念自淨其心」〔註51〕「於念念中，自見本性清淨。」〔註52〕如此修行，才能見性成佛。當智誠、神秀常教人「住心觀靜，常坐不臥。」時，慧能說：

《壇經・頓漸品》云：

> 住心觀淨，是病非禪。常坐拘身，於理何益？聽吾偈曰：「生來坐不臥，死去臥不坐。一具臭骨頭，何爲立功課？」〔註53〕

慧能認爲常坐觀心是病態的行爲，只有體悟自性，才能無滯無礙，獲得心靈眞正的解脫。自性的修煉如執著於有形的肉體，是無法自悟。長年打坐，身體受到拘束，對於體悟佛法有甚麼好處？慧能認爲悟在自心不起妄念執著，而不在於坐臥的形式。如果於行住坐臥之中能念念無著，那就等於時時入定。這樣就把禪定與日常生活完全結合在一起，禪與生活融而爲一了，於一切時中的起心動念都能體悟自性眞如，是最佳的養生之道。

〔註49〕元・宗寶，《六祖大師法寶壇經》，《卍正藏》59 冊，台北：新文豐出版社，民69 年 4 月，頁 0014 下～0015 上。

〔註50〕元・宗寶，《六祖大師法寶壇經》，《卍正藏》59 冊，台北：新文豐出版社，民69 年 4 月，頁 0023 上。

〔註51〕元・宗寶，《六祖大師法寶壇經》，《卍正藏》59 冊，台北：新文豐出版社，民69 年 4 月，頁 0015 上。

〔註52〕元・宗寶，《六祖大師法寶壇經》，《卍正藏》59 冊，台北：新文豐出版社，民69 年 4 月，頁 0015 上。

〔註53〕元・宗寶，《六祖大師法寶壇經》，《卍正藏》59 冊，台北：新文豐出版社，民69 年 4 月，頁 0023 上。

第五章　兼與中國傳統儒道兩家養生觀之比較

第一節　《六祖壇經》禪學思想的養生觀與儒家之比較

　　中國的養生文化，在漫長的歷史發展中，中國古代勞動人民經過一代又一代的努力不懈，終於以自己的聰明睿智創造出一系列與疾病和衰老抗衡的獨特理論和方法，逐漸使養生成了一種極具華夏民族特色的文化現象。在這條源遠流長的文化長河中，我們不僅可以領略到許多古代養生人物的風采，而且還爲博大精深的民族文化又煥發著勃勃生機而感到無限自豪。在古代先秦諸子百家學說中，影響最大莫過於儒、道兩家。

一、儒家的養生思想

　　儒家的思想是中國文化的主流，他們重視生命的實踐，有積極的人生觀，從而實現人生的價值與社會的抱負。儒家的養生文化對中國古代養生學有不可忽略的影響。如《莊子》的〈養生主〉篇、《易經》的頤卦、《詩經》、《春秋》等儒家經典中，皆有涉及養生內容。孔孟之道爲基礎發展起來的儒家是以「仁愛」爲核心，中庸以修身、齊家、治國、平天下爲己任，其仁愛思想也包括了孝悌、寬、信、敏、慧、儉、恭、謙、溫、剛、毅、勇等道德行爲規範，從而將追求至善至美的道德作爲自己的最高目標，把人的自我完善放到最重要的位置。孝悌是中國文化的精神，是人格培養的重要思想，有健全的人格發展就有健康的身體。《壇經·疑問品》云：「恩則孝養父母，義者上

下相憐。」〔註1〕心常懷感恩孝養父母的，遵循仁義上下相憐恤。慧能大師也很重視孝悌。

孔子不但博學多才，精通六藝，而且也善於養生之道。從《論語‧鄉黨》篇中可以看出，孔子對於飲食起居方面的規矩很多。《論語》所謂的「仁愛」，是要求做到「忠恕」，待人以寬，賜人以惠；對己則應「罕言利」，節儉而謙恭有禮。孔子對顏回的「一簞食，一瓢飲，在陋巷，人不堪其憂，回亦不改其樂。」大加褒獎、讚嘆。自己也是「飯疏食飲水，曲肱而枕之，樂亦在其中也。不義而富且貴，於我如浮雲。」這種思想品行的修養，從養生的角度來看，也是致壽之道。所謂

「仁者不憂」、「君子坦蕩蕩」以及「仁者壽」等，仁者，是有德之人，因此，有德之人，必也長壽。《中庸》云：「故大德……必得其壽」。孔子將壽與仁、德相互結合，「仁者壽」、「德者壽」是先秦儒家最典型的養生思想。儒家十分重視禮節，其中社即日常生活起居、婚喪嫁娶的一些制度，同養生有直接的關係。如在生活起居，尤其飲食節生方面，《論語》談到了「魚餒而肉不食，色惡不食，臭惡不食，失飪不食，不時不食，割不正不食，不得其醬不食。肉雖多，不使勝食氣。為酒無量，不及亂。沽酒是脯不食。」「食不語」等等；在睡眠方面，主張「寢不言」以及「寢不尸，居不客」等等。這些認識均符合防病的衛生要求。此外，《論語》還記載了孔子對藥性不明的藥物不輕易用，足以見其對養生的審慎態度。

二、《六祖壇經》禪學思想的養生觀與儒家之比較

《論語‧鄉黨》篇記載，孔子有十不吃：

> 食不厭精，膾不厭油。食饐而餲，魚餒而肉敗，不食。色惡，不食。臭惡，不食。失飪，不食。不時，不食。割不正，不食。不得其醬，不食。肉雖多，不使勝食氣。惟酒無量，不及亂。沽酒市脯不食。不撤薑食，不多食。祭於公，不宿肉。祭肉不出三日，出三日，不食之矣。食不語，寢不言。雖蔬食菜羹瓜祭，必齊如也。

孔子非常注意飲食養生，不但不吃腐敗變質的魚肉，對於霉爛的糧食和不新鮮的食物，或烹調不當的食物也不吃。明人張岱在《老饕集序》說：「中古之世，知味惟孔子。『食不厭精，膾不厭細』，『精、細』二字，已得飲食之微，

〔註1〕元‧宗寶，《六祖大師法寶壇經》，《卍正藏》59冊，台北：新文豐出版社，民69年4月，頁0013上。

至熟食則概之『失飪不食』，蔬實則概之『不時、不食』。四言者，食經也，亦即養生論也。」〔註2〕

孔子說：「肉雖多，不使勝食氣。」錢穆先生在《論語新解》中說：「食肉多於飯氣，則傷人。古食禮，牛羊豕腸胃之肉皆盛於俎，醯醢之醬調味者盛於豆，正饌之外又設加饌，肉品特多，黍稷稻粱則設於簋，進食不宜偏勝也。」〔註3〕孔子認為吃肉的量多於五穀則傷人，市場上賣的肉乾不知道是甚麼肉做的也不食，唯恐食物不潔而傷身。由此可見孔子在食養生方面的慎重。《壇經・定慧品》云：「善知識！一行三昧者，於一切行、住、坐、臥，常行一直心是也。」〔註4〕慧能在日常的修行上強調專注一事，行、住、坐、臥都要按照自己真實自然的本心去行事。若能如此亦不受外界的影響，守住本心是最佳的養生觀。孔子另外還提出「君子有三戒」。

《論語・季氏》篇：

> 君子有三戒，少之時，血氣未定，戒之在色：及其壯也，血氣方剛，
> 戒之在鬥；及其老也，血氣既衰，戒之在得。

這就明白表示，孔子已經注意到從少年、壯年、老年三階段的不同身心之變化。提出相應的養生之道。在三種不同的階段好色、好鬥、貪得，必須要收斂與約束。少年要避免縱情於聲色，壯年要避免動氣鬥狠，老年血氣已衰，要淡然於物外的得與失。由此可知，孔子已經注到人們應該如何保養「血氣」的養生之道。《壇經・頓漸品》：「學道之人，一切善念惡念，應當盡除。」〔註5〕慧能要我們的念頭要對世俗的一切善惡之念，應當全部清除乾淨。心不起善惡之念，心自然會平靜，心自然平靜是慧能的養生觀。

孔子又提到有德之仁者。

《論語・季氏》篇：

> 知者樂山，仁者樂水；知者動，仁者靜；知者樂，仁者壽。

朱子注曰：

> 樂，喜好也：知者，達於事理而周流無滯，有似於水，故樂水；仁

〔註2〕 參見明・張岱，《瑯嬛文集》，雲告點校，長沙：岳麓書社，1985年第一版。
〔註3〕 參見錢穆，《論語新解》，上，三民書局，67年10月，第四版，頁345。
〔註4〕 元・宗寶，《六祖大師法寶壇經》，《卍正藏》59冊，台北：新文豐出版社，民69年4月，頁0013下。
〔註5〕 元・宗寶，《六祖大師法寶壇經》，《卍正藏》59冊，台北：新文豐出版社，民69年4月，頁0013下。

者，安於義理而厚重不遷，有似於山，故樂山。動靜以體言，樂壽
以孝言也。動不括故樂靜而有常故壽。〔註6〕

程子云：

非體仁智之深者，不能如此形容之。〔註7〕

《孔子家語‧五儀解》〔註8〕云：

哀公問於孔子曰：「智者壽乎？仁者壽乎？」孔子曰：「然。人有三
死而非其命也，自己取也。夫寢處不時，飲食不節，逸勞過度，疾
共殺之；居下位而上干其君，嗜欲無厭而求不止者，形共殺之；以
少犯眾，以弱侮強，忿怒不息，動不量力，兵共殺之。此三者，死
於非命也，人自取之。若夫智士仁人，將身有節，動靜以義，喜怒
以時，無害其性，雖得壽焉，不亦宜乎。」

其中反孔子「仁者壽」、「智者壽」的觀點，孔子將壽與仁、德相結合，是儒
家養生思想具體的表達。〔註9〕後來孟子更將道德修養、精神情志的調合與養
生之關係予於道德化，進一步闡述道德修養對養生的重要。

　　孟子他在養生方面也有自己獨特的見解。《孟子‧公孫丑上》說：「夫志，
氣之帥也；氣，體之充也。」〔註10〕可見孟子不但已經認識到「氣」在人體
生命活動中所起的重要作用，而且意識到人的精神意識才是「氣」的統帥，
能夠主宰「氣」的活動，從而頗富創見地提出，一個人要想做到身心健康，
那就只有「善養吾浩然之氣」。至於如何才能養「氣」，孟子也提出了兩點帶
有鮮明儒家色彩的獨到方法：其一是「配義與道，無是，餒也。」也就是說
一切都要從儒家的所謂道義出發，理直氣壯，從而使個體保持一種旺盛的精
神狀況；其二是「行有不慊於心，則餒矣！」意思是說養「氣」必須培養良
好的心理狀態，心地要光明坦蕩，不能邪念存心。這點恰如清代名學者戴震
所稱：「凡人行事，有當于理義，其心必暢然自得，悖于理義，心氣必沮喪自
失。」（《孟子字義疏證上‧理》）總之，孟子的養生思想具有一種強烈的道德

〔註6〕　見朱熹，《四書集注》，世界書局，79 年 8 月 31 版，頁 38。
〔註7〕　見朱熹，《四書集注》，世界書局，79 年 8 月 31 版，頁 38。
〔註8〕　《孔子家語一》書原本早佚，現存本是魏‧王肅收集整理而成。全書十卷，
　　　　記載孔子各種言論，其中反應了孔子「仁者壽」、「智者壽」的觀點。
〔註9〕　見《中國傳統養生學精粹》陳可冀‧周文泉主編，臺灣初版，臺北市：台灣
　　　　商務，1991【民80】，頁 46。
〔註10〕　見《孟子‧公孫丑上》篇。《四書集注》上孟卷二，世界書局 78 年 8 月 31 版，
　　　　頁 38。

色彩，堪稱後世強調通過陶冶道德情操以養生的鼻祖。

《孟子‧公孫丑上》

> 敢問何謂浩然之氣？曰：「難言也。其為氣也，至大至剛，以直養而
> 無害，則塞於天地之間。其為氣也，配義與道；無是，餒也。是集
> 義所生也，非義襲而取之也。行有不慊於心，則餒矣。」

孟子認為唯有生命的正直、合理、合道，才能孕育出至大至剛的浩然正氣，
若無義與道，則浩然之氣便頓時萎縮不振。只是無論正直、義或道，它們都
是發自內心的，而不是向外追求某種標準以達到的，是「由仁義行，非行仁
義」。由仁義行乃是由內心自發的仁義而行，而行仁義則是心依著心外的仁義
規則而行。

　　由此可知孟子的「浩然之氣」乃是道德精神的最高表現。《壇經‧般若品》
云：「故知萬法盡在自心，何不從自心中，頓見真如本性？《菩薩戒經》云：
我本源自性清淨。若識自心見性，皆成佛道。《淨名經》云：及時豁然，還得
本心。」〔註 11〕未能認為一切萬法因人而立，一切佛性皆在自性之中，故不
悟佛則是眾生，頓悟則眾生則是佛。可知萬物一切現象，都在自己的心之中。
既然如此，人們何不從自心之中，頓悟真如佛性呢？《梵網經》說：人的自
性本源是清淨的。若能見到心中的自性本源，就能成就佛道。

第二節　《六祖壇經》禪學思想的養生觀與道家之比較

一、道家的養生思想

　　在先秦諸子學說中，養生思想最豐富的，對後世影響最大當首推老子與
莊子為代表的道家學派。老子將人與道、天、地並列，認為是「城中四大」
之一，充分體現於人的重視。莊子雖有「齊生死」的主張，也並不意味著輕
生賤體。但是，與儒家重視人的社會價值相比，道家對人的重視，卻是把生
命本身的價值置於首位，道家追求生命本質的解脫與精神的安寧，尤其強調
精神的超然與人格的獨立。道家所追求的不僅是長壽不死，而且是白日飛升，
羽化成仙。在執迷得追求下，道家推出了眾多的修練方法和思想行為準則。
用於不死，固然徒勞，而借以養生，則頗有裨益。事實上道家有不少修練方

〔註11〕元‧宗寶，《六祖大師法寶壇經》，《卍正藏》59 冊，台北：新文豐出版社，民
　　　　69 年 4 月，頁 0009 下。

法，一直起於延年益壽的作用，對養生有深遠的影響。如道家所謂「道法自然」，就是追求身心內外的和諧統一，因此只有取法自然，返璞歸真，如同為出世的嬰兒一樣，才能根砥堅固而得道。所謂「德者，道之舍」，即根據道的規範以塑造理想人格的修行，故有道必有德。從道德出發進行修練，必然要求清淨、無為、少私慾。《老子》云：「戴營魂抱一」，運用靜坐法以求神氣渾然如一。

二、《六祖壇經》禪學思想的養生觀與儒家之比較

老子，春秋末期著名的思想家、道家學派的創始人，同時也是一個著名的養生理論家和實踐者《史記・老子韓非列傳》稱「蓋老子百有六十餘歲……以其修道而養壽也。」老子之所以能夠活到一百六十餘歲，這首先得力於他本人主觀上十分重視「長生久視之道」，甚至把養生治身置于治國平天下之上。《老子》認為養生的關鍵在於保守精氣。《老子・第五十五章》云：「赤子骨弱筋柔而握固，未知牝牡之合而全作，精之至也。」〔註 12〕嬰兒的筋骨柔弱，但小手卻握拳牢固，因其無欲無求，故能使他的「精」達到至純的境界。老子一方面是「修道而養壽」的身體力行者，另一方面又在長期的養生實踐中摸索出了一整套帶有道家色彩的養生理論和養生方法。

《老子・第十章》云：

> 戴營魄抱一，能無離乎？專氣致柔，能嬰兒乎？滌除玄覽，能無疵
> 乎？天門開闔，能為雌乎？明白四達，能無知乎？生之畜之，生而
> 不有，為而不恃，長而不宰，是謂玄德。〔註13〕

是涉及到氣功養生的具體方法和步驟。其中「戴營魄抱一，能無離乎？」是指精神專注，排除雜念，使精神與身體合一而不分離；「專氣致柔，能嬰兒乎？」是強調煉功過程中精氣運轉，全身放鬆，像初生的嬰兒一樣柔軟自然；至于「滌除玄覽，能無疵乎？」則是指「常人於閉目靜坐後，腦中即現種種日常聲色之現象。老子名此現象為「玄覽」。行導引者，應使此種現象完全驅之腦中之外，務令吾心海闊天空，不著一物，然後運氣乃能一無阻礙。「滌除玄覽，能無疵乎？」謂滌除種種忘見現象，務至一塵不染，一物不留也。《老子》的「專氣致柔」，《河上公章句》解釋為「專守精氣，使不亂；則形體能應之柔順。」老子強調保守精氣的方法為「嗇」。

〔註 12〕清・宋常星註解《道德經講義》，台北：東大，2007 年二版二刷，頁 245～246。
〔註 13〕清・宋常星註解，《道德經講義》，台北：東大，2007 年二版二刷，頁 33～36。

　　《老子》第五十九章云：「治人，事天，莫若嗇，是以早服；早服謂之重積德；重積德則無不克；無不克則莫知其極，莫知其極，可以有國；有國之母，可以長久。是謂深根固柢，長生久視之道。」〔註14〕老子言養生要堅持節儉的原則。《河上公章句》注日：「治國者當愛民財，不爲奢泰；治身者當愛精氣，不放逸。」如慧能所講：《壇經・坐禪品》：「外於一切善惡境界心念不起，名爲作；內見自性不動，名爲禪。」〔註15〕自性是坦蕩無礙的，若對外的一切善惡境界，都不起心動念去攀附，就名爲坐；向內見到自身佛性如如不動，就名爲禪。老子又提到聚集精氣的方法。

　　《老子》第六章日：

> 谷神不死，是謂玄牝。玄牝之門，是謂天地根。緜緜若存，用之不
> 勤。〔註16〕

虛谷的神用是生生不已叫玄牝。玄牝的生化之門，是天地始生萬物的根本。這種沖虛是玄牝生化的妙用，是微妙而不絕的。它是有其用，而無其形。若運用它的這種作用，是不會竭精勞神的。

　　《老子・三十九章》云

> 昔得一者，天得一以清，地得一以寧，神得一以靈，谷得一以盈，
> 萬物得一以生，侯王得一以爲天下貞。〔註17〕

「一」是萬物的根本，「天」得一才能表現它的清明；「地」得一才能顯現它的安寧；「神」能得一才能發揮它的靈性；「谷」得一才能滿盈它的生機；「萬物」得一才能維護它的發展；「侯王」能得一才能爲萬民楷模。「一」是萬化的根本，在養生上如何守「一」呢？

　　《老子・十六章》云：

> 致虛極、守靜篤、萬物並作，吾以觀復。夫物芸芸各復歸其根。歸
> 根曰靜，是謂復命。復命曰常。知常曰明，不知常，妄作凶，知常
> 容，容乃公，公乃全，全乃天，天乃道，道乃久，沒身不殆。〔註18〕

〔註14〕清・宋常星註解，《道德經講義》台北：東大，2007年二版二刷，頁263～266。
〔註15〕元・宗寶，《六祖大師法寶壇經》，《卍正藏》59冊，台北：新文豐出版社，民69年4月，頁0014下。
〔註16〕清・宋常星註解，《道德經講義》，台北：東大，2007年二版二刷，頁23～24。
〔註17〕清・宋常星註解，《道德經講義》，台北：東大，2007年二版二刷，頁165～169。
〔註18〕清　宋常星註解，《道德經講義》，台北：東大，2007年二版二刷，頁59～62。

「致虛」和「守靜」是修心養性的功夫，由虛而達純一的境界。「虛」不是甚麼都沒有，而是「虛」掉了一切對物質的「有」、觀念的「有」的執著，而使這個「有」變得純然無雜，這就是「一」。所以就修心來說「致虛極」，就是由虛而達到精神統一的境界。「靜」是無欲的意思，是要心歸於靜。「靜」不是死寂，不是一點念頭都沒有，而是沒有私欲。沒有思欲，則此心歸於純樸。這個「篤」是「篤實」、真誠，也是精神純一的境界。修心養性，由虛而達純一的境界，由靜而達真篤的地步，此為老子養生觀之一。

老子養生觀中非常注重心靈的修煉與道德的自我約束，各種官能的欲求之克制亦是養生重要課題。老子認為縱情於聲色犬馬，會損害人的自然本性，《老子·十二章》云：

> 五色令人目盲；五音令人耳聾；五味令人口爽；馳騁畋獵，令人心發狂；難得之貨，令人行妨。是以聖人為腹不為目，故去彼取此。〔註19〕

老子要我們不要過份的追求外在官能的刺激，摒除物欲的誘惑，斷除向外的追求，而返歸內心的恬靜。對七情六欲能加以克制，則可以養生。慧能則認為：《壇經·定慧品》云：「真如自性起念，非眼、耳、鼻、舌能念。真如有性，所以起念。真如若無，眼、耳、色、聲當時即壞。善知識！真如自性起念，六根雖有見聞覺知，不染萬淨，而真性常自在。」〔註20〕慧能則認為從自我真如自性起正念，清除一切邪見與妄想，超離世俗境界，使真性常得自在。不被外在眾多名相所沾染，真如佛性自然常在。，是其養生觀。《老子·十九章》云：「見素抱樸，少私寡欲。」〔註21〕

《老子·二十九章》云：「是以聖人去甚、去奢、去泰。」〔註22〕老子主張人當抱素守真，不尚文飾，人無私欲，自當知足，除去貪淫聲色，除去追逐服飾飲食之精美，及追求宮室臺榭廣居之心，心中常處中和，行無為，則天下自化。若否，則嗜欲傷神，財多累神，富貴憐賤，反而驕恣，禍亂不能避。貪淫好色，則傷精明，五音亂耳，則和氣去心；人嗜五味於口，則口亡、失於道味；人的精神好靜，馳騁競逐於獵物，精神散亡，必使人心狂亂。而

〔註19〕清 宋常星註解，《道德經講義》，台北：東大，2007年二版二刷，頁41～43。
〔註20〕元·宗寶，《六祖大師法寶壇經》，《卍正藏》59冊，台北：新文豐出版社，民69年4月，頁0014下。
〔註21〕清 宋常星註解，《道德經講義》，台北：東大，2007年二版二刷，頁72。
〔註22〕清 宋常星註解，《道德經講義》，台北：東大，2007年二版二刷，頁121。

金銀珠玉，心生貪欲，不知厭足，則行傷身辱，因此聖人守五性、去六情、節志氣、養神明，目不妄視，妄視則洩精於外，去彼目之妄視，取此腹之養性。〔註23〕《老子‧四十四章》云：「知足不辱，知止不怠。」〔註24〕《老子‧三十三章》云：「自勝者強，知足者富。」〔註25〕老子要我們從七情六欲，克制欲望的追求，少私寡欲、知足常樂，解脫煩惱，能自我克制之人才是強者，方是養生之道。老子的無欲無求是要我們做到無所為而為的凝神專注，要排除欲望，擺脫現實世界的功利觀念，除去與自身利益相關的好惡，以不帶目的、無所求的關懷他人之體驗，方是養生之道。

《老子‧第三章》云：

> 不尚賢，使民不爭；不貴難得之貨，使民不為盜；不可欲，使心不亂，是以聖人之治，虛其心、實其腹、弱其志、強其骨，常使民無知無欲，使夫知者不敢為也，為無為則無不為治。〔註26〕

《河上公章句》云：「賢謂世俗之賢，辯口明文，離道行權，去質為文也。不尚者貴之以祿，不貴之以官。不爭功名，返自然也。人君不御好寶，黃金棄於泰山，珠玉捐於淵。上化清淨，下無貪人。放鄭聲、遠美人，不邪淫、不惑亂，聖人治國與治身同也，除嗜欲、去亂煩，懷道抱一，守五神也，和柔謙讓，不處權也，愛精重施，髓滿骨堅，反樸守淳，思慮深，不輕言，不造作，動因循，德化厚，百姓安。」〔註27〕老子重視無欲無知的心境，成為治理國民百姓的理想是人人都能拋開貪欲、奢求、智巧、詐為，向內心自我修持，避免外在的物欲追求，保持人本質的素樸，如此才是養生之道。故《老子》的養生之道，是依「道」養生，使生命臻致嬰兒般柔無牝，以斥子淳厚之德維修養之境；以謙退無欲修養自我，善於不爭，遠離智巧，雖笨拙無才似愚，然微妙深識，虛靜無為，故能無為而無不為。

莊子，是戰國中期道家學說的集大成者。與老子相比，莊子的養生思想和養生方法更為具體、深邃。他不但直接繼承了老子「歸真返樸」、「清靜無為」的養生理論，而且編制了一整套導引、吐納的養生方法。

〔註23〕見《老子河上公注斠理》，鄭成海著，臺灣中華書局，60年5月初版，頁19。
〔註24〕清 宋常星註解，《道德經講義》，台北：東大，2007年二版二刷，頁194。
〔註25〕清 宋常星註解，《道德經講義》，台北：東大，2007年二版二刷，頁136～139。
〔註26〕清 宋常星註解，《道德經講義》，台北：東大，2007年二版二刷，頁11～13。
〔註27〕見《老子河上公注斠理》，鄭成海著，臺灣中華書局，60年5月初版，頁19～25。

《莊子‧刻意》說：

> 吹呴呼吸，吐故納新，熊經鳥申，爲壽而已矣，此道引之士，養形
> 之人，彭祖壽考者之所好也。〔註28〕

這在先秦諸子中堪稱是最早對氣功導引方法的一種具體而形象的描繪。其中涉及到兩個方面的養生內容，一是充份認識到了吸納新鮮空氣，吐出廢濁之氣有助于維持正常的生命活動；二是倡導運動驅體，以便加強機體內部的新陳代謝，促進體能的健康發展。〔註29〕莊子的「導引行氣」，可分爲外息、內息。外息就是吐故納新，內息是指胎息，閉住口鼻，讓口鼻儘量不要呼吸外界的空氣，使本身體內之氣進行循環。在《抱朴子‧內篇、微旨》提到導引法曰：「知屈伸之法者，則曰唯導引可以難老矣。」《抱朴子‧內篇、微旨》云：「夫人在氣中，氣在人中，自天地至於萬物，無不需氣以一者也。善行者，以內養身，外以除惡，然百姓日用而不知矣。」由此可見「氣」對養生的重要。莊子養生觀最大的特色是「心齋」、「坐望」二法。

《莊子‧人間世》說：

> 若一志，無聽之以耳而聽之以心，無聽之以心而聽之以氣！耳止於
> 聽，心止於符。氣也者，虛而待物者也。唯道集虛。虛者，心齋也。
> 〔註30〕

所謂「一志」是說排除雜念，精神專一；無聽之以耳而聽之以心，是指氣功緞鍊中的「以意領氣」；而無聽之以心而聽之以氣，則是指以意領氣之初，煉功者在思想上還注重氣的出入，隨著功夫的深入，心意漸漸與氣融爲一體，進入一種氣、我兩忘；任氣自然出入的境界；隨後，耳朵對外界開始聽而不聞，心志對外界靜而不思，這就是所謂的「耳止于聽，心止于符」；最後心境達到空明虛靈的境界時，也就實現了「心齋」。「坐忘」的概念在

《莊子‧大宗師》云：

> 墮肢體，黜聰明，離形去知，同于大通，此謂坐忘。〔註31〕

〔註28〕 唐‧成玄英，《南華眞經注疏》卷第六下冊，台北：藝文印書館，1972年，頁313。

〔註29〕 劉松來，《養生與中國文化》，江西高校出版社，1995年5月第一版第2次印刷，頁12。

〔註30〕 唐‧成玄英，《南華眞經注疏》卷第二上冊，台北：藝文印書館，1972年，頁82。

〔註31〕 唐‧成玄英，《南華眞經注疏》卷第三上冊，台北：藝文印書館，1972年，頁163。

莊子這段話的本意是主張個體應該遺忘自己的肢體、退除聰明、離棄外形、去掉內智，以便與大道混通爲一。但在客觀上卻生動地描繪出了靜功修煉中的最高境界，即無知無識、一切全無、渾渾噩噩之境。宋代著名的名理學家程頤早已看到了「坐忘」與氣功養生之間的內在關係，《宋元學案・豫章學案》說：「習忘可以養生者，以其不留情出。」〔註32〕莊子認爲「知」是養生之大礙，如何消解吾人對「知」的迷惘，打破個人固有的認知，

《莊子・養生主》云：

> 吾生也有涯，而知也無涯；以有涯隨無涯，殆矣！以而爲知者，殆而已矣。爲善無近名、爲惡無近刑，緣督以爲經，可以保身，可以全性，可以養親，可以盡年。〔註33〕

莊子認爲吾人生命是有限而知識無限，吾人常以有限的生命去追求無限的知識，要我們擺脫世俗狹隘的認知（小知），而達眞理恆常普遍的（大知），以達養生。

《莊子・雜篇・天下》云：

> 「《易》以道陰陽。」說明易學是以陰陽二氣爲核心，陰陽二氣盈虛消長而產生各種事物的變化。《莊子・雜篇・知北遊》云：「人之生，氣之聚也，聚則爲生，散則爲死。」〔註34〕

人體的整體聯繫都是氣的運作，人體之氣爲人體形存在的根基，是所有生命活動的源泉。在精神修煉方面，主張以靜養神，對人體三寶之精、氣、神的修煉方法。

《莊子・在宥》云：

> 無視無聽，抱神以靜，形將自正。必靜必清，無勞汝形，無搖汝精，乃可以長生。目無所見，耳無所聞，心無所知，汝神將守形，形乃長生。慎汝內，閉汝外，多知爲敗。我爲汝遂於大明之上矣，至彼至陽之原也；爲汝入於窈冥之門矣至彼至陰之原也。天地有官，陰陽有藏，慎守汝身，物將自壯。我守其一以處其和，故我修身千二

〔註32〕引自劉松來，《養生與中國文化》，江西高校出版社，1995年5月第一版第2次印刷，頁14。

〔註33〕唐・成玄英，《南華眞經注疏》卷第二上冊，台北：藝文印書館，1972年，頁66～67。

〔註34〕唐・成玄英，《南華眞經注疏》卷第十冊，台北：藝文印書館，1972年，頁605。

百歲矣，吾形未嘗衰。〔註35〕

廣成子向黃帝如何是養生之道，不視不聽，守持精神而靜寂，則形體將自然靜止。必須靜寂，必須清心，不使你的形體勞頓，不要動搖你的精神，如此就可以長生。耳無所聞，心無所知，你的精神將守持形體，形體於是可以長生。使你的內心安靜，封閉對外界的感知，多所知則有害。我使你達到最明徹之境界之上，到達陽氣至盛之本源；使你進入最幽深渺茫之域，到達那陰氣至盛之本源。天地有掌管者，陰陽之氣有所藏，謹慎守持你的身體，外物將自然興盛。我守持其道，以寧靜自處，因此我有修身一千二百歲了，我的形體未嘗衰敗。

《莊子・達生》云：

> 達生之情者，不務生之所無以為；達命之情者，不務知之所無奈何。養形必先之以物，物有餘而形不養者有知矣。有生必先無離形，形不離而生亡者有之矣。生之來不能卻，其去不能止。悲夫！世之人以為養形足以存生，而養形果不足以存生，則世奚足為哉！雖不足為而不可為者，其為不免矣。〔註36〕

莊子闡述養生之道非世俗的養形保生，而是在持其本性，故當棄世俗之見而使內心平靜，如此精神不虧損，順應造化而與自然為一。《莊子・達生》云：「夫欲免為形者莫如棄世。棄世則無累，無累則正平，正平則與彼更生，更生則幾矣。事奚足棄而生奚足遺？棄事則形不勞，遺生則精不虧。夫形全精復，與天為一。」〔註37〕

莊子認為世人養生，皆注重保養形體以求保全生命，實際上卻事與願違。養生當持其本性，使內心虛靜淡泊，不為外物所擾，排除心志，忘卻是非，忘卻自我，隨順自然，融身於道，使生命穫得新生而入於逍遙之境，方是最佳的養生之道。

慧能認為《壇經・懺悔品》云：「善知識！心中眾生，所謂邪迷心、誑妄心、不善心、忌妒心、惡毒心，如是等心，盡是眾生，各須自性自度，是明

〔註35〕 唐・成玄英，《南華真經注疏》卷第四冊，台北：藝文印書館，1972 年，頁219～220。

〔註36〕 唐・成玄英，《南華真經注疏》卷第七冊，台北：藝文印書館，1972 年，頁367～368。

〔註37〕 唐・成玄英，《南華真經注疏》卷第七冊，台北：藝文印書館，1972 年，頁369～370。

真度。」〔註38〕慧能認爲心中的邪迷心、誑妄心、不善心、忌妒心、惡毒心，如是等心盡除，即能獲得心靈的自在解脫，是最佳的養生觀。

第三節　評　述

先秦儒、道二家言養生，以養心進而養德，其養生思想爲德性生命的圓滿，以求得身心形爲安頓的方法，是從內在血氣的整治與內心德性的顯發結合入手，導血氣可以導致精神的覺醒，長養道德以及健康長壽。然導血氣其功能不僅僅只限定在鍛鍊身體而已，只求得長壽健康而已，更重要的是導血氣可以養心、養德。

從整個中國傳統思想文化的發展來看，《六祖壇經》的地位與影響都是相當重要的。他建構了比較完整的儒、釋、道三教合一的思想體系，慧能在堅持佛教基本立場、觀點和方法的同時，大量融入了傳統的思想和方法，特別是老莊玄學的自然主義與人生態度以及儒家的心性學說，從而形成了他獨特的禪學理論和修行方法。慧能通過格心而引導中國佛教從觀住佛理發展爲重在當下的修行，並把修行歸結爲修心，通過心悟去把握佛陀的精神，突出人的自心自性，主張人人有佛性，息除妄念以回歸清淨的本性，即能覺悟成佛，實現解脫。慧能的禪學思想是「即心即佛」，適應了不同人的精神需要而得到人們的普遍信仰，在唐中期以後日趨繁興。慧能以獨特的思想與方法和特殊的力量與熱情撞擊著中國人的心靈。慧能禪學思想以「不立文字」相標榜，強調「以心傳心」「見性成佛」，在當下實現之中證悟宇宙人生的真諦和自家生命的底蘊。

慧能主張出世不離入世的人生觀，從總體看來並不像儒家那樣強調從人倫關係中來實現自我，而是從「一切皆空」、「萬法唯心」的基本觀點出發，突出自我，強調每個人實現社會中識心見性、無執無著，便可與佛同等。但慧能把一切善惡之法歸於妄心動念的產物，這並不表示慧能的思想真能超世脫俗，迴避社會的現實，放棄善惡觀念和是非標準，相反，在傳統文化氛圍中形成發展的慧能禪學思想，在「方便法門」的旗號下實際上是融合了儒家的倫理道德的，其提倡的「隨緣而行」本身就是融入了世間法。

〔註38〕元・宗寶，《六祖大師法寶壇經》，《卍正藏》59 冊，台北：新文豐出版社，民69 年 4 月，頁 0015 下。

　　慧能禪學思想的「法自世間，不離世間覺。」和「即心即佛」、「頓悟成佛」，在把佛法拉向世間法、把佛拉向人的同時，也根據「隨其心淨，則佛土淨。」的理論而把西方佛國淨土拉向人間。只要自淨其心，自身便是與佛無二。慧能又倡導「自性頓悟」、「自在解脫」融入了中國傳統文化中，因而，《六祖壇經》的禪學思想對中國養生文化有著深刻的影響。

第六章　結　論

第一節　《六祖壇經》生死哲學及其養生觀的時代意義

在中國佛教史上曾發四次毀佛事件，史稱「三武一宗毀佛事件」，其中對佛教打擊最大的是唐武宗的毀佛。唐武宗首先在會昌二年（西元 842）下令不許置童子沙彌，也不許僧人行燒煉、禁咒等術；會昌三年，下令焚毀長生殿的佛經佛相，七月又下令拆除天下的山房、蘭若等造寺廟，在這些寺廟修行的僧尼盡敕還俗，剝去佛像上的黃金、將銅鐵佛像盡行打碎，送教鹽鐵司收管，又再下令收聚還俗的僧尼緇衣盡行焚燒，沒收天下寺舍的珍寶以及僧尼所用的銅器等物品。在短短幾年內，唐朝佛教受到最嚴酷的禁毀，曾在唐朝盛極一時的佛教各宗從此走下坡。〔註1〕然而慧能的南宗禪卻不受影響，卻成為佛教的主流，《壇經》的價值錢穆在〈六祖壇經大義〉中說：「在中國學術思想史上有兩大偉人，對中國文化有其極大之影響，一為唐代禪宗六祖慧能，一為南宋儒家朱熹。……慧能實際上可說是唐代禪宗的開山祖師，朱子則是宋代理學之集大成者。一儒一釋開出以下中國學術思想種種門路，亦可謂此後中國學術思想莫不由此兩人導源。」〔註2〕錢穆在西元 1978 年在香港中文

〔註 1〕 見陳明聖敦博本，《六祖壇經》的禪學思想的研究的論文，94 年 7 月，頁 101。除了唐武宗（840～846 在位）毀佛外，尚有北魏太武帝（423～451 在位）、北周武帝（560～578 在位）與後周世宗（954～959 在位）的滅佛，史稱「三武一宗」。

〔註 2〕 參見錢穆，〈六祖壇經大義〉、《六祖壇經研究論集》、大乘文化基金會，1980年 10 月出初版，頁 183～184。

大學業書院所設立的「錢賓四先生學術文化講座」中曾提出七本書是人人必讀的經典，《壇經》即是其中之一。《壇經》是至今唯一非佛說的「經」，可見《六祖壇經》在吾人心目中的地位。慧能大師是一位不識字的大師，他強調頓悟，提出見性成佛，使得禪宗的修行更加的貼近人民的日常生活，人們不需在寺修行，也不需修種種苦行，只要能見自性，隨時隨地皆能修行。

　　早在西元前 400 到 300 年，中國有不少安靜學派。其中道教是當時中國的本土宗。它的道就是整個動態宇宙中基本、不變且不動的原則，強調簡單的生活，並與大自然合一（天人合一）。佛教的中國化亦受道教的影響，禪最初幾位祖師的時代，用公案參禪、棒喝作為修行的方法。

　　禪修對現代人對心靈的安定有其重要的意義，禪是直接感受事物的真實開始，然後再毫無差錯的進入啟發行為的一個過程，禪是親身體驗的經驗，不是抽象的原則。它是佛教的一種特殊形式，融合教條與修行。有下列幾項原則，對我們現代人有其影響，也顯現《壇經》具有的時代意義。

一、禪強調打坐開悟

　　禪是強調精神的覺醒與專注，從觀照智慧（般若）到彼岸（波羅蜜多），一個不依附生、也不畏懼死的境地。觀照般若的博大精深，使我們解脫自私和自我中心引起的一切痛苦。原子物理學家告訴我們，我們來自星辰。禪卻認為，我們和宇宙相融在一起。禪的觀照，強調經驗的事實。這項真理是無法用語言文字形容的，觀照的訊息，如人飲水冷暖自知，影響的層次是超越理性。

　　鈴木大佐博士認為，在中國的唐朝與宋朝，禪的開悟方式，與其他的精神啟蒙有細微的差異。他觀察到：當時禪師的主要目的是，帶領著他們的弟子，小心翼翼地與「活化一切事物的生命」接觸，好讓他們感覺到禪的覺性在他們身上震動跳躍。它的終點，超越當今大多數宗教的精神目標。〔註3〕禪的開悟不是來自上天的力量，是由內散發出來且瀰漫六合；就在我們面前，喚醒我們基本的實體，讓永恆的宇宙呈現在世人眼前，這是觀照智慧，是《壇經》影響現代人的實質意涵。

二、禪非世智辨聰

　　禪在聰明知識前退卻，如果你願意，把它隱藏。這種情形，就像難以捉摸

〔註 3〕《禪與腦‧開悟如何改變大腦的運作》，James H.Austin 著作，朱迪欣編譯，遠流出版，2009 年 5 月 16 日初刷七版，頁 43。

的日本叢鳴鶯。鳴鶯決不會停棲在高處，像日本蠟嘴鳥與北美的紅雀，自信地鳴叫引起大家的注意。相反的，鳴鶯自然地融入小樹的葉片裡與灌木叢中。就在那兒，牠的歌唱以緩慢的音節、柔軟的上揚口哨聲開始，然後再以出奇美妙的歌聲結束。禪強調直接教導，貶抑用語言文字與抽象理論知識。長篇大論的、複雜的哲學討論都是迂腐的亂語。少就是多，如同《道德經》所言：「知者不言，言者不知。」〔註4〕慧能大師要我們從禪的實踐擺脫文字障礙。世人喜愛「以指標月」，在禪裡，月亮隱喻許多層次的開悟，手指和語言文字並無法代表實質的月亮。真正的開悟是透過禪的體悟而悟得生命的真如。

三、禪是活在當下

當我們看到一朵玫瑰花時，腦中的思緒不需去分析它是甚麼化學成分才會形成紅色，腦就能感受到是紅色。禪的訓練，鼓勵這種即刻的感受，此時、此地和週遭事物。禪的觀點是欣賞每一個當下的特殊性質。所以，它朝向對自然的生態崇敬；禪的鍛鍊者在他們每天的食、衣、住、行和與人交往中，謙遜學習，並有活力。禪是活在當下，它全然實實在在，實事求是。禪是吾人生命的第一手真實的經驗就是活生生的實相。非實相的是，我們日常中的緊張忙碌的生活，它充滿雜念、模糊的感受與自我為中心的行為。

今日的新時代精神，與高科技聯姻，已經在鼓動一大推轉變腦的小機器。真正的禪是不會落入這種人為的「心識體育館」（mind gyms）〔註5〕。禪不需要造作「虛擬實相」。它像藝術欣賞課，它的訊息是「注視」自然的事物；「看穿」它們。總有一天，你會超越自己，見到它們神聖性質。那時後，你將會瞭解到，事物本來的面目，一切事物的基本一致性。這種啟蒙將會永存，從此以往你將真實地與一切事物相應。〔註6〕慧能大師要吾們透過禪修而悟得活在當下。

四、禪是坐禪習禪

禪的基本訓練是使我們腦的直覺能力成熟。從坐禪中來調整心境與態度，想法會影響我們的心情。我們有正面積極的想法，心情就會愉快；如果我們憂

〔註4〕　《禪與腦‧開悟如何改變大腦的運作》，James H.Austin 著作，朱迪欣編譯，遠流出版，2009 年 5 月 16 日初刷七版，頁 43。
〔註5〕　《禪與腦‧開悟如何改變大腦的運作》，James H.Austin 著作，朱迪欣編譯，遠流出版，2009 年 5 月 16 日初刷七版，頁 44。
〔註6〕　同上註，頁 44。

傷或憤怒，就會不快樂。經過禪坐的訓鍊，我們不容易分心，並減低放任的、情緒的起伏，心就可以祥和有覺性，此稱之為「心靈的成長」（spiritual growth）〔註7〕。禪重要的基本鍛鍊，在使腦的直覺能力成熟。坐禪時的心境與態度，調整並決定我們所想的和感受的。如果我們感到快樂，就會有快樂的想法，感到悲傷或憤怒，就會有另類的想法。慧能要我們從禪坐中學習放下的藝術，在日常生活中觀照覺省成為生命的主流，從覺省無我簡化生命，進而以虔誠的心，內省、謙卑與慈悲心服務大眾，這亦是《壇經》的時代意義。

第二節　《六祖壇經》對現代的影響

現代科技的文明，帶給我們豐富的物質享受。工業與建築業的發展，造成空氣汙染，影響空氣品質。山坡地的濫砍濫筏造成土石流、水災、風災，近日世界各地震瀕傳，火山爆發，火山泥塵飄滿天際，造成海路空交通大亂。人類追求物質享受，違反自然生態，更威脅到我們的生存條件。慧能大師要我們從禪的修行中體務「頓悟成佛」、「明心見性」。

世界處在動盪時期，處在大變動時期，人們追求心靈的安定，心靈的體驗，現代人學習瑜伽、靜坐、氣功，或者修行修煉術。現代人需要一種活生生的精神情感的體驗，來尋求心靈的完備，進而達到健康快樂。在中國傳統的養生學在數千年漫長的進程中，不但行成了自己的理論基礎體系，也累積成了一套自己的實用與實踐方法。

一、調暢神志

所謂「神志」，實際上是指人的精神心理狀態。老子在《道德經》中常提到，過多的言詞、過度的感情衝動以及過多的思慮活動，都可能傷精。因此，養生就是要保持精神心理處於一種適當的中和狀態，以符合事物正常運行的客觀規律。

（一）精神內守：《黃帝內經》說「恬淡虛無，真氣從之；精神內守，病安從來？」所謂「內守」，就是指精神安守於內。稽康的《養生論》說：「修性以保神，安心以全身」，以便保持體內環境的協調平和，從而進入最佳生理狀態。

〔註7〕《禪與腦‧開悟如何改變大腦的運作》，James H.Austin 著作，朱迪欣編譯，遠流出版，2009 年 5 月 16 日初刷七版，頁 45。

（二）舒暢情緒：人的情緒可分為積極和消極兩種，積極的情緒對人的健康十分有益，它可以提高腦力與體力勞動的效率和身體的抗疲勞能力，使整個神精系統充滿新的活力。消極的情緒會讓人失去心理上的平衡，行為表現會無力、臉色蒼白、心跳加速、呼吸急促等等症狀。所以調暢神志是傳統養生方法中，將人的消極情緒變為積極情緒，從而為健康長壽奠定必要的心理基礎。

（三）排洩憂悶：情緒會影響健康，當人心情憂鬱時要盡快加以排洩，《黃帝內經》說：「告之以其敗」、「語之以其善」、「導之以其所便」、「開之以其所苦」，實質上都是主張用說理開導的方法去排導患者內心的憂悶。

（四）積極有為：我國古代養生家都強調清心寡欲、恬淡虛無，但這決不是意味他們主張超塵出世、逃避現實。事實上，精神的安定與積極有為的人生態度並不矛盾。一個人若能有所作為，有所貢獻的話，不但有益於社會和他人，同時也利於自我身心健康。《孔子家語》記載，魯哀公曾詢問孔子「智者壽乎？」孔子說：「智士仁人將身有節，動靜以義，喜怒以時，無害其性，屬得壽焉，不亦宜乎？」受此思想影響，我國歷代養生家都把積極有為。老有所學、老有所為當做調暢情志養生方法的一項重要內容。〔註8〕

（五）涵養道德：有良好的道德修養是健康的重要因素之一。就養生而言，涵養道德則是調暢情志養生法所必不可少的重要手段。一個人只有注重道德修養，做到《黃帝內經》云「嗜欲不能勞其目，邪淫不能惑其心」才可能「盡終其天年，度百歲乃去。」一般來說，道德高尚的人心理安定，意志不亂，氣機通調，血脈暢達，不易發生疾病，這樣自然也就健康長壽；相反的，如果缺乏必要的道德修養，勢必斤斤計教，患得患失，內心也就難以保持寧靜平和，這種人往往未老先衰，難登「仁壽之域」。正因如此，所以歷代養生家都十分注重通過涵養道德來調暢人們的情志，以達到卻病延年的養生目的。

二、運動身體

形神兼養是中國傳統養生學的一個基本特點。清代學者王夫之在《思問錄・內篇》中指出，運動與靜止猶如「開合」一般，「開」為動，「合」為靜。靜只是運動的一種特殊形態，是相對的，絕對的靜止是根本不存在的。因此，積極的保養方式莫過於適度運動軀體。《呂氏春秋》說「流水不腐，戶樞不蠹，

〔註8〕引自劉松來，《養生與中國文化》，江西高校出版社，1995年5月第一版第2次印刷，頁161。

動也，形氣亦然，形不動則精不流，精不流則氣鬱」。傳統醫學認爲「氣鬱」可能導致百病叢生，而治愈它最好的方法就是運動軀體。東漢著名的養生家華陀說：「動搖則谷氣得消，血脈流通，病不得生」。

三、適應環境

環境，主要包括氣候和地理兩大因素。人們想要健康長壽，就必須努力去適應自己賴以生存的自然環境，老子說「順乎自然」的養生觀。《黃帝內經》云「順四時，適寒暑」的養生方法，十分注重人與自然環境和氣候變化之間的密切關係，《素問・四氣調神大論》指出「夫四時陰陽者，萬物之根本也。所以聖人春夏養陽，秋冬養陰，以從其根，故與萬物浮沉於長生之門。逆其根則伐其本，壞其眞矣。故陰陽四時者，萬物之終始也，死生之本也。逆之則滅害生，從之則苛疾不起，是謂得道。」這段話可謂從根本上強調了人與季節氣後之間的密切關係，意思是說，萬物之所以能生於春、長於夏、收於秋、藏於冬，這是四時陰陽變化的規律促成的。掌握了養生之道的「聖人」正是因爲能夠順應四時陰陽變化規律來調養身體，才得以保持「元眞」之氣，使五臟安和，從而起到了預防和減少疾病的作用，反之，那些不順應四時變化規律的人，就無遷於自我削伐生命的根本、敗壞「元眞」之氣，從而導致疾病叢生。

世界處在動蕩時期，處在大變動時期，人們追求心靈的安定，心靈的體驗，現代人學習瑜伽、靜坐、氣功，或者修行修煉術。現代人需要一種活生生的精神情感的體驗，來尋求心靈的完備，進而達到健康快樂。雷久南博士認爲健康是身、心、靈三大因素的整體狀態。聯合國衛生組織也指出健康是無軀體病痛、心理健康和社會適應正常三個方面所祖成。現代的文明病如心腦血管疾病、高血壓、腦中風、各種癌症等疾病，僅靠藥物、手術，未必都能痊癒。只有自身內部的努力來改善體質或環境，改變吾人不良的生活息慣才有可能戰勝疾病，並有平何的心情，樂觀的態度，就有快樂解脫的人生。透過對《六祖壇經》修學，必能邁向健康的人生，由此可知《壇經》對現代的影響之大矣。

第三節　結　語

自古至今，人人生而痛苦，即使生活於現今科技、醫藥發達的現代人，對痛苦的感受決不亞於古代。究其根源，即是「欲望」所致，因爲有了欲望，

就有求不得之苦，不滿足之苦，所以「貪欲」是人生痛苦的開始。

　　現代人緊張的生活精神面臨危機，工業社會快術的發展，在爲人們提供豐富物質財富的同時，也使人發生了變化，把自己變成了物，機器成爲一切，人幾乎降到了奴隸的地位，不但生活失去了目標，而且失去了生活本身，生活成爲財產的附屬物。人們因此而經常受到巨大的心理緊張，遭受著種種精神痛苦，甚至導致各種精神疾病，因而對身體的健康有重大的威脅。在科學技術突飛猛進地發展，所取得的物質文明成就將世界各國家和地區聯爲一體。在世界已成爲「地球村」的情況下，《六祖壇經》對現代人的心理，可以給人精神得以安慰，使平凡的人走向神聖的過程中，能給人帶來愉悅與希望。禪一向強調「以心傳心」，是人的本心，是自然的生活，可以修心養性、調整人的身心狀況，可以幫助人緩解精神緊張和焦慮的心情，通過回歸自然而放鬆自己，恢復人本來的自信，從而從精神危機中擺脫出來。

　　今日文明與物質的發達，精神文明的落後，以致於人被物役，百病叢生，人倫道德沉淪，人心不古，造成的種種社會亂象，皆因人心迷失了，故慧能強調「自性本自清淨」〔註9〕找回自己清淨的本心，就不會有世俗的妄想煩惱。他說：「邪來煩惱至，正來煩惱除。」〔註10〕心中常保持正念，就能遠離煩惱。又說：「波波渡一生，到頭還自懊。欲得見眞道，行正即是道。」〔註11〕終日奔波忙碌追求物慾，紛紛擾擾渡一生，到頭來還是會後悔此生的，若能向內悟得眞如自性，行得正道方能解脫自在。《六祖壇經》由「不立文字」開中國禪的一代新風，其根本目的是要人明瞭佛性就在自心中，需要人自我生命的流程中自然的去體悟；其根本精神是要人們放棄依切對外的執著與追求，努力去理解佛法之眞諦，回歸佛陀的教旨之精神，關注每一個現實人生的解脫。研讀《六祖壇經》體會到，人類的延續是可以無限的，但作爲個體存在的自我卻是有限的；人類的能力可以事無限的，但作爲個體存在的自我能力卻是有限的。當有限的自我面對無限時，往往會產生惶恐不安，人們渴望超越自我卻又難以實現，當人們嚮往永恆又不知所措，《壇經》云：「善知識！智慧

〔註9〕　元・宗寶，《六祖大師法寶壇經》，《卍正藏》59 冊，台北：新文豐出版社，民69 年 4 月，頁 0007 下。

〔註10〕　元・宗寶，《六祖大師法寶壇經》，《卍正藏》59 冊，台北：新文豐出版社，民69 年 4 月，頁 0011 下。

〔註11〕　元・宗寶，《六祖大師法寶壇經》，《卍正藏》59 冊，台北：新文豐出版社，民69 年 4 月，頁 0011 下。

觀照，內外明徹，識自本心。若識本心，即本解脫。」〔註 12〕慧能認為以佛
性智慧觀照一切世間萬相，則內心澄明，就能解脫世俗煩惱的束縛，而達心
靈境界的自在解脫，而超越精神的永恆。

〔註12〕元·宗寶，《六祖大師法寶壇經》《卍正藏》59 冊台北：新文豐出版社，民69
年 4 月，頁 0011 上。

參考書目

一、**藏經部**（依年代先後排列）

1. 隋‧天台智者大師說‧章安尊者記，《妙法蓮華經文記》大正藏 34 冊，台北市：新文豐出版社出版，大藏經刊行會編輯，1983 年 1 月修訂一版。

2. 梁‧曼陀羅仙譯，《文殊師利所說摩訶般若波羅密經》大正藏 8 冊，台北市：新文豐出版社出版，大藏經刊行會編輯，1983 年 1 月修訂一版。

3. 龍樹菩薩造，姚秦‧鳩摩羅什譯，《大智度論》大正藏 25 冊，台北市：新文豐出版社出版，大藏經刊行會編輯，1983 年 1 月修訂一版。

4. 姚秦‧鳩摩羅什譯，《梵網經》二卷，大正藏二十四冊，台北市：新文豐出版社出版，大藏經刊行會編輯，1983 年 1 月修訂一版。

5. 後，姚秦‧僧肇撰，《注維摩詰經》十卷，大正藏三十八冊，台北市：新文豐出版社出版，大藏經刊行會編輯，1983 年 1 月修訂一版。

6. 後，姚秦‧僧肇作，《肇論》一卷，大正藏四十五冊，台北市：新文豐出版社出版，大藏經刊行會編輯，1983 年 1 月修訂一版。

7. 道信撰，《入道安心要方便法門》大正藏 85 冊，台北市：新文豐出版社出版，大藏經刊行會編輯，1983 年 1 月修訂一版。

8. 神秀撰，《大乘無生方便門》大正藏 85 冊，台北市：新文豐出版社出版，大藏經刊行會編輯，1983 年 1 月修訂一版。

9. 隨‧僧璨撰，《信心銘》大正藏 48 冊，台北市：新文豐出版社出版，大藏經刊行會編輯，1983 年 1 月修訂一版。

10. 護法，等菩薩，造，唐‧玄奘譯，《成唯識論》大正藏 31 冊，台北市：新文豐出版社出版，大藏經刊行會編輯，1983 年 1 月修訂一版。

11. 唐‧弘忍述，《最上乘論》《禪宗集成》第一冊，台北市：藝文印書館，民國 57 年 12 月初版。

12. 唐‧慧海撰，〈頓悟入道要門論〉《禪宗集成》第一冊，台北市：藝文印書館，民國57年12月初版。

13. 唐‧慧海撰，《諸方門人參問語錄》《禪宗集成》第四冊，台北市：藝文印書館，民國57。

14. 唐‧道宣撰，《續高僧傳》卍正藏57冊，台北市：新文豐出版社影印，民國69年6月。

15. 唐‧玄覺撰，《永家證道歌》一卷大正藏四十八冊，台北市：新文豐出版社影印，民國69年6月。

16. 唐‧法海集記，《南宗頓教最上大乘摩訶般若波羅密多六祖惠能大師韶州大梵寺施法壇經》大正藏48冊，台北市：新文豐出版社出版，大藏經刊行會編輯，1983年1月修訂一版。

17. 唐‧成玄英，《南華眞經注疏》卷第七冊，台北市：藝文印書館，1972年12月初版，第369～370頁。

18. 宋‧契嵩撰，《傳法正宗記》大正藏51冊，台北市：新文豐出版社出版，大藏經刊行會編輯，1983年1月修訂一版。

19. 宋‧道原篡，《景德傳燈錄》卍正藏58冊，台北市：新文豐出版社出版，民國69年6月。

20. 宋‧宗寶編，《六祖大師法寶壇經》卍正藏59冊，台北市：新文豐出版社出版，民國69年6月。

21. 宋‧悟明集，《聯燈會要》續藏經136冊，台北市：新文豐出版社出版，民國66年影印版。

22. 宋‧普濟集，《五燈會元》續藏經138冊，台北市：新文豐出版社出版，民國66年影印版。

23. 明‧瞿汝稷編集，《指月錄》續藏經143冊，台北市：新文豐出版社出版，民國66年影印版。

24. 明‧如丞己集，《禪宗正脈》續藏經146冊，台北市：新文豐出版社出版，民國66年影印版。

25. 清‧超溟著，《萬法歸心錄》《禪宗集成》第六冊，台北市：藝文印書館，民國57年12月初版。

二、著作部（依出版時間順序排列）

1. 范壽康著，《中國哲學史綱要》，台北市：台灣開明書局，1967年3月二版。

2. 吳經熊著‧吳怡譯，《禪學之黃金時代》，台北：臺灣商務印書館，1969年11月初版。

3. 丁福保原著‧蔡運辰彙編著，《六祖壇經箋註》，北海出版，民國59年5

月初版。

4. 巴壺天著，《藝海微瀾》，臺北：廣文書局，1971 年 10 月初版。

5. 印順法師著，《學佛三要》，臺北：正聞出版社，1971 年 11 月重版。

6. 孤峰智燦著，《中印禪宗史》，釋印海譯海潮音社，1972 年版。

7. 黃光國著，《禪之分析》，莘華出版社，民國 61 年 8 月。

8. 張曼濤主編，《禪學論文集》現代佛教學術叢刊第二冊，臺北：大乘文化
   出版社，1974 年 10 月。

9. 張曼濤主編，《六祖壇經研究論集》現代佛教學術叢刊第一冊，臺北：大
   乘文化出版社，1976 年版。

10. 吳怡著，《禪與老莊》，臺北：三民書局出版，1976 年 4 月四版。

11. 佛洛姆與鈴木大拙合著，徐進夫譯，《心理分析與禪》，臺北：幼獅文化
    出版，1976 年 10 月再版。

12. 張曼濤主編，《禪宗典籍研究》現代佛教學術叢刊第一二冊，臺北：大乘
    文化出版社，1977 年 10 月。

13. 村上專精著・釋印海譯，《佛教唯心論概論》，臺北：慧日講堂，1977 年
    12 月。

14. 馬定波著，《中國佛性心性學說之研究》，臺北：正中書局，1978 年。

15. 張曼濤主編，《禪宗思想與歷史》，現代佛教學術叢刊第五二冊，臺北：
    大乘文化出版社，1978 年 9 月。

16. 牟宗三著，《佛性與般若》（下），臺灣：學生書局，1979 年 4 月修訂再
    版。

17. 丁福保 箋註《六祖壇經箋註》臺北：天華出版社 1979 年 5 月。

18. 張曼濤 主編《般若思想研究》現代佛教學術叢刊第四五冊 臺北：大乘
    文化出版社 1979 年 8 月。

19. 聖印法師譯，《六祖壇經今譯》，臺北：天華出版社，1980 年 8 月。

20. 南懷瑾著，《禪話》，臺北：老古文化出版社，1981 年 4 月臺灣四版。

21. 鈴木大拙著，徐進夫譯，《禪與天地》，臺北：志文出版社，1981 年 9 月。

22. 道安法師著，《空的哲學》，臺北：天華出版社，1981 年 10 月。

23. 李翎灼校譯，《維摩詰經集註》，臺北：老古文化出版社，1982 年。

24. 鈴木大拙著，孟祥森譯，《禪學隨筆》，臺北：志文出版社，1982 年 3 月
    再版。

25. 鈴木大拙著，劉大悲譯，《禪與生活》，臺北：志文出版社，1982 年 9 月
    再版。

26. 杜松柏著，《中國禪學》，臺北：三文印書館，1984 年 6 月。

27. 杜松柏著，《中國禪學》，金林文化，73 年 6 月初版。

28. 王德昭譯，《中國美學史導讀》，台北：正中書局，74 年 9 月第六次印行。

29. 陳榮波著，《禪海之筏》，臺北：志文出版社，1986 年 8 月再版。

30. 陳柏達著，《圓滿生命的實現——布施波羅蜜》，台北：東大圖書，民國 75 年 9 月。

31. 鐮田茂雄著，關世謙譯，《中國禪》，高雄：佛光出版社，1987 年 1 月。

32. 何國詮著，《中國禪學思想研究》，臺北：文津出版社，1987 年 4 月。

33. 印順法師編，《法海微波》，臺北：正聞出版社，1987 年 6 月。

34. 川田雄太郎・中村元等著，李世傑譯，《華嚴思想》，法爾出版社，民國 76 年 6 月。

35. 林同華著，《中國美學史論集》，丹青圖書有限公司，77 年再版。

36. 阿部肇一著，關世謙譯，《中國禪宗史》，臺北：東大出版，1988 年 7 月。

37. 吳汝鈞著，《佛教的概念與方法》，台北市：臺灣商務印書館，1988 年 9 月。

38. 慈怡主編、星雲大師監，《佛光大辭典》，高雄：佛光出版社，1988 年 10 月初版。

39. 鈴木大拙著，李世傑譯，《禪佛教入門》，臺北：協志工業叢書，1989 年 1 月七版。

40. 吳永猛著，《禪畫欣賞》，台北市：慧炬出版社，民國 79 年 5 月。

41. 周曉安著，《心性悟修論》，臺北：文津出版社，1990 年 8 月。

42. 公方俊良著，李常傳譯，《禪問》，臺灣：新潮社，1990 年 8 月二刷。

43. 平田精耕著，柯素娥譯，《禪學智慧》，大展出版社，民國 80 年 5 月。

44. 平田精耕著，心靈雅集編譯，《活人禪》，大展出版社，民國 80 年 6 月。

45. 聖嚴法師編著，《禪門修證》，臺北：圓神出版社，1991 年 9 月。

46. 聖嚴法師著，《禪門解行》，臺北：圓神出版社，1991 年 9 月。

47. 證嚴法師編著，《禪門驪珠》，臺北：東初版社，1991 年 9 月。

48. 洪修平著，《禪宗思想的形成與發展》，高雄：佛光出版社，1991 年 10 月。

49. 印順法師著，《中觀今論》，臺北：正聞出版社，1992 年 4 月修訂一版。

50. 印順法師著，《如來藏之研究》，臺北：正聞出版社，1992 年 5 月修訂版。

51. 阿部正雄著，王雷全、張汝倫譯，《禪宗與西方思想》，臺北：桂冠圖書出版，1992 年 5 月。

52. 陳耀庭、李子微、劉仲宇編，《道家養生術》，上海：新華書店，1992 年 8 月。

53. 林木大拙著，《禪學的思索》，中國青年出版社，1992 年 9 月。

54. 連陽居士著，《佛門禪定要訣淺譯》，武陵出版社，1992 年 9 月。

55. 柳田聖山著，吳汝鈞譯，《中國禪宗思想》，台北市：臺灣商務印書館，1992 年 9 月二版。

56. 印順法師著，《空之探究》，臺北：正聞出版社，1992 年 10 月 6 版。

57. 吳汝鈞著，《遊戲三昧─禪的實踐與終極關懷》，台北市：臺灣學生書局，1993 年 2 月。

58. 楊惠南，《惠能》，臺北：東大出版社，1993 年 4 月。

59. 郭朋著，《中國佛教史》，臺北：文津出版社，1993 年 7 月初版。

60. 杜繼文、魏道儒編著，《中國禪宗通史》，江蘇古籍出版社，1993 年 8 月。

61. 顧偉康著，《拈花微笑──禪宗的機峰》，臺北：風雲時代出版，1993 年 8 月。

62. 方東美著，《中國人生哲學》，黎明文化，民國 82 年 8 月 9 刷。

63. 聖嚴法師講，《禪的體驗·禪的開示》，臺北：東初出版社，1993 年 11 月。

64. 聖嚴法師著，《禪的生活》，臺北：東初出版社，1993 年 11 月。

65. 聖嚴法師著，《禪與悟》，臺北：東初出版社，1993 年 11 月。

66. 聖嚴法師著，《拈花微笑》，臺北：東初出版社，1993 年 11 月。

67. 顧偉康著，《禪宗：文化交融與歷史選擇》，上海知識出版社，1993 年 12 月 2 刷。

68. 洪修平著，《中國禪宗思想史》，臺北：文津出版社，1994 年 4 月。

69. 洪修平、吳永和著，《禪學與玄學》，臺北：揚智文化出版，1994 年 7 月。

70. 印順法師著，《大乘初期佛教之起源與開展》，臺北：正聞出版社，1994 年 7 月 7 版。

71. 印順法師著，《中國禪宗史》，臺北：正聞出版社，1994 年 7 月八版。

72. 張育英著，《禪與藝術》，臺北：揚智文化出版，1994 年 12 月。

73. 陳文新著，《禪宗的人生哲學：頓悟人生》，台北市：揚智文化出版社，1995 年。

74. 顧奎勤、高永瑞著，《老人食療》，台北市：國際村，民國 84 年。

75. 釋從信譯，《心經──阿含經入門》，圓明出版社，民國 84 年 2 月。

76. 吳汝鈞著，《中國佛學的現代詮釋》，臺北：文津出版社，1995 年 6 月。

77. 釋從信解釋，《金剛經》，圓明出版社，民國 84 年 11 月。

78. 李富華釋譯，《楞嚴經》，高雄：佛光出版社，1996 年。

79. 賴永海，《楞伽經》，高雄：佛光出版社，1996 年。

80. 黃群釋譯，《法華經》，高雄：佛光，1996 年。

81. 高振農釋譯，《華嚴經》，高雄：佛光，1996 年。

82. Lrving Singer 著，郜元寶譯，《生命價值的創造》，業強出版社，民國 85 年。

83. 王志遠、吳相州著，《禪詩今譯百首》，高雄：佛光出版社，民國 85 年 4 月。

84. 陳平坤著，《六祖大師的 17 則智慧——慧能禪法之般若與佛性》，台北縣：大千出版社，民國 85 年 4 月。

85. 吳平著，《禪宗祖師一慧能》，江西：人民出版社，1996 年 4 月二刷。

86. 梁曉虹著，《禪宗史話》，江西：人民出版社，1996 年 4 月二版。

87. 段德智著，《死亡哲學》，武漢市：湖北人民出版社，1996 年二版。

88. 劉欣如著，《生命的智慧——六祖壇經》，添翼文化，1996 年 6 月。

89. 小松正衛著，王麗香譯，《死亡的真諦》，台北市：東大圖書出版，民國 86 年。

90. 張華釋譯，《景德傳燈錄》，高雄：佛光，1997 年。

91. 吳平釋譯，《雜阿含經》，高雄：佛光出版社，1997 年。

92. 賴永海譯，《維摩詰經》，高雄：佛光出版社，1997 年。

93. 楊惠南著，《佛教思想發展史論》，臺北市：東大出版社，1997 年 8 月再版。

94. 湯用彤著，《隋唐佛教史稿》，臺北市：木鐸，1997 年 8 月再版。

95. 印順法師著，《中國禪宗史·從印度禪到中國禪》，新竹縣：正聞出版社，民國 86 年 10 月。

96. Phil Cousineau 著，宋偉航譯，《靈魂筆記》，立緒文化出版，民國 87 年。

97. 洪修平、孫亦平著，《中國思想評傳叢書·惠能評傳》，江蘇省：南就大學出版，1998 年。

98. 傅偉勳著，《學問的生命與生命的學問》，台北：正中書局，1998 年 11 月，第三次印行。

99. 釋證嚴著，《生命的至情》，臺北市：聯經，1999 年初版。

100. 釋證嚴著，《生命的智慧》，臺北市：慈濟文化，1999 年再版。

101. 鄭曉江著，《超越死亡》，台北：正中書局，1999 年 12 月第三次印行。

102. 蔡仁厚著，《孔孟荀哲學》，台北市：臺灣學生書局，88 年 5 月刷。

103. 蔡仁厚著，《中國哲學史大綱》，台北市：臺灣學生書局，88 年 9 月初版四刷。

104. 艾雅·凱瑪著，陳錦書譯，《禪與自在解脫》，商周出版 2000 年。

105. 梁乃從著，《金剛經現代直解》，台北市·圓教基金會，2000 年。

106. 尉遲淦著，《生死學概論》，台北：五南圖書出版有限公司，2000 年 3 月初版。

107. 林綺雲著，《生死學》，台北：紅葉文化事業有限公司，2000 年 7 月。

108. 羅光著，《形上生命哲學》，台北市：台灣學生書局，2001 年。

109. 楊曾文校寫，《新版·敦煌新本六祖壇經》，北京：宗教文化出版社，2001 年 5 月。

110. 李申釋譯，《六祖壇經》，高雄：佛光出版社，2001 年 7 月初版 5 刷。

111. 黃德昌等注，《周易與養生之道》，四川：人民出版社，2001 年 11 月。

112. 淨智法師著，賴隆彥譯，《禪是心靈的妙境》，商周出版，2002 年。

113. 證嚴法師開示·靜思書齋編撰，《生死皆自在》，臺北市：靜思文化，2002 初版。

114. 李中華注譯，丁敏教閱，《新譯六祖壇經》，台北市：三民書局，民國 91 年初版。

115. 一行禪師著，《與生命有約》，橡樹琳文化出版，2002 年 7 月。

116. 陳俊輝著，《生命思想 v.s 生命意義》，台北市：揚智文化，民國 92 年。

117. 達賴喇嘛著，《快樂·達賴喇嘛的人生智慧》，國家圖書館出版，2003 年。

118. 釋證嚴著，《生命的至情第二集》，臺北市：聯經，2003 年初。

119. 釋慧開著，《儒學生死學與哲學論文集》，臺北市：洪葉文化，2004。

120. 吳怡著，《生命哲學》，台北市：三民書局出版，2004 年初版。

121. 吳怡、張啟鈞著，《中國哲學史話》，台北市：三民書局出版，2004 年 11 月三版。

122. 曾召南注釋，劉正浩校閱，《新譯 養生延命錄》，台北市：三民書局，2006 年。

123. 樓宇烈校釋，《王弼集校釋》，台北市：華正，民 95。

124. 釋證嚴著，《生命的至情第三集》，臺北市：聯經，2006 年初版。

125. 木藤潮香著，明珠譯，《生命的障礙》，臺北市：高寶國際，2006 年初版。

126. 木藤亞也著，明珠譯，《一公升的眼淚：亞也的日記》，臺北市：高寶國際，2006 年初版。

127. 威廉·赫伯李若醫師著，陳錦慧譯，《小鎮醫師的生命課題——臨終關懷，是我人生中最美好的經驗》，臺北市：久周，2006 年初版。

128. 洪蘭著，《大腦的主張》，臺北市：天下雜誌，2006 年第一版。

129. 王邦雄、岑溢成、楊祖漢、高柏園編著，《中國哲學史》，台北縣：國立空中大學，2006 年 10 月初版九刷。

130. 石上玄一郎著，吳村山譯，《輪迴與轉生──死後世界的探究》，東大圖書，民國 86 初版。

131. 賴永海、楊維中注釋，《新譯楞嚴經》，台北市：三民書局，2007 年 1 月。

132. 松渭水譯注，《新譯·莊子本義》，台北市：三民書局出版，2007 年 4 月。

133. 陳引馳、林曉光注釋，《新譯維摩詰經》，台北市：三民書局，2007 年 5 月。

134. 宋·朱熹，《四書》，臺北：藝文出版，96 年。

135. 陳榮波著，《哲學與藝術美學》，台北縣：逸龍出版社，民國 96 年 8 月。

136. James H.Austim 作·朱迪欣譯，《禪與腦：開悟如何改變大腦的運作》，台北市：遠流出版，2007 年 8 月。

137. 趙可式著，《安寧伴行》，臺北市：天下遠見，2007 年 8 月第一版。

138. 張松輝注釋，丁敏校閱，《新譯妙法蓮華經》，台北市：三民書局，2008 年 5 月。

139. 單國璽著，林保寶採訪整理，《生命告別之旅》，臺北市：天下遠見，2008 年 9 月第一版。

140. 許瑞云著，《哈佛醫師養生法》，臺北市：平安文化，2009 年 7 月初版。

141. 傅偉勳著，《死亡的尊嚴與生命的尊嚴》，台北：正中書局，1998 年 11 月，第三次印行。

142. 廖俊凱著，《看對醫師，做對檢查：掛錯科，真要命》，臺北縣中和市：台灣廣廈，2009 年 9 月二版。

143. 明含著，《生命的奇遇》，臺北縣中和市：INK 印刻文學，2009 年 10 月初版。

三、期刊

1. 高柏園，〈壇經般若品探義〉，《中華文化月刊》第 56 期，73 年 6 月。

2. 高柏園，〈壇經頓漸品中的頓悟與漸修〉，《中華文化月刊》65 期，74 年 3 月。

3. 杜松柏，〈禪宗的體用研究〉，《中華佛學學報》第 1 期，76 年 3 月。

4. 釋聖嚴，〈六祖壇經的思想〉，《中華佛學學報》第 2 期，1990 年 4 月。

5. 成中英，〈禪的詭論與邏輯〉，《中華佛學學報》第 3 期，79 年 4 月。

6. 釋惠敏，〈戒律與禪定〉，《中華佛學學報》第 6 期，82 年 7 月。

7. 釋聖嚴，〈中國佛教的特色—禪與禪宗〉，《華崗佛學學報》第 4 期。

8. 江燦騰，〈愣伽經研究〉，《中國佛教》二七卷，第 6 期，慧廣〈明心見性──依唯識明心，依般若見性〉，《中國佛教》三十卷，第 11 期。

四、論文

1. 全明鎔：《先秦生死觀研究》，台北：輔仁大學中文所碩士，1984年。
2. 曾文娟：〈《六祖壇經》的禪學思想研究〉，台中：私立東海大學哲學系研究所碩士論文，1999年6月。
3. 蘇會萍：〈《老》《莊》生死觀研究〉，國立中山大學中國文學研究所碩士論文，2002年6月。
4. 高慈穗：《惠能的教育思想》，台中：私立東海大學哲學系研究所碩士論文，2003年6月。
5. 黃俊雄：傅偉勳生死哲學之研究嘉義：南華大學文學研究所2004年11月。
6. 陳明勝：〈敦博本《六祖壇經》的禪學思想研究〉嘉義：南華大學文學研究所 2005年7月。
7. 張士麟：〈《黃帝內經》之生命倫理學〉，台中：私立東海大學哲學系研究所碩士論文，2005年10月。
8. 林福帥：〈《六祖壇經》的管理哲學〉，台中：私立東海大學哲學系研究所碩士論文，2006年5月。
9. 陳懿瑩：〈《六祖壇經》的輔導哲學〉，台中：私立東海大學哲學系研究所碩士論文，2007年6月。
10. 李涵苊：《莊子生死慧研究》，嘉義：南華大學哲學系研究所2007年7月。
11. 彭金枝：《嵇康〈明膽〉〈養生〉二論之人生哲學研究》，台中：私立東海大學哲學系研究所碩士論文，2009年12月。
12. 柯燕伶：《孔子生死哲學及其當代意義》，台中：私立東海大學哲學系研究所碩士論文，2010年1月。
13. 吳靖奇：《維根斯坦的心靈哲學》，台中：私立東海大學哲學系研究所碩士論文，2010年1月。
14. 李翠芳：〈道教養生思想與老莊之關係——以葛洪《抱朴子·內篇》爲例〉，台南：國立臺南大學國語文學系碩士論文，2007年6月。

附錄一：孟子心性之說

前　言

　　自古以來，有關人性善惡，始終是個爭論不休的問題。歷代聖哲也作了很多探討與解釋，他們依據人性善惡，定出很多人生修養的法則。亞聖孟子率直肯定人性是天所賦予的，裡頭就有「仁、義、禮、智」的根苗，因爲人性天生就是善的，所以，人之可貴在於內而不在外。

　　他說：「每個人都有惻隱、羞惡、恭敬、是非之心」，這個「仁愛、道義、禮法、理智」等四種心情，並非從外面煉成的，而是我本來就固有的。如果用心去研求，就可以得到他；放棄了，就會失掉他。詩云：「天生蒸民，有物有則」。所以，孟子認爲人之有此「仁義禮智」四端，就好像人有四體一樣。有此四種體能而謂沒有能力，那就是甘心賊害自己也。誠如他說的「曠安宅而弗居，捨正路而不由，哀哉！」

一、性善說

　　孟子繼承子思率性之說，而爲性善之論。孟子云：「凡人都有不忍害人的心，古時候帝王就爲了有不忍害人的心，所以有不忍傷民的政事施行出來。推不忍害人的心，行不忍傷民之政，以是治天下，易於運丸於掌上。爲什麼要說人都有不忍害人的心呢？孟子的解釋：譬如現在有人忽然看見一個小孩子，快要跌到井裏去，那是無論心腸怎樣硬的人，都會有憐憫傷痛的心情表現出來，這種心情完全出於自然，並不是想藉此結交那孩子的父母，也不是想博得鄉族朋友的稱讚，更不是憎惡那求救的呼聲纔會如此的。」

　　從這點看來，沒有憐憫傷痛的心，就不算人；沒有羞恥憎惡的人，也不算人；沒有辭謝退讓的心，更不算人；沒有是非的心，更是算不得人。這憐

憫傷痛的心，便是仁道的發端；這羞恥厭惡的心，便是義理的發端；這辭謝退讓的心，便是禮節的發端；這是非的心，便是智識的發端；一個人的心，具備了這四端，就如同身體具備著四肢一樣。假使具備了四端，自己卻說沒有能力爲善，那便是自賊害其性，使不爲善，謂其君不能爲善而不匡正者，則是賊其君，使陷於惡。

二、擴充四端

仁義禮智四端，是我們每個人都有的，有了這四端，又知道擴充的，那就好像火在開始燃燒，泉水在開始湧出，有日新又新，不能自己的情形。故此，在擴充這四端方面，「苟能足之足以保四海，苟不足之之，不足以事父母。」（《孟子・公孫丑篇》）

孟子認爲人祇要順著本性所發動的心情，就可以爲善，這也就是他所說人性本來是好的道理，至於做不好的事，並不是本來材質不好的罪。譬如憐憫傷痛的心，是人人都有的；羞恥厭惡的心，也是人人都有的；恭敬的心，也是人人都有的；是非之心，也是人人都有的。這憐憫傷痛的心，便是仁愛；這羞恥厭惡的心，便是道義；這恭敬的心，便是禮法；這是非之心，便是理智。照這樣看來，仁愛、道義、禮法、理智這四端，並不是從外面煉成這樣的，原是自己本來就有的，不過人不去思考罷了。所以說，用心去研求，就可以得到它，不用心去研求，就會失掉它了。到後來所做的事，好壞的不同，竟有相差一倍到數倍甚至不能計算者，這都是不能充分發揮他本來材質的緣故。（《孟子・告子篇》）

孟子以性善是人天賦之本能，內心之自然，是與生俱來的。不論賢愚，性是相同的，而結果有善惡不同者，便是後天能否確保而擴充的問題。就是順其性而擴充之則爲善，受環境物質的誘惑支配而泯滅其本性則爲惡。人皆有仁義禮智之四端，此四端若能擴而充之，則爲聖人。人之不善，即不能就此四端擴而充之，並不是他的本「性」與善人不同的緣故。

孟子認爲人之所以爲人，亦即人之所以別於禽獸者，在能思想，在能依理義而行，在能「從其大體」以保守其心志。能思之心爲人所特有，是「天之所以與我」者，所以是「大體」，耳目之官，是人與禽獸所同具，所以是「小體」。若只從「小體」，則不僅爲小人，而且爲禽獸。

孟子認爲人之所以不善，是由於不知操持保守而放失其良心，由於良心

放失易、而保守難，因此不可頃刻即失其養，更當無時不用其力，使神清氣定，常如平旦之時，則此心常存、無適而非仁義矣。

孟子曰：「仁、人心也；義、人路也；舍其路而弗由，放其心而不知求，哀哉！人有雞犬放，則知求之；有放心，而不知求；學問之道無他，求其放心而已矣。」(《孟子‧告子篇》)

這是說仁道，就是人的本心；義理，就是人的大路；人拋卻了大路不去走，放棄了本心，不知道尋回，真是可憐。人有雞犬放到外面去，則曉得去找牠們回來，放了心出去，倒不曉得去找牠回來。所以學問之道，沒有其他的方法，祇要把放失的心求回來就好了。

孟子教人凡事要反求自心，保守存養，勿因私欲而失其本心。設使人無良心，而但有利害之私情，則凡可以偷生免死者，皆將不顧禮義而為之。假使人所想保全的沒有再比生命更要緊，那末，凡是能保全生命的，就不論什麼卑鄙的手段，都肯使出來了。假使人所憎恨的沒有再比死亡更厲害的話，那末，凡是能夠逃避死亡與禍患的，就不論什麼違反大義的事，都肯做出來了。不過話說回來，人還是有良心的，為了大義的緣故，人所想保全的，有比生命更可貴者。人所憎惡的，有比死亡更厲害者。因為人是有良心的，所以人就能捨生取義，這不僅有道德的人，才有這存心，實在是人人都有的，不過有道德的人，能夠不喪失罷了。

關於孟子的修己之道，孟子曾自己說過：「我四十不動心。」(《孟子‧公孫丑篇》)當他的弟子公孫丑問：老師的不動心的工夫，與告子的不動心有什麼分別？又怎麼才能達到老師所說不動心的境界時？孟子則回答說：「我知言，我善養吾浩然之氣。」(《孟子‧公孫丑篇》)

孟子所講的不動心，也就是心有所主，能當大任而不惑不懼。「知言」是說凡天下之言，無不有以究極其理；「養氣」是指順養此至大至剛的浩然之氣，以復其初。能知言，則有以明夫道義，而於天下之事無所疑惑；能養氣，則有以配夫道義，而於天下之事無所畏懼，這就是能當大任而心有所主的原因。而告子之學則與此恰恰相反，告子的不動心是冥然無覺，悍然不顧的意思。

三、孟子養氣的四個步驟：

(一) 養 勇

養勇是培養勇氣，能培養勇氣，才能不畏怯，不動心。孟子指出，北宮

黝與孟施舍，養勇的方法不同，照朱熹的解釋：「北宮黝蓋刺客之流，以必勝爲主而不動心；孟施舍蓋力戰之士，以無懼爲主而不動心；黝務敵人，舍專守己。子夏篤信聖人，曾子反求諸己，故二子之與曾子、子夏，雖不能相比，然論其氣象，則各有其相似之處。」（《孟子・公孫丑篇》）朱注，論二子之勇，則未知誰勝，論其所守，則舍比於黝，爲得其要。不過二人都是血氣之勇，雖能不動心，而未必合乎理義。孟子指出從前曾子告訴他的弟子子襄說：我曾經聽到我的夫子說過的大勇是這樣的：自己反省一下，若是理不直，對方雖是一個穿粗布寬大衣服的平常人，我應畏避而讓他；倘若自己的理直，雖千萬人在前，我也要勇往直前的與之對敵。（《孟子・公孫丑篇》）孟施舍雖似曾子，然其所守，乃一身之「氣」；曾子反身循理，所守則在「義」；故曾子所說的勇，才配算作大勇。

（二）持　志

孟子養氣的第二個步驟是「持其志，無暴其氣。」（《孟子・公孫丑篇》）就是要持守其心志，更要使氣不致妄發，以免意氣用事而不可抑制。志是心的理智作用所定的行爲的動向，氣則是一種情感作用，所以應該是「志」爲「氣」之帥，也就是以「志」爲氣的主宰。但徒有「志」而無充塞全身之「氣」，則又因循退縮，無進取之勇。所以要志之所至，氣即隨之，當敬守其志，而使氣能聽命於志。志動氣，則志爲主動，氣爲被動；氣動志，則氣爲主動，志爲被動。志出令而氣受令，則心便不爲氣所動了。

（三）集　義

孟子認爲氣是配合義與道的，義是人心之當然，道是天理之自然，集義也可說就是積善。無道義，即不能生浩然之正氣。若平時所爲，事事循理而行，皆合於義，則集合此義，自能生浩然之正氣。孟子認爲養氣必以集義爲事，而且要祗問耕耘，而勿預先期望其收穫。其或未充，則當從容涵蓄，不當揠苗助長。時時以不得於言不得於心者，求諸心，直養而無害，則心勿忘而義集矣。也就是說，一切言行，若能處處時時，循理合義，積義既久，此氣自生，便能「不勉而中，不思而得，從容中道」（《中庸》），達到「浩然正氣，充塞於天地之間」（《孟子・公孫丑篇》）的境界。

（四）寡　欲

耳目口鼻之欲，雖人所不能無，然多而不節，則未有不失其本心者。所

以孟子說：「養心莫善於寡欲。其爲人也寡欲，雖有不存焉者寡矣；其爲人也多欲，雖有存焉者寡矣。」（《孟子・盡心篇》）這是說要養自己的良心，最好是能減少嗜欲，做人如果嗜欲少，則外物不能誘之，故心存而不放。嗜欲多，則心爲外物所誘，放而不存。集義屬養氣的積極方面，寡欲屬養氣的消極方面，人有不爲而後可以有爲，有不欲而後可以有欲。唯其寡欲，始能安貧樂道，持守本心不失，「富貴不能淫，貧賤不能移，威武不能屈」（《孟子・滕文公篇》）這才算是眞正的大丈夫。

孟生所講知言，是指能明辨別人言語之是非。孟子指出語言之病有四，第一爲詖辭，第二爲淫辭，第三爲邪辭，第四爲遁辭。他說：「聽了這人的說話是偏重一邊的，就知道他的心被利祿所遮隔了；聽了這人的說話是放蕩無禮的，就知道他的心被私欲所沉溺了；聽了這人說話不依正理，就知道他的心已離開道義了；聽了這人的說話處處逃避，就知道他的心已受著重大的困屈了」（參見《孟子・公孫丑篇》）。蓋言爲心聲，就其言之病，可知其心之失。

楊朱主張爲我，知有己不知有群，其流弊至於無君、無政府。墨翟主張兼愛，視至親猶衆人，其流弊至於無父，無天倫。陳仲子避兄離母，亡親戚君臣上下，入於楊；白圭欲更稅法，二十而取一，其治水以鄰國爲壑，亦近楊。宋牼禁攻寢兵，欲以利說秦楚之王而罷其師，入于墨；許行欲平階級，齊物價，與民並耕而食，饔餮而治，亦近墨。孟子深知其皆生心害政，邪說誣民，故以理闢之。楊墨之道不息，孔子之道不著，能心通於道，乃能無疑於天下之理。

孟子修己之道主張內養浩然之氣，不怵於禍福死生，而能見義勇爲；外衡天下之言，不眩於是非邪正，而能愼思明辨。拿先儒的學說來比，孟子所說的知言，相當於格物致知，養氣相當於誠意正心。拿後儒的學說來比，程伊川所說的「涵養須用敬」，相當於養氣，「進學則在致知」，相當於知言，二者如鳥之兩翼，車之兩輪，是相輔相成的。

結　論

總之，能知是知非、好善惡惡的良知本心，這樣的人性是美善的，此所謂性善論。同時，此善性非聖人所專屬，而是人人皆有，因而人人皆有成聖的可能，而吾人所以要、所以能修養，也端賴此良心的發用。進而言仁政王道不過是良知本心充分擴充下的要求，此所謂「內聖外王」矣。

參考書目

1. 《孔孟荀哲學》蔡仁厚著，臺灣學生書局，（民國 88 年 5 月刷）。

2. 《中國美學史導讀》王德昭譯，正中書局，（民國 74 年 9 月第六次印行）。

3. 《中國哲學史話》吳怡、張啓鈞著，三民書局出版（2004 年 11 月三版）。

4. 《中國哲學史》王邦雄，岑溢成，楊祖漢，高柏園編著，國立空中大學（2006 年 10 月初版九刷）。

5. 《中國哲學史綱要》范壽康著，台灣開明書局，（1967 年三月二版）。

6. 《中國美學史論集》林同華著，丹青圖書有限公司，（民國 77 年再版）。

7. 《四書》宋・朱熹集注，林松、劉俊田、禹克坤譯注。

8. 《中國哲學史大綱》蔡仁厚，著，臺灣學生書局，（民國 88 年 9 月初版四刷）。

附錄二：莊子超越時空的境界

老之有莊，猶孔之有孟，莊子在道家的地位，有如孟子在儒家的地位。

老子「道生之，德畜之」的道，到了莊子，道已內化，故轉言天人、至人、神人、聖人、真人的虛靜觀照；此有如孔子「天生德予」的天，到了孟子，天已內在化，故轉言良知、良能、善端、本心、性善的呈現自覺。

莊子繼承了老子的道，但有創新。大體莊子論道，不像老子那樣重視道的本體，那樣重視道在宇宙生成過程中的作用，而是把道化為一種人生可以達道的境界，一種空靈明淨的境界。更有意義的是，莊子具體描繪了道的境界，分析了修道的過程，介紹了修道的方法，莊子的哲學，實際是人生哲學。

一、道與道的境界

「夫道有情有信，無為無形；可傳而不可受，可得而不可見；自本自根，未有天地，自古以固存；神鬼神帝，生天生地；在太極之先而不為高，在六極之下而不為高深，先天地生而不為久，長於上古而不為老。」(《大宗師》)

「道有情有信，無為無形」，關鍵在於「情」、「信」二字。《齊物論》說：「可行己信，而不見其形，有情而無形。」指的就是道。道，有其實，有驗證，無所行為，無其形體，道，雖然無所作為，看不見摸不著，但他真實存的；可心傳而不可口授，可得之於心而不可見；道，是永恆的，自生自存的，沒有天地之前就存在了，道，無始無終；使鬼與古帝神靈，派生天派生地；在天之上而不為高，在六合之下而不為深，先於天地產生而不為久，比上古久遠而不為老，道，是超乎時空的。

道不僅「生天生地」，它還產生萬物。孔子問道於老子，老子說：

夫道，窅然難言哉！將為汝言其崖略。夫昭昭生於冥冥，有倫生於無形，精神生於道，形本生於精，而萬物以形相生。故九竅者胎生，八竅者卵。其來無迹，其往無崖，無門無房，四達之皇皇也。（《知北遊》）

老子說：道，深遠而難言呢！從宇宙的生成和發展過程來看，開天闢地、萬物昭彰的景象，是從渾渾沌沌的遠古演變而來的，有形之物從無形中來，精神生於道，形又生於精神，萬物以各種形態相互轉化。所以九竅的人和動物是胎生，八竅的動物是卵生的。而道本身則來無蹤跡，往無崖際，沒有來源，也沒有歸宿，無所不通，無限寬廣。

老子論道生萬物，不是直接生出萬物，而是賦於萬物以神，「萬物以神相生」，道是原動力，萬物互相轉化，道不離其中。所以，道不像霹靂閃電那樣捉摸不定，也不是空中樓閣而高不可攀。在《知北遊》東郭向莊子問道，兩人有一段對話如下：

東郭問於莊子曰：「所謂道，惡乎在？」

莊子曰：「無所不在。」

東郭子曰：「期而後可。」

莊子曰：「在螻蟻。」

曰：「何其下邪？」

曰「在稊稗。」

曰：「何其愈下邪？」

曰：「在瓦甓。」

曰：「何其愈甚邪？」

曰：「在屎溺。」

東郭子不應，莊子曰：「夫子之問也，固不及質。正穫之問於監市履狶也，『每下愈況』。汝唯莫必，無乎逃物，至道若是，大言亦然。」

道無形而不可見，東郭子不知道在哪裏。當莊子告訴他「無所不在」時，他仍不明白，便要莊子舉個例子。莊子依次舉螻蟻、稊稗、瓦甓、屎溺，東郭子覺得一個比一個卑下。莊子借「每下愈況」這個例子，說明道在屎尿那樣卑下的東西都存在，當然是「無所不在」了。因此要東郭子不要絕對化，不要以為道像實體物質那樣僅存在某一特定的空間，因為道內化於物中。

莊子把目光投向無限的時空，把道化為心靈的境界，把道作為解決現世

人生問題的法寶。精神就能無限昇華，向宇宙無限擴展。

二、修道的過程

  道，展示了無限的光明，人就把道作為最高的追求目標。在《大宗師》中，女偊得了道，相貌年輕不老。南伯子葵便向女偊問道，女偊便講了他的修道過程。女偊說：

> 夫卜梁倚有聖人之才而無聖人之道，我有聖人之道而無聖人之才，吾欲以教之，庶幾其果為聖人乎！不然，以聖人之道告聖人之才，亦易矣。吾猶守而告之：參日而後能外天下；已外天下矣，吾又守之，七日而後能外物；已外物矣，吾又守之，九日而後能外生；已外生矣而後能朝徹；朝徹，而後能見獨；見獨，而後能無古今；無古今，而後能入於不死不生。（《大宗師》）

  在修道的過程以前女偊要南伯子葵先消除一個觀念。他舉例說，卜梁倚有聖人之才，用聖人之道教他，就以為他就可以成為聖人，其實不然。因為道無形無名，「可傳而不可得」。他強調修道重在「守」字，告訴卜梁倚他對修道過程的體驗：

> 「守」了三天之後，就把天下置之度外了，然後又「守」了七天，就把人間一切事物都置之度外了。然後又守了九天，就把生命置之度外了。一把生命置之度外，心靈就像早晨旭日東昇的萬里晴空一樣，清澈明朗，豁然貫通。進入這一境界，就能見到無為的大道，突破時空的限制，無所謂古今生死，與大道永存。故，女偊修道的過程只有三個層次：
>
> 「外天下」為第一層，「外物」為第二層，「外生」為第三層為最高層。
>
> 1、「外天下」，即「遺其世故」，白擺脫各種社會關係的束縛，換言之，就是不追求個人的社會價值，拋棄功名。
>
> 2、「外物」即「不為物役」，不沉於財貨、飲食、男女、聲色之中，超然物外。
>
> 3、「外生」即就是不計生死。

三、修道的方法

  莊子所論修道的方法，是具體的養生方法的提昇，二者是相通的。例如

《齊物論》中的「喪我」、「喪其耦」、《人間世》中的「心齋」，《大宗師》中「坐忘」、「息之以踵」，《刻意》中的「養神之道」等，既是養生方法又是修道方法。

在《田子方》中，孔子見老聃，五問五答，老聃仔細的介紹修道的方法，再具體的運用於修道的過程。

孔子初見老聃，老聃剛洗完頭，正披散頭髮要晾乾，站著一動也不動像個木偶。見此景，孔子只好退到門外等著。過一會兒，孔子進門拜見，兩人開始第一次對話：

（孔子）曰：「丘也眩與？其與然與？向者先生形體掘若槁木，似遺

物離人而立於獨也。」老聃曰：「吾遊心於物之初。」（《田子方》）

孔子見到老聃在晾頭髮，身體直立靜如枯木，好像超然物外而遊離人間，立身於「獨」，「獨」是指獨一無二的大道。老聃的樣子，讓孔子看了有所不解，於是發問，老聃解釋說，他正遊心於萬物的初始，說明自己用心於虛無之道。

第二次，孔子問甚麼是「物之初」，老聃答之。兩人對話如下：

孔子曰：「何謂邪？」曰：「心困焉而不能知，口辟焉而不能言，嘗為汝議乎其將。至陰肅肅，至陽赫赫。肅肅出乎天，赫發乎地。兩者交通成和而物生焉，或為之紀而莫見其形。」（《田子方》）

孔子問何謂「物之初」？老聃回答，從三方面回答：

1、「至陰」陰氣、「至陽」陽氣、「肅肅」陰氣寒冷、「赫赫」陽氣泆熱。

寒冷的陰氣出於天，泆熱的陽氣出於地，例如雨雪自天而降，太陽從地平線升起。故陰陽二氣交通融和，寒暑交替，風調雨順，萬物滋生繁茂。有個東西在支配著至陰至陽，但誰也沒見到它是甚麼形狀。

這萬物的老祖宗，老聃稱之「物之初」，就是虛無的大道。道，生成天地萬物並支配它們運行，但他自身是虛無的，故無形、無功、無窮，超乎時空。

第三次，孔子問老聃遊心於虛無時的心境，老聃答之。兩人對話如下：

孔子曰：「請問遊是。」老聃曰：「夫得是，至美至樂也。得至美而遊乎至樂，謂之至人。」（《田子方》）

老聃回答：人若能虛心若鏡，就能超越世俗從感官刺激上對美、樂的追求，而達「至美之樂」的境界。而「至樂」產生於「至美」。莊子《至樂》，以「無為」為「至樂」。

道的境界，是「至美之樂」的境界，對道的追求，就是對「至美之樂」的追求。得道即得到了人生最美好的東西，實現了人生最高的目標而達「至人」的境界。

第四次，孔子請教「至美之樂」境界的方法，老聃再教之。對話如下：

> 孔子曰：「願聞其方。」曰：「草食之獸不疾易藪，水生之蟲不疾易水，行小變而不失其大常也，喜怒哀樂不入於胸次。夫天下也者，萬物之所一也。得其所一而同焉，則四支百體將為塵垢，而死生終始將為晝夜而莫能之滑，而況得喪禍福之所介乎！棄隸者若棄泥塗，知身貴於隸也，貴在於我而不失於變。且萬化而未始有極也，夫孰足以患心？已為道者解乎此。」（《田子方》）

先打比方說，吃草的野獸不怕變換草澤，生於水中的蟲子不怕變換水域。這是因為他們的生活環境雖有變化，但基本條件相同。同理，人所處的環境無論怎樣變化，但萬變不離大道。所以，人不要因為客觀環境的變化而有喜怒哀樂之情緒。天下萬物統一於道，得之便對萬物一視同仁。以道觀之，人的四肢百體無異於塵垢，死生終始無異於晝夜的變化，根本沒有甚麼東西足以擾亂人心，更談不上什麼禍福了。於是能「喜怒哀樂不入於胸次」，就是得「至美之樂」的方法。

第五次，孔子再請教「無為」之術。對話如下：

> 孔子曰：「夫子德配天地，而假至言以修心，古之君子孰能脫焉？」
> 老聃曰：「不然。夫水之汋也，無為而才自然矣。至人之德也，不修而物不能離焉。若天地之自高，地之自厚，日月之自明，夫何修焉？」
> （《田子方》）

孔子欽佩老聃之德佩天佩地，但誤以為聖人須借助聖人之言修養心性。老聃再為其解釋說：「至人之德即自然之道，本來就貫通萬物，無須有意培養，萬物離不開他。其道理就像水一樣，水之本性就是清澈。」再說：「水越靜止不動，越能顯示它清淨無為的本性，『無為而才自然』。至人之德就是『無為』，一切出於自然，順應自然，就像天之高，地之自然厚，日月之自然明一樣，無須任何人為的修飾。」

「無為」是打開大道之門，如何才能做到呢？《老子》第四十八章說：「為道者日損，損之又損，以至於無為，無為而無不為也。」「日損」，即一天天地拋棄功名利祿等雜念，直到「虛心若鏡」，就得道了。

結　論

在現實生活中，人們常常為生活空間的狹小而苦惱，為理想的破滅而傷感，為老之到來而煩惱。工作的繁忙，人際關係的衝突，壓得人喘不過氣來。若能得道、修道進入道的境界，人的精神就能超越時空，自由的揮灑生命的自如。就能達到「莊子超越時空的境界。」

參考書目

1. 《莊周夢蝶》陶少農編著，黃金文化事業公司，（2007 年 9 月初版一刷）。
2. 《莊子的智慧》張希烽，延邊大學出版，（1998 年 4 月初版三刷）。
3. 《中國哲學史話》吳怡、張啟鈞著，三民書局出版（2004 年 11 月三版）。
4. 《南華真經注疏》唐西華法師成玄英疏，中華書局出版（1981 年 7 月）。
5. 《中國哲學史綱要》范壽康著，台灣開明書局，（1967 年三月二版）。
6. 《新譯莊子本義》水渭松注譯，三民書局，（2007 年 4 月）。
7. 《四書》宋，朱熹集注，林松、劉俊田、禹克坤譯注。
8. 《中國哲學史大綱》，蔡仁厚著，臺灣學生書局，（1999 年 9 月初版四刷）。
9. 《牟宗三先生全集》5，心體與性體（一）台北正中書局，（1968 年 5 月初版第一冊）。

附錄三：張載《西銘》畏天自保・樂天不憂——以盡天道之精神

一、前　言

　　張載（西元一〇二〇～一〇七七年）字子厚，學者稱橫渠先生。家世居大梁，父游宦卒官，諸孤皆幼，遂僑寓鳳翔郿縣的橫渠鎮。載少孤，能自立，志不群，喜歡談兵。當康定用兵時，年僅十八歲，慨然以功名自許，欲結客取洮西地。上書謁范仲淹，仲淹知其遠器，責之曰：「儒者自有明教可樂，何事於兵！」手中庸一卷，授焉，遂然志於道。已求之釋老，無所得，乃返求六經。他雖沒有和方外來往，但也曾在書本上對釋老下過功夫。

　　橫渠少濂溪三歲，而於二程為表叔。常坐虎皮，講經於京師（開封），從者甚多。有一次，張載在京師與二程兄弟論《易經》，次日，橫渠曰：「此見二程，深明易道，吾不及也，可往師之。」橫渠知道二程雖然是後輩，但講《易經》講得比他好，因此停止不講，叫學生跟從二程學習《易經》，其服善從公的胸襟，可謂是大君子之心矣。

　　橫渠曰：

> 學必如聖人而後已。知人而不知天，求為賢人而不求為聖人，此秦
> 漢以來學者之大蔽也。

他勉學者必至聖人而後已，不能以為賢人為滿足，表現出儒者的精神，可見其卓識與弘願。

　　又曰：

> 爲天地立心，爲生民立命，爲往聖繼絕學，爲萬世開太平。

他認爲，聖人爲天地立心，猶如孝子爲一家打點一切。聖人爲生民立命，正如孝子爲一家立家業。倘若無孝子，家便會離心離德，也會傾家蕩產。若無聖人，則天地之道將毀滅。張戴主張，「天地一家」，歸結爲一個孝字，天地的心靠人來完成，以此做爲學求道的目標。其學以易爲宗，以中庸爲的，以禮爲體，以孔孟爲極，成爲「關學」一派。他主要著作爲《正蒙》《西銘》。

張載的教學室內，有東西兩面的窗子，東西窗子上都有寫指導學生的文章，東面窗子上的叫《砭愚》（砭，音邊，原意是尖石，是醫療工具，引申爲改善之意；砭愚即改善愚頑者的意思。）西面窗子上的叫《訂頑》（也是改善愚頑者之意），後來程伊川叫這兩篇文章爲《東銘》和《西銘》（取其東西窗上的格言之意），故後來《宋元學案》也是以《東銘》和《西銘》稱呼此兩篇文章。但到了橫渠的學生編輯《正蒙》時，把此二文合併收入於《正蒙》中作爲最後一篇，並取其首二字稱爲《乾稱篇》。故現在的《張載集》是找不到叫《西銘》的文章，要找《正蒙》中的《乾稱篇》才找到。

《西銘》的形上內容較多，伊川比較重視形上學部份，多講《西銘》，所以《西銘》遠較《東銘》著名。當然，還有就《西銘》提出了「民胞物與」的理想，成爲中國文化的大同理想的典型。二程以《西銘》開示其學。
程明道說：

> 《訂頑》一篇，意極完備，乃仁之體也。學者其體此意，令有諸己，其地位已高，不可窮高極遠，恐于道無補也。
>
> 《西銘》某得此意，只是須得他子厚有此筆力，他人無緣做得。孟子以後，未有人及此。得此文字，省多少言語。（《河南程氏遺書》卷二上〈元豐己未呂與叔東見二先生語〉）

程伊川說：

> 《訂頑》之言，極純無雜，秦、漢以來學者所未到。
>
> 孟子而後，卻只有〈原道〉一篇，其間語固多病，然要之大意盡近理。若《西銘》，則是〈原道〉祖宗也。〈原道〉卻只說到道，原未得《西銘》意思。據子厚之文，醇然無出此文，自孟子後，蓋未見此書。（同上）

二程如此看重《西銘》可見，《西銘》經程門表彰，實際已與論語、孟子、大學、中庸具有同等地位，成爲洛、閩學者認識「聖門蹊徑」的「初學入道之門」。

二、天道性命相貫通

天道性命相貫通乃宋、明儒共同之意識，亦是由先秦儒家之發展所看出之共同意識，不獨橫渠為然。所謂天道性命相貫通，或通而為一，是認為一切存在的超越根據的天道，即是吾人之性，即人是以天道為性的，人可以實現如天道生化一切之創造性的活動與價值。這是宋明儒者普遍的說法，但以張橫渠表達得最清楚透徹。〔註1〕張橫渠《正蒙·誠明篇》云：

> 「天所性者通級於道，氣之昏明不足以蔽之；天所命者通極於性，
> 遇之吉凶不足以戕之。」

此是說明人的本性，其根源通於道，亦即天道便是吾人之性，道體之作用是創生萬物，是創造性的實體，而性體的創造性是道德行為。即是道在吾人生命中以道德行為之引發來表現其創造性。此性體是超越之性，張橫渠稱之為「天地之性」，是人人本自具足的，雖然人的氣質有昏明不同，但都不足以障蔽此性，只要人能自覺內省、肯為善，則此道德必俱備創造性。這才是人之真性，而氣性不是真正之人性也。這是氣質之性與天地之性的區分，也是橫渠先生首先提出的。

天所命者通極於性，遇之吉凶不足以戕之。是區分兩種的命，一是命令之命（道德的命令），一是命限之命（命運之命）。天所命令於我，是不能違背的，天之命令落實在性上說，即天命在我的性中見到。由吾道德之性所自發的道德命令，便是天之命令。道德的命令，是無條件的律令，道德律令的要求，是人責無旁貸的義務，如同天的命令，是人所不能違反的。雖然人的遭遇，無法預料，人是有限的存有，成敗得失，窮凶富貴，非自己能決定，故有命限。但人須以發之於性「道德命令」為命，遵守行之，不因吉凶禍福的不同而有所改變。

三、天道在人

《西銘》首句：

> 乾稱父，坤稱母；予茲藐焉，乃混然中處。故天地之塞，吾其體；
> 天地之帥，吾其性。民吾同胞，物吾與也。

乾稱父，坤稱母

「乾」代表天，「坤」代表地，乾坤即天地，天地是我們人類的父母，是萬物的父母。這個天地不是自然天，不是指大自然，而是指「天道」，乾坤就

〔註1〕牟宗三先生全集5，心體與性體（一）。

是指「天道」，天道是萬物的根源，因此稱天地為父母。「乾坤」的思想是來自《易傳》，《易傳》講的乾卦和坤卦，就是天道的內容，所以都以乾坤代表天道。稱「天道」為父母，是一個比喻，比喻萬物的根源是天道，此即是《易傳》「**大哉乾元，萬物資始**」的意思。張載所講的「乾稱父，坤稱母」所關心的世界，不是科學的世界，而是以天道作為萬物的根源，中國哲人關心的問題是人怎樣才可生活在一個美好價值的世界之中，即怎樣才可以生活和諧開心的問題。萬物也是這個美好世界中的有價值的事物，天道是這些事物之所以有價值的根源。所以這個天道不是一個外在的存在，而是存在人的心中。

予茲藐焉，乃混然中處。

藐，高遠的意思，即形容這個乾坤所代表的天道，從萬物根源這形上觀念來看，好像很高遠似的。天道，不是高高在上嗎？正正不是，原來這天道就在人心中。所謂「混然中處」，即是不分解地、整體地，就處於人心之中。所以張載繼承了《易傳》的講法，由天道開始講，一下就落到人之中，由天到人，不是外在的天，不是與人對立的天，天道就在人心裏。所以這個天道不是西方哲的形而上學，而是貫通天人的中國的形而上學。

故天地之塞，吾其體；天地之帥，吾其性。民吾同胞，物吾與也。

塞是要塞，即重要的地點。天道之重要之處就在我們的身體之內，天道在人之心中。天地之統帥就是人之性，道的主體就是人性。天道就是人性，就其形而上而言，是天道，就其作為統帥的身份而言，就是人性。人都有人性，萬民就好像我的同胞，萬物都有我參與其中。萬物都源自這個天道，天道又在人心內，則萬物都有人心的參與。人與其他人因天道和人心而有所感通，所以人和其他人如兄弟同胞一樣，萬物也因人心、天道而有所感通，而使萬物的價值呈現出來。這是人的參與，所以天道、萬物最後都必須要有人心參與其中，天道、萬物、人心是相貫通而非互為外在的。所以「民胞物與」是儒家的和諧價值的世界觀，也是形而上的道德理想，也是現實的人間理想境界，因此成為歷來儒家的理想生活形態的代表。

四、民包物與

《西銘》跟著云：

> 大君者，吾父母宗子；其大臣，宗子之家相也。尊高年，所以長其長；慈孤弱，所以幼〈吾〉幼。聖其合德，賢其秀也。凡天下疲癃

殘疾、悍獨鰥寡，皆吾兄弟之顛連而無告者也。

大君者，吾父母宗子

具體的說明人怎樣視其他人如兄弟同胞。天下人都好像我的兄弟，只是兄弟的際遇各有不同。作為君主者，好像家中的長子，長子就是繼承父母之業的宗子，要負責管理家業，君主就是代表天道的管理者，他要負起管理天下的責任。他管理天下之地位並非高人一輩，而是和人民好像兄弟一般，責任和其他有些不同，分配到不同的工作而已。

其大臣，宗子之家相也

而大臣就好像家相，協助宗子管理家業。天下就好像一個家庭，天下人民就好像兄弟，大家齊心盡自己的責任，協力管治好天下。這是孔子「**君君、臣臣、父父、子子**」的觀念，君要盡君的責任，臣要盡臣的責任，父要盡父的責任，子要盡子的責任，並不是說君高於臣，父高於子，而是各盡其責，這是正名分思想的主要內容。橫渠的意思也是繼承這種想法，大君不是高於大臣，宗子不是高於家相，其實大家是同輩兄弟，只是角色不同，協力令天下大同，人人和諧共處，所以橫渠才要用「同胞」來比喻。

尊高年，所以長其長；慈孤弱，所以幼〈吾〉幼。

尊敬年長者，慈愛孤弱者，孟子「**老吾老，以及人之老**」「**幼吾幼，以及人之幼**」的思想，是由自己的最親近的關懷，推擴出去而起的關心。所以這種視天下人為兄弟的思想是建基於自己最親切的體驗，因為自己有這種切身的體會，所以才會這樣體諒別人，並非空喊口號，和墨子的兼愛主張不同，不是隨意可說所有人是「同志」的。

聖其合德，賢其秀也

真正做到時時盡自己的責任，又能常常尊敬年長者，慈愛孤弱者的人，就是聖人。我們自問，是否真的時時做到？這是非常困難的道德實踐，理論上人人可以做到，但實際上是有無限困難，所以道德實踐便有高下之別。聖人就是都能做到這些德行的人，賢人就是未必一定都能做到，但是其中做得傑出的人。

凡天下疲癃殘疾、悍獨鰥寡，皆吾兄弟之顛連而無告者也

癃，音隆，年老骨質疏鬆，導致腰曲而背部隆起的意思。悍，音瓊，無兄弟的人稱為悍，亦寫作煢。獨，老而無子的人稱為獨。顛連，困苦的意思。

即是指前面所說的人是我的兄弟中那些困苦而無法申訴的人。這是由自己最親切的感受推出去，而感受到困苦中的人的悲慘，本心自覺不忍，把困苦的人都視如自己的兄弟受苦一般。這是仁心的推擴，也是仁心的表現，也就是天道的表現。因此在仁心下視為兄弟，也就是在天道下彼此成為兄弟了，也就是「民吾同胞」的精神。

五、治國之本『孝』

橫渠由天道講到人道，由治天下講到孝道。這是由上而下，由外在表現反省到內在根據的表述方式，這是典型的宋明理學初期的著重天道論形態的表述方法，周濂溪如是，張橫渠如是。但無論怎樣表述，總是要歸結到人的本心，人內在的真誠，橫渠在《西銘》便是以孝來說明這真誠。《西銘》云：

> 于時保之，子之翼也；樂且不憂，純乎孝者也。違曰悖德，害仁曰賊；濟惡者不才，其踐形，唯肖者也。知化則善述其事，窮神則善繼其志。不愧屋漏為無忝，存心養性為匪懈。

于時保之，子之翼也；樂且不憂，純乎孝者也。

「于時保之」出自《詩經・周頌・我將》，孟子曾引用。《孟子・梁惠王下》孟子用來解釋「樂天」和「畏天」的分別。《孟子》云：

> 齊宣王問曰：「交鄰國，有道乎？」孟子對曰：「有。惟仁者能以大事小；是故：湯事葛，文王事昆夷。惟智者為能以小事大；故大王事獯鬻，句踐事吳。以大事小者，樂天者也；以小事大者，畏天者也。樂天者保天下，畏天者保其國。詩云：『畏天之威，於時保之。』」

孟子對齊宣王解說與鄰國相交之道，認為仁者才能以大國身份來事奉小國，智者則會以小國身份事奉大國。仁者是樂天，是樂於行天道，自然的順行天道，如能做到「樂天」，則能夠「保天下」，即仁者以德服人，順天道而行，自然能保有天下。智者是聰明的，懂得敬畏，小國事奉大國，這是可以「保其國」，是保有自己國家安全之道。即是說仁者如能順天道而行，推擴至治理國家天下的範圍，則能夠保有天下。在儒家的德治理想底下，畏天者自然不及樂天者，畏天者只是為自己，只是小聰明，樂天者為天下，是大智慧。所以「畏天之威，于時保之」只是能保自己，這種智慧只可作輔助，未及樂天者。

「樂且不憂」，即《論語》云：「仁者不憂」，仁者樂而不憂。因為仁者是

順天道而行，因此能樂，不憂。這樂且不憂的境界，其實是就好像孝那樣純化的行為，完全是出自人之仁心的境界。做到這樣的境界才是真正的仁者、樂天者，也是真正能保有天下的人。所以視天下人民為同胞，是仁者才能做到，也是仁者仁心的純粹的表現。橫渠想表達的是仁者的表現是真心的表現，而真心最切近的體會是孝，所以不論是天下或國家，都要由最具體的、最切近的孝開始，而不是一開始就是視天下人為兄弟。因此下文橫渠舉出數個著與孝有關的例子。

「違曰悖德，害仁曰賊；濟惡者不才，其踐形，唯肖者也。」

若違背這真正仁心，只是虛情假義，這就是「悖德」。損害仁心表現的稱為「賊」。協助作惡者都是些不才的人。他們的所謂實踐仁心，孟子曰：「形色，天性也。惟聖人然後可以踐形。」踐形，原本是聖人真切的表現，但可惜現實上，統治者總是說為人民著想，而其實有私心，他們所謂「踐形」，只是外形上相似而已，並不是真心的仁者。

知化則善述其事，窮神則善繼其志。

「窮神知化」是《易傳》的內容，「善述其事」和「善繼其志」是《中庸》的內容。橫渠也和濂溪一樣，以《中庸》配合《易傳》來解釋。

《繫辭下》：「窮神知化，德之盛也。」

《中庸》：「子曰：武王、周公，其達孝矣乎！夫孝者：善繼人之志，善述人之事者也。」

橫渠根據《中庸》，舉出治國者、治天下者的武王、周公，就是以真心表現孝的人，因為他們能孝，所以能善於繼承，善於表述，能以真心對待他人，尊重他人。因為能「善述其事」就是「知化」，能「善繼其志」就是「窮神」。所謂「窮神知化」其實都是對德行的描述，即所謂「德之盛」，人的品德如能充份表現，便能對千變萬化的經驗事物作出恰當的回應，此所謂「窮神」。「窮」是究極的表現，「神」是神感神應。「知化」則是知道、掌握經驗世界的變化。即是只有「德之盛」的人，才有能力「窮神知化」，有「窮神知化」者便可治理天下為聖王，而聖王的基礎其實是在「善繼人之志」、「善述人之事」的孝道。

不愧屋漏為無忝，存心養性為匪懈。

「不愧屋漏」出自《中庸》：

《詩》云：「相在爾室，尚不愧于屋漏。」故君子不動而敬，不言而

信。（三十三章）

《中庸》引用《詩·大雅·抑》的句子。屋漏，古代房子西北角設有小帳的地方。古人把床設在北窗旁，西北角上設有天窗，日光可由此天窗照入房間，所以稱西北角爲「屋漏」。由於有日光所到，也相傳是神明所在，故設有小帳。所以「屋漏」是光明或神明的意思。《詩經》的意思是，君子爲人要好像有人看著你的居室一樣，無愧於神明，心地光明。

「無忝」出自《尙書·周書·君牙》，「無忝祖考」，即不要辱沒祖先父母。以《中庸》的「不愧屋漏」來解釋「無忝」，即是說明甚麼是眞正的孝，眞正的孝是由自己的本心出發，是無愧於神明的表現，不是做給人看，不是看來像樣而已，而是發自眞心的。《論語》：「孝弟也者，其爲仁之本與。」也是說孝是「爲仁」實踐仁的基本步驟，「爲仁」雖然大者可以治國家，但都要由親近的孝做起。

「存心養性」出自《孟子》：

孟子曰：「盡其心者，知其性也。知其性，則知天矣。存其心，養其性，所以事天也。殀壽不貳，修身以俟之，所以立命也。」

孟子說盡心知性知天，存心養性事天。就是要我們存良心，培養善性，這就事奉天的工夫。所以天道就在人心裏，我們只要存心養性便是實踐天道。橫渠說存心養性就是不鬆懈，這是相對當時的工夫而說。宋代流行的工夫，受佛教影響，著重小心翼翼的實踐道德，無一刻鬆懈，尤其是面對外界不同事物的不同誘惑。這個花花世界有太多的誘惑，一不小心，我們便墮入罪惡之中。所以人的修養工夫是每一行事都要求小心，要求自己把外界的誘惑從心中去除，所以流行靜坐修煉等小心不鬆懈的工夫。但現在橫渠主張的不是這種流行的工夫論，而是返回孟子的「存心養性」，只要我們做回存心養性的工夫，讓我們的心性能自然流露，自然表現，便是不鬆懈了。所以不是特別的外在修養工夫，而是返回人自己的內心，自然存心便是不鬆懈的工夫。以下所說便都是善於存心養性，實踐孝道又能治天下的人。

橫渠一連舉了六人作爲孝的例子，包括：大禹、穎考叔、帝舜、申生、曾參和尹伯奇。《西銘》云：

惡旨酒，崇伯子之顧養；育英才，穎封人之錫類。不弛勞而底豫，
舜其功也；無所逃而待烹，申生其恭也。體其受而歸全者，參乎！
勇於從而順令者，伯奇也。富貴福澤，將厚吾之生也；貧賤憂戚，

庸玉女於成也。存，吾順事，沒，吾寧也。

惡旨酒，崇伯子之顧養；育英才，潁封人之錫類。

這句說了兩個由孝父母而治天下的例子：大禹和潁考叔。崇伯是鯀，崇伯的兒子是大禹。孔孟都對大禹加以讚美：

子曰：「禹，吾無間然矣！菲飲食，而致孝乎鬼神；惡衣服，而致美乎黻冕；卑宮室，而盡力乎溝洫。禹，吾無間然矣！」（《論語·泰伯》）

孔子認爲禹的品行好到沒法法批評了。自己只吃菲薄的飲食，卻把祭品辦得極豐厚來孝敬祖先。祭祀時穿的禮服和帽。自己穿得很差，卻把祭祀的衣服做得極華美。自己住得很卑微簡陋，卻盡力來搞好農田水利。所以對於禹，孔子也沒法批評了。禹之所以能治理天下，最初也是由孝開始做起，是眞心的具體的表現，不是抽象的觀念，所以孔子大讚。

孟子曰：「禹惡旨酒而好善言。」（《孟子·離婁下》）

旨酒，即美酒（常用婚聯中有「幸有香車迎淑女，愧無旨酒宴嘉賓」）。孟子認爲禹不喜歡美酒而喜歡善言。孔孟都認爲大禹是至孝之人，也是能管理天下之人。孔孟謂大禹不喜歡美酒美食，其實不是不喜歡，而是有更重要的工夫要做，就孝順祖先，喜好善言，所以橫渠認爲大禹是善存心養性之人，自然能厭惡美酒者，而能照顧家人，養育百性。

潁考叔事跡見《左傳·隱公》：

逐寘姜氏于城潁，而誓之曰：「不及黃泉，無相見也！」既而悔之。潁考叔爲潁谷封人，聞之，有獻於公。公賜之食。食舍肉。公問之。對曰：「小人有母，皆嘗小人之食矣；未嘗君之羹，請以遺之。」公曰：「爾有母遺，繄我獨無！」潁考叔曰：「敢問何謂也？」公語之故，且告之悔。對曰：「君何患焉？若闕地及泉，隧而相見，其誰曰不然？」公從之。公入而賦：「大隧之中，其樂也融融。」姜出而賦：「大隧之外，其樂也洩洩。」遂爲母子如初。君子曰：「潁考叔，純孝也，愛其母，施及莊公。《詩》曰：『孝子不匱，永錫爾類』，其是之謂乎！」（《左傳·隱公》）

鄭莊公把母親驅逐到潁城，還發誓說不到黃泉不相見，說完便感到後悔。潁考叔聽到，便想獻計給莊公，莊公賜給他食物，但潁考叔剩下肉不吃。莊公問他，考叔回答：「小人有母親，我的食物她都試過，但未曾吃過國君的食物，

所以想給她吃。」莊公:「你有母親可以給,但我卻沒有!」考叔問:「敢問
爲甚麼這樣說?」莊公告訴他原故,並且說感到後悔。考叔說:「君主你何需
憂心?你可以掘地到達黃泉那麼深,在隧道內相見,又誰說不可呢?」莊公
聽從他的話去做。莊公進入後賦詩說:「大隧之中,其樂也融融。」莊公母親
姜氏出來也賦詩說:「大隧之外,其樂也洩洩。」以後母子和好如初。後人評
論說:「潁考叔的純孝,對母親的愛,影響及於莊公。所以《詩經》說:孝子
一代接一代,上天會永遠賜給你福氣。就是這個意思了。橫渠引潁考叔故事,
說明要治理天下治理得好,要愛人民如若同胞,就要由最切近的親情做起,
由孝順父母做起,由始推擴出去,才眞正的治理天下。

不弛勞而底豫,舜其功也;無所逃而待烹,申生其恭也。

「不弛勞而底豫」是孟子對舜的評價,孟子曰:「天下大悅而將歸己,視
天下悅而歸己,猶草芥也,惟舜爲然。不得乎親,不可以爲人;不順乎親,
不可以爲子。舜盡事親之道而瞽瞍底豫。瞽瞍底豫而天下化;瞽瞍底豫而天
下之爲父子者定。此之謂大孝。」(《孟子・離婁上》)

孟子認爲一個眞正的君主,是天下人心悅誠地歸附自己,但君主自己會
把天下人歸附自己這件事視如草芥,舜就是眞正這樣做到的人。未懂得在家
事奉父母,即不懂做人,不懂得孝順父母,即不懂做兒子。舜竭盡全力侍奉
父母而使瞽瞍得到歡樂,由瞽瞍得到歡樂而使天下人受感化,瞽瞍得到歡樂
而給天下當父子的確立了秩序,這就叫大孝。舜一人盡孝,天下受化,故曰
「舜其功也。」

申生,晉獻公將殺其世子申生,公子重耳謂之曰:「子蓋言子之志於公
乎?」世子曰:「不可,君安驪姬,是我傷公之心也。」曰:「然則蓋行乎?」
世子曰:「不可,君謂我欲弒君也,天下豈有無父之國哉!吾何行如之?」
使人辭於狐突曰:「申生有罪,不念伯氏之言也,以至于死,申生不敢愛其
死;雖然,吾君老矣,子少,國家多難,伯氏不出而圖吾君,伯氏苟出而圖
吾君,申生受賜而死。」再拜稽首,乃卒。是以爲「恭世子」也。(《禮記・
檀弓上》)

申生是太子,驪姬想立自己的兒子奚齊做太子,便誣告申生,向晉獻公
說他想謀殺父親(即晉獻公)。獻公聽從驪姬的話,想殺太子申生,二公子重
耳(即後來春秋五霸之一晉文公)對申生說:「何不向父親申訴自己的冤屈
呢?」申生說:「不可,父親有驪姬才開心,如告發驪姬會傷父親的心。」重

耳說：「那麼逃走行嗎？」申生：「不行，父親說我想殺他，天下難道有一個沒有父親的國家可容納我這個殺父的人嗎？我可那裏去呢？」申生派人告訴師傅狐突（字伯行，故申生又稱他為伯氏）：「申生現在有罪，是因為不聽伯氏你的話，所以才至於死。申生不敢貪生怕死，但父親老了，其他兒子又小，國家正值多難之秋，伯氏你又不肯出來為父親圖謀出策，伯氏你如果肯出來父親策劃，申生願受賜而死。」申生行再拜叩頭之禮，然後受死。因此被稱為「恭世子」。父親雖不是，但申生仍願盡孝道，以父親，以國家為己任，不顧自己生死，念念為父親、為國家，以此為孝的代表。這做法是否愚孝，以現代道德標準，當然可以爭論，但橫渠所舉，是指其孝的精神，申生就是因為先明白孝，因此明白國家天下，關顧於國家天下。

體其受而歸全者，參乎！勇於從而順令者，伯奇也。

橫渠最後兩個例子是曾參和尹伯奇。

孔子弟子曾參，禮記祭義戴樂正子春之云：「吾聞之曾子，曾子聞諸夫子曰：天之所生，地之所養，人為大。父母全而生之，子全而歸之可謂孝矣；不虧其體，不辱其親，可謂全矣」。所謂「全」，非但不虧其體，還須不辱其親，要不辱其親，自必謹言行，全志節而後可。曾子臨終啟手足，而曰「吾知免夫」！所謂「免」，不但指手足形體之免於毀傷，亦函有「免於罪戾而行可寡過」之意。〔註1〕

《宋元學案・橫渠學案上》張橫浦曰：……伯奇，尹吉甫之子；吉甫惑于後妻，虐其子，無衣無履而使踐霜挽車，伯奇順父之令，無怨尤于天地，是乃若伯奇之孝也。尹伯奇被父放逐而順從父親的命令，因而成為孝的代表。韓愈作一首《履霜操》來說此事，詩云：「父兮兒寒，母兮兒飢。兒罪當笞，逐兒何為。兒在中野，以宿以處。四無人聲，誰與兒語。兒寒何衣，兒飢何食。兒行於野，履霜以足。母生眾兒，有母憐之。獨無母憐，兒寧不悲。橫渠以伯奇之順從父母之命為勇。」

富貴福澤，將厚吾之生也；貧賤憂戚，庸玉女於成也。存，吾順事，沒，吾寧也。

富貴福澤可使人的生命潤厚（厚生），貧賤憂戚能成就（玉成）人作為人。無論是富貴或貧賤，都是客觀限制，是命，不是人所控制，人在這裏是求不

〔註1〕 《宋明理學》北宋篇92頁，蔡仁厚撰述，學生書局2002年八月第八刷。

得，但人之所以為人就是不受這些客觀限制所限制，人可藉著這些客觀限制來完成自己，完成一個人的價值。人最重要的不是他的客觀限制，因為客觀限制不是由他自己來負責。在那裏出生，在甚麼環境出生，有些甚麼樣的父母，都不是你能控制的。這些都是命。人應重視的是人的價值，人的價值是由自己掌握的，人能自己掌握的領域不是命，而是人自己的本心。人不能決定客觀環境，但人能決定自己如何對待客觀環境。人不能決定命，但人能決定自己如何對待命，這是中國人自古最關注的問題。

孔子云：「富而可求也，誰執鞭之士，吾亦為之。如不可求，從吾所好。」（《論語·述而》）

孟子云：「富貴不能淫，貧賤不能移，威武不能屈，此之謂大丈夫也。」（《孟子·滕文公下》）

吾們無法選擇父母，有不是的父母，但人的價值不取決於父母是怎樣，而是自己如何對待這樣的父母，這就是為甚麼儒家重視孝的原因。因為孝不孝是由自己決定，是由自己的本心出發的，這是「求則得之，捨則失之」，求之於己的。人在這裏便能自己決定自己，自己完成自己。所以在裏橫渠便可以回應孟子的存心養性了。即是說：「生存或死亡，我都順從、安寧。」這裏著重於順從，但這是順從人自己的本心，而不是盲目順從父母。人的形軀的存在與否，和富貴貧賤、客觀遭遇一樣，並不是人的價值所在，所以都是不被重視。應被重視的是人如何對待這些生死際遇，是否順從本心才是人的價值所在。如果人順從心，則就算死也是安寧的。

六、結　論

最後，橫渠以如何面對生死作結，即是說從縱線講，乾坤天道最也是表現在人的心上，由天到人，也由人才能表天。至於從橫線講，則由近至遠，由孝親而至治天下，視天下人為同胞，天下物皆有我參與。這是橫面的推開去，最終也是想說明這「民胞物與」的人生理想。《西銘》不是一篇論證，不是要證明有天道存在，也不是要證明人有道德心，也不是要證明世間有客觀的道德標準，更加不是宣傳傳統禮教規條，而是要表明一種人生態度，一種儒家的人生態度，一種民胞物與的儒家理想。

參考書目

1. 《張子正蒙》張載撰，王夫之注，上海古籍，2000。

2. 《張載集》張載著，中華書局，1978。

3. 《橫渠易說導讀》丁原明著，齊魯書社，2004。

4. 《孟子譯注》金良年著，上海古籍，1995。

5. 《近思錄集注》江永注，上海書店，1987。

6. 《近思錄》朱熹、呂祖謙編訂，陳永革注評，江蘇古籍，2002。

7. 《中國古代儒家語錄四書》侯仰軍、張勃、張秋升評注，山東友誼，2001。

8 《增補宋元學案》四部備要版，台灣中華書局。

9. 《心體與性體》（一）牟宗三著，台二版，台北：正中書局，1968。

10. 《宋明理學》北宋篇 蔡仁厚撰述，學生書局2002年八月第八刷。

11. 《張載哲學與關學學派》陳俊民著，台北：台灣學生書局，1900年初版。

12. 《宋明理學概述》錢穆著，台北：台灣學生書局，1992年第四次印刷。

附錄四：王陽明學說之大要

前　言

　　明代思想家王守仁（西元一四七二～一五二八年），字伯安，浙江餘姚人，世稱陽明先生。曾官拜至兵部尚書，在政治、軍事上都有很大的建樹，他即是名儒，又是軍事家，在儒學上，是罕見的。少年時便立志做聖賢，早年篤信程朱之學，以爲通過格物可以悟出生命的眞理，在二十一歲時作格物功夫，格門前竹而不得理，終無所穫反致大病。後好詞章文學，又轉入佛老之學，後因得罪宦官劉瑾，被貶貴州 龍場，待身心受盡折磨後，方悟出「知行合一」人生至理。他的學術思想主要表現於（《傳習錄》及《大學問》兩篇內）。提倡「心即理」「知行合一」之說，晚年提出「致良知」教人，爲人人皆可爲聖人之說，陽明學說，風行天下，成爲明代哲學的中心人物。

一、心即理

　　王陽明發揚了象山派的「心即理」之說，他說「知善知惡是良知」，認爲心有良知，自能分辨善惡，故人心之良知即天理 ，人心所好所即非。他批評朱子的「性即理」之說，爲人會好生惡死皆因人心有好惡，而非朱子所說的在未有生命，心好惡之前，便先有了理。陽明認爲萬事萬物若不經心去認知，便不存在，離開了心，便沒有天地鬼神萬物，離開了天地鬼神萬物，便沒有心。他認爲「吾心即物理，初無假於外也」，即天下無心外之物、理，是非標準皆存於心。

　　陽明論「心即理」之義云：

愛問：「知止而后有定，朱子以爲事事物物皆有定理，似與先生之說相戾。」先生曰：「於事事物物上求至善，卻是義外也。至善是心之本體，只是明明德到至精至一處便是，然亦未嘗離卻事物，本註所謂『盡夫天理之極而無一毫人欲之私』者得之。」（《傳習錄》上）。

按朱子《大學或問》論「知止而后有定」句云：「蓋明德新民，固皆欲其止於至善，然非有以知夫至善之所在，則不能有以得其所當止者而止之。如射者欲其中夫正鵠，然不先有以知其正鵠之所在，則不能有以得其當中者而中之也。知止云者，物格知至，而於天下事，皆有以知其至善之所在，是則吾所當止之地也。能知所止，則方寸之間，事事物物皆有定理矣。」依朱子之意，須先知至善之所在，然後才可以得其所當止，而必須通過格物致知的功夫，人才可以知道事事物物之理，即「至善所在」。

陽明認爲這樣的說法是「求理於外」，爲義外之理論。他認爲求理於外物，是不能明理的，要明理，須從心上求，使心恢復其本體，心能恢復本體，理便呈現，便是「至善所在」。

愛問：「至善只求諸心，恐於天下事理有不能盡。」先生曰：「心即理也，天下又有心外事，心外之理乎？」愛曰：「如事父之孝，事君之忠，交友之信，治民之仁，其間有許多理在，恐亦不可不察。」先生嘆曰：「此說之蔽久，矣豈一語所能悟；今姑就所問者言之。且如事父不成去父上求箇孝的理，事君不成去君上求箇忠之理，交友、治民不成去友上民上求箇信與仁的理；都只在此心。心即理也，此心無私欲之蔽，即是天理，不須外面添一分。以此純乎天理之心，發之事父便是孝，發之事君便是忠，發之交友、治民便是信與仁，只在此心去人欲、存天理上用功便是。」（《傳習錄》上）

徐愛的問題，是一般人很容易就會懷疑。天下的事物繁多，應該如何處之，有許多理在，若只求於諸己，恐不能盡。但道德之理，並不在事物上，而是由心所發。事父事君之理，不能從君、父身上尋求，而只可以在自給己的心中發見。

陽明此見，猶如孟子所說的「且謂長者義乎？長之者義乎？」之意。從長者身上，並不能找到我應去「長之」的理，而是在我內心若有敬意，自然會見到長者即會長之。故只要本心呈現，遇事自然會有恰當的行爲出現，如見父則孝，見兄則弟，只要無所蔽，理之表現便會無窮無盡。故吾人不當擔心不能明理，而須擔心此心爲私欲所蔽。

二、知行合一

陽明於龍場悟後一年，便倡「知行合一」之說。此說是針對朱子的知先行後之論而發的。

王陽明認爲：「知是行之的主意，行是知的功夫，知是行之始，行是知之成。」「若會得時，只說一個知，已自有行在，只說一個行，已自有知在。」說明了「知行合一」緊合而不可分。他舉例說明說若想知道水溫度，便需伸手觸摸，否則不可知。又舉例說明，「眞知即所以爲行，不行不足謂知。」如人人皆知要孝順，卻遲遲未行動，則算不上眞的知道，即「知而不行，只是未知」。

愛因未會先生知行合一之訓，與宗賢、惟賢往復辯論，未能決，以問於先生。先生曰：「試舉看。」愛曰：「如今人儘有如知得父當孝，兄當弟者，卻不能孝，不能弟，便是知與行分明是兩件。」先生曰：「此已被私欲隔斷，不是知行的本體了。未有知而不行者；知而不行只是是未知。聖賢教人知行，正是要復那本體，不是著你只恁地便罷。故大學指箇眞知行與人看，說『如好好色，如惡惡臭。』見好色屬知，好好色屬行，只見那好色時已自好了，不是見了後又立箇心去好。聞惡臭屬知，惡惡臭屬行，只聞那惡臭時已自惡了，不是聞了別立箇心惡。、、、、、

就是稱某人之知孝，某人知弟，必是其人已曾行孝行弟，方可稱他知孝弟，不成只是曉得說些孝弟的話，便可稱爲知孝弟。又如知痛，必是已自痛了方知痛；知寒，必已自寒了；知餓，必已自餓了，知行如何分得開？此便是知行的本體，不曾有私意隔斷的。聖人教人，必要是如此，方可謂之知，不然只是不曾知。此卻是何等緊切著實的功夫！如今苦苦定要說知行做兩箇，是甚麼意？某要說做一箇是甚麼意？若不知立言宗旨，只管說一箇兩箇，亦有甚用？」（《傳習錄》上）

徐愛說的是人人都知孝知知弟，卻不能孝不弟，此即是能知不能行。陽明則認爲，知而不行，那是被私欲隔斷，非知之本體。所謂知行之本體，是說本心呈現的知理之知，就是眞貫創生之知，而此知一定產生眞正的道德行爲。即此知是孟子所說之良知，而行即孟子所謂之良能。

孟子說：

> 人之所不學而能者，其良能也；所不慮而知者，其良知也。孩提之
> 童，無不知愛其親者；及其長者也，無不知敬其兄者。親親，仁也；

> 敬長，義也。達之天下也。（〈盡心〉上）

知孝知敬是良知，而此知孝知敬之知，涵能敬孝能孝之良能，在此道德實踐的知與行上說，沒有知而不能行，若知而不行，只是未知，是良知尚未眞的呈現。如果良知呈現，就沒有不實踐道德，若不實踐道德，乃是「非不能也，是不爲也」。所以陽明知行合一的知行本體，即是孟子所說的良知良能。

三、良知及致良知

陽明認爲「心即理」及「知行合一」之意義，都可收攝在良知上，良知即天理，並提出「要致良知」，充分地突出了個人在宇宙中的地位與價值，確立了道德直覺主體的理論。他認爲一個只要能夠致良知、知盡善行善，就算沒有高深的學識，財富和地位，也有高尚得價值。

陽明主張天理及一切道德標準，皆存於人心，不用向外求取，只要致良知，憑良知判斷社會禮教的對錯，若是錯的禮教，則不用導從，而應反對它。這打破了程朱學說的疆化、煩瑣，並較易實行，故深受士人歡迎。

陽明的弟子王龍溪言：

> 何謂知行何一？有本體，有工夫。聖人之學，不失其本心而已。心之良知謂之知，心之良能謂之行。孟子只言知愛知敬，不言能愛能敬。知能處即是知，能知處即是能，知行本體原是合一者也，知之眞切篤實處謂之行，行之明覺精察處，謂之知。知行的功夫，本不可離，只因後世學者分作兩截用功，故有合一之說。知非篤實，是格作正字義物作事字謂虛妄，非本心之知矣。行非精察，是謂昏冥，非本心之行矣。故學以不失其本心者，必盡其知行合一功，而後能得其知行合一之體。（〈達吳悟齋〉，《王龍溪全集》，卷十）

龍溪此段話，是從本心之良知良能說知行便合一。本心的良知之知，便能涵良能之能，故曰：「知能處即是知，能知處即是能。」此知便是本體。陽明的致良知之義，在他對《大學義》的格物致知中，做非常詳細詮釋，以下是陽明格物之說法：

> 先儒解「格物」爲「格天下之物」，天下之物如何格得？且謂一草一木皆有理，今如何去格？縱格草木來，如何反來誠得自家意？我解「格」作「正」字義，「物」作「事」字義。大學之所謂「身」，即耳目口鼻四肢是也。欲修身便要目非禮勿視，耳非禮勿聽，口非禮

勿言，四肢非禮勿動。要修這簡身，身上如何用得功夫？

心者身之主宰，目雖視而所以視者心也，耳雖聽而所以聽者心也，口與四肢雖言動，而所以言動者心也。故欲修身，在體當自家心體，常令廓然大公，無有些子不正處。主宰一正，則發竅於目自無非禮之視，發竅於耳目自無非禮之聽，發竅於口與四肢自無非禮之言動，此便是修身在正其心。

然至善者，心之本體也，心之本體那有不善？如今要正心，本體上何處用得功？必就心之發動處纔可著力也。心之發動不能無不善，故須就此著力，便是在誠意。如一念發在好善上，便是實實落落去好善。一念發在惡惡上，便實實落落去惡惡。意之所發既無不誠，則其本體如何有不正的？故欲正其心在誠意，功夫有誠意始有著落處。

然誠意之本，又在於致知也。所謂人不知而己所獨知者，此正是吾心良知處。然知得善，卻不依這簡良知便做去，知得不善，卻不依這簡良知便不去做，則這簡良知便遮蔽了，是不能知也。吾心良知既不能擴充到底，則善雖知好，不能著實好了，惡雖知惡，不能著實惡了，如何意誠？故致知者，意誠之本也。

然亦不是懸空的致知，致知在事實上格。如意在於為善，便就這件事上去為，意在於去惡，便就這件事上去不為；去惡固是格不正以歸於正，為善則不善正了，亦是格不正歸於正也。如知此則良知無私蔽了，得以致其極，而意之所發，好善惡惡，無有不誠矣。誠意功夫實下手處在格物也。若如此格物，人人便做得；人皆可以為堯舜，正在此也。（《傳習錄》下）

陽明認為〈大學〉的主旨在於誠意，而誠意的方法，在格物致知，而物非外物，為意之所在，心外無物也。陽明以心的本體是純乎天理，心的虛明靈覺就是良知，所謂「心即理」，求理於物外，是不能明理的，要明理須從心上求，使心恢復本性。又認為良知與心體並立為良知自體，則致良知之發動處是「去人欲，存天理」，要達到心存乎天理，無一人欲之私的境界，我們必須在人欲尚未發以前加以預防的功夫，在將發生的時後加以剋制。以下列五點說明之：

（1）心是身的主宰，身不能主動的為善為惡，故修身必先正心。

（2）心的本體是善的，意欲的發動才有不善之處，故正心必先誠意。

（3）意欲的發動有善有惡，要明辨善、惡，有賴於致知，故誠意必先致知。

（4）意欲的發動必有其所在之事，這就是物，「格物」正是使每件不正之事，歸於正的的意思。「致良知「」不是懸空無實的，所以致知在格物。

（5）格物、致知、誠意、正心、修身以至於齊家、治國平天下，就可以達到「萬物合為一體」，實現了明德，達到了至善。這就是「致良知」。

陽明五十歲以後，專以「致良知」一義教人，認為此說一言便可洞見全體，是儒門之正法眼藏。所以「致良知」，便是將良知付諸實踐的根本方法，以達到知仁、義、禮、智的目標。

結　論

陽明學說之大要：

（1）心即理：天地萬物皆在吾心之中，故應窮吾心之理。

（2）知行合一：知乃行之主意，行為知的功夫；

　　　　　　　知者行之始，行者知之成。

　　　　　　　故須知行合一。

（3）良知即天理：提出「致良知」確立了道德自覺主體的理論。主張一切道德標準皆存在人心，不用向外求取。良知也就是本心是至善無惡的。

（4）致良知：良知乃人類知善、知惡，辨是非之本性，惟私欲常蒙蔽良知，故人立身處世，須去物欲、致良知，以達聖人之品格。

（5）格物、致知、誠意、正心、修身、齊家、治國、平天下，即可以達到了至善，是陽明的致良知說，是根據孟子的「是非之心知也」，「是非之心人皆有之」是繼承堯舜之正傳，孔氏之印之孟子學說也。

陽明的一生，就像一部思想史。他遍歷儒、墨、道各家，最後又回到儒家；終於悟透這個道。承接了「堯舜之正傳，孔氏之心印」，建立了他的思想體系。這一代的偉哲，為憂國憂民，以「此心光明」度過他憂患的一生，為天下蒼生留下了思想的明燈。他生前的一首詩中云：

四十餘年睡夢中，而今醒眼始矇矓，

不知日已過停午，起向高樓撞曉鐘；

起向高樓撞曉鐘，尚多昏睡正懵懵，

縱令日幕醒猶得，不信人間耳盡聾。

如今，王陽明已不再「起向高樓撞曉鐘」了，但他昔日所撞亮的心鐘，卻永遠的響徹古今，永留人心。

參考書目

1. 《王陽明哲學》蔡仁厚著，三民書局出版，（1988 年 7 月再版）。

2. 《王陽明》蔡家懿著，東大圖書出版，（1992 年 1 月再版）。

3. 《中國哲學史話》吳怡、張啟鈞著，三民書局出版（2004 年 11 月三版）。

4. 《中國哲學史》王邦雄、岑溢成、楊祖漢、高柏園編著，國立空中大學（2006 年 10 月初版九刷）。

5. 《中國哲學史綱要》范壽康著，台灣開明書局，（1967 年三月二版）。

6. 《王陽明傳習錄詳註集評》陳榮捷著，臺灣學生書局，（1983 年 12 初版）。